中国共産党とメディアの権力関係

改革開放期におけるメディアの批判報道の展開

王　冰
Wang Bing

明石書店

中国共産党とメディアの権力関係

——改革開放期におけるメディアの批判報道の展開

目　次

序　章　問題の所在及び研究対象……………………………………… *1*

第1節　問題の所在／　*1*

第2節　研究対象／　*4*

　1　中国メディアの批判報道　*4*

　　⑴批判報道の概念　*4*

　　⑵中国と自由民主主義国家の批判報道の差異　*6*

　2　『南方週末』と『南方都市報』　*7*

　　⑴2紙の報道の自主性　*7*

　　⑵2紙の経済的自立性　*9*

　　⑶2紙の批判報道の大胆さ　*10*

第3節　中国新聞の発展状況及び新聞界における『南方週末』と
　　　『南方都市報』の位置づけ／　*12*

　1　中国新聞の発展状況　*12*

　2　新聞界における『南方週末』と『南方都市報』の位置づけ　*13*

第4節　本書の構成／　*15*

第1章　本書の分析枠組と分析手法　………………………………… *21*

はじめに／　*21*

第1節　中国メディア研究の分析枠組の問題点／　　*21*

　1　「ソビエト共産主義理論」の限界性　*21*

　2　「自由主義理論」の問題点　*23*

　3　「コミュニケーションの政治経済学的アプローチ」の問題点　*24*

　4　「国家・市場・社会とメディアの相互関係的アプローチ」の
　　　限界性　*26*

第2節　本書の分析枠組／　　*28*

　1　党とメディアの間の権力関係　*28*

　2　「党のメディア認識層―メディアの報道層―抵抗層」3層構造　*30*

第3節　本書の分析手法／　　*31*

　1　新聞記事の内容分析　*31*

　2　アンケート及び聞き取り調査　*34*

　3　文献分析　*35*

第2章　批判報道に関する中国共産党の認識　………………… *39*

はじめに／　*39*

第1節　1980年代の批判報道をめぐる党の認識／　*40*

　　1　単なる党の代弁道具論からの脱却　*40*

　　2　報道の自由をめぐる改革方案としての批判報道　*43*

　　　　⑴報道の自由をめぐる論争　*43*

　　　　⑵報道の自由をめぐる方案としての批判報道　*45*

第2節　天安門事件後の批判報道をめぐる党の認識／　*46*

　　1　メディアの「党派性」原則の再強調　*46*

　　2　「党派性」原則下の批判報道　*47*

　　　　⑴「プラス宣伝を主とする」方針下の批判報道　*47*

　　　　⑵「正しい世論の方向性の堅持」方針下の批判報道　*49*

第3節　1990年代の批判報道をめぐる党の認識／　*52*

　　1　党の統治手段としての批判報道　*52*

　　2　党の政治システムにおける批判報道　*55*

第4節　2003年以降の批判報道をめぐる党の認識／　*58*

　　1　党の意思に挑戦する批判報道　*58*

　　2　批判報道にブレーキ　*60*

むすび　批判報道に関する党の認識／　*63*

第3章　中国メディアによる**批判報道の展開の経緯**　………… *67*

はじめに／　*67*

第1節　メディアの宣伝機能の打破期における批判報道／　*68*

　　1　党機関紙の「輿論監督」版の発行　*68*

　　2　党の報道「禁区」の突破　*71*

　　3　記者のプロフェッショナル報道意識の目覚め　*73*

第2節　メディアの宣伝機能の衰退期における批判報道／　*74*

　　1　「都市報」による批判報道　*74*

　　2　調査報道ブーム　*77*

　　3　メディアによる監視の自主性の向上　*79*

第3節　メディアの宣伝機能からの脱去期における批判報道／　*81*

　　1　「民生ニュース」による批判報道　*82*

　　2　「民生ニュース」の批判報道の公共性　*84*

第4節　批判報道に関する記者の認識及び日常の報道活動／　*86*

　　1　調査概要及び記者の基本状況　*86*

　　2　批判報道に関する記者の認識　*87*

　　　　⑴記者の批判報道に対する重視度　*88*

　　　　⑵記者の批判報道への期待度及び満足度　*89*

iii

(3)記者の批判報道に対する重視度と記者になった動機のクロス集計　*91*
　　3　批判報道の展開をめぐる記者の日常の報道活動　*92*
(1)記者の批判報道に対する重視度と報道の情報源のクロス集計　*93*
(2)記者の批判報道に対する重視度と取材手段のクロス集計　*94*
(3)記者の批判報道に対する重視度と被代弁者のクロス集計　*95*
(4)記者の批判報道に対する重視度と党の「禁令」に対する態度のクロ
　　　ス集計　*96*
(5)記者の批判報道に対する重視度と突発的事件に対する報道の活動
　　　のクロス集計　*97*
　　4　批判報道の展開における記者の報道戦術　*98*
(1)「禁令」に先行して記事を掲載する戦術　*99*
(2)「禁令」の隙間を狙う戦術　*100*
(3)ペンネームを変える戦術　*100*
　むすび　中国メディアによる批判報道の展開の経緯／　*101*

第4章　中国共産党の不正に対する批判報道

―『*南方週末*』を事例に……………… *107*

　はじめに／　*107*
　第1節　記事の抽出及びコーディング方法／　*109*
　　1　記事の抽出方法　*109*
　　2　コーディング方法　*109*
(1)記事のカテゴリー化　*110*
　　①「批判記事」　*110*
　　②「宣伝記事」　*111*
　　③「一般記事」　*112*
(2)「批判記事」に対するコーディング　*112*
　第2節　党の宣伝メディアの役割に抵抗する手段としての批判報道／
　　　115
　　1　抵抗手段としての批判報道　*115*
　　2　党に対するメディアの批判　*117*
(1)批判対象の分類　*117*
(2)批判内容の分類　*118*
(3)批判手段の分類　*119*
(4)被代弁者の分類　*121*
(5)記事ソースの分類　*122*
(6)不正の原因の分類　*123*
　　3　小　括　*124*

第3節　批判報道の戦術／　*124*

　　1　党への提言　*125*

　　2　党・政府の公式文書の引用　*127*

　　3　小　括　*129*

むすび　批判報道の実態及びその限界／　*129*

第5章　突発的事件に対する批判報道

──『南方都市報』の炭鉱事故報道を事例に … *133*

はじめに／　*133*

第1節　記事の抽出方法及びコーディング方法／　*136*

　　1　記事の抽出方法　*136*

　　2　コーディング方法　*137*

　　　(1)記事のカテゴリー化　*137*

　　　　①「批判記事」　*137*

　　　　②「宣伝記事」　*137*

　　　　③「一般記事」　*138*

　　　(2)記事の内容に対するコーディング　*138*

　　　(3)記事の重要性に対するコーディング　*139*

　　　(4)「調和のとれた社会価値」に対するコーディング　*141*

第2節　党の宣伝機能に抵抗する手段としての批判報道／　*142*

　　1　記事の割合の分類　*142*

　　2　記事の内容の分類　*143*

　　3　記事の重要性の分類　*145*

　　　(1)記事の掲載面の分類　*145*

　　　(2)記事の大きさの分類　*146*

　　　(3)記事の体裁の分類　*147*

　　4　小　括　*148*

第3節　批判報道の報道戦術／　*149*

　　1　「専門家・読者の評論記事」の掲載　*149*

　　2　「調和のとれた社会価値」の提示　*152*

　　3　小　括　*154*

むすび　突発的事件に対する批判報道の実態及び限界／　*155*

終　章　結論と中国メディア研究の視座への提言……………… *161*
　　第1節　本書の結論／　*161*
　　　1　批判報道をめぐる権力関係　*161*
　　　2　批判報道をめぐる権力メカニズム　*163*
　　第2節　中国メディア研究の視座への提言／　　*164*
　　第3節　今後の課題／　*165*

【付録資料一覧】
付録資料1　『南方週末』の1997年から2010年までの第1面トップ記事
　　サンプル　*168*
付録資料2　『南方都市報』の2004年から2010年までの炭鉱事故記事サ
　　ンプル　*185*
付録資料3　メディアの「與論監督」機能に関する党と中央政府の言及年
　　表　*209*
付録資料4　『南方週末』に関する年表　*212*
付録資料5　『南方日報』グループのジャーナリストへのアンケート調査
　　票（第1回）　*215*
付録資料6　『南方日報』グループのジャーナリストへのアンケート調査
　　票（第2回）　*223*
付録資料7　『南方日報』グループのジャーナリストへのインタビュー一
　　覧　*233*

【参考文献】　*235*
【初出一覧】　*265*

あとがき　*267*
索　　引　*272*

序　章　問題の所在及び研究対象

第1節　問題の所在

　中国メディアは，1949年に中国共産党政権が成立して以来，共産党（以下、党と略す）の「喉と舌」[1] と言われるように，党の宣伝道具として位置付けられてきた。そのため，党や政府の政策や活動を宣伝するという中国メディアの役割は，党の報道工作の中で最も基本的な機能として規定されている。

　一方，1978年の改革開放政策の実施に伴い，中国メディア界は「事業型単位，企業型経営」[2]（政府の行政機関でありながら，企業経営の方法を導入する）という二元体制の導入を機に，経済改革期を迎えた。この時期において中国メディアは，様々な経済改革の試みを行ってきた。1979年1月，『天津日報』は文化大革命終結後，全国ではじめて広告の掲載を回復させた。これをきっかけに，中国メディア業界は広告掲載の大きな発展期を迎えた。続いて1985年1月，『洛陽日報』は旧来の「郵発合一」[3] という郵便局による独占販売の体制を破り，街頭販売スタンドの設置などの自主販売の手段を取り入れた。さらに1980年代半ば以降，メディア業界は多角経営ブームを迎え，多くのメディア社は経済収入を拡大するために，飲食業や印刷業，不動産業，ホテル経営などの多様な経営活動に取り組んだ。1990年代に入ると，メディア社の集団化・グループ化という改革措置はメディア産業の更なる発展を促した。

　以上のような経済改革を経て，中国メディアは次第に党の活動を宣伝する道具として活動するだけではなく，党の宣伝メディアという従来の位置付けから自立し始めている。1982年に「情報」という概念の導入により，メディアは情報を伝達するという本来の機能を果たすようになった[4]。そのため1980年代に，社会情報，生活情報及び娯楽情報などの伝達を重視

する「夕刊紙」,「週末紙」の創刊・復刊ブームが起きた。例えば,文化大革命中に停刊していた『羊城晩報』,『北京晩報』,『新民晩報』などの「夕刊紙」がこの時期に続々と復刊した。それと同時に,メディアの報道理念にも党の宣伝本位から読者の興味本位への変化が見られた。1980年代より様々な読者層を狙う「青年紙」,「老人紙」,「農民紙」,「工人(労働者)紙」,「学生紙」,また読者の興味に合わせる「スポーツ紙」,「経済紙」,「教育紙」,「文学芸術紙」,「書物情報紙」などの新聞が相次いで創刊された。さらに報道内容面でも本来の党の宣伝本位の内容から,脱政治化,脱イデオロギー化が進んでいる。そして政府官僚や社会の不正現象に対する批判報道も紙面に載せられ始めた。改革開放後に,初めて紙面に批判報道を載せたのは,1979年に『工人日報』が「渤海2号」・石油採掘船沈没事故を報じたものであった。同紙は自社の取材をもとに作成した「渤海2号・石油採掘船沈没事故が何を語ったのか」という記事の中で,事故の原因が党員幹部の官僚主義による人命と安全の重視の欠如にあると批判した。それ以降メディアの経済改革の進みにより,各メディア社は読者を獲得するために批判報道の掲載を盛んに行ってきた。有名なのは,1987年の黒龍江省森林火災,1990年代の偽商品・コピー商品などの不正及び2003年の「サーズ事件」[5],「孫志剛事件」[6]などに関する批判報道であった。

　本書ではメディアによる「批判報道」は,共産党及び社会の不正を批判,暴露する報道であると定義づける。中国の批判報道はメディアの経済改革により,従来の党の宣伝報道から脱政治化,脱イデオロギー化の傾向が進んでいる中で登場したのである。そのため,改革開放以降,批判報道が盛んになったことは,メディアの報道が党の宣伝メディアという機能からの自立性を高めてきた結果である。例を挙げると,批判報道を最も積極的に展開しているメディアとして注目されている有力紙・『南方週末』は,「正義,人間愛,良心を訴え,真実,信憑性の追求を堅持する」という社是を掲げて以降,自身は党の「喉と舌」的宣伝道具として活動するのではなく,人民の「喉と舌」として,社会弱者の代弁者として活動することを目指してきた[7]。『南方週末』は改革開放後にメディアの経済改革の中で,1984年に広東省党委の機関紙・『南方日報』の補完紙として創刊されたのであ

る。そのため，同紙は最初から党の宣伝機関としての役割を担わせられるのではなく，メディアの市場を獲得するための社会情報や娯楽情報を提供する役割を任された。1996年に『南方週末』は紙面の改革をきっかけに，党や政府の官僚及び社会の不正，社会問題に対する批判報道を報道内容の中心として大々的に掲載するようになった。同紙の批判報道は度々，党や政府の報道「禁令」[8]を突破し，中国社会に影響を及ぼした。中国のエイズ感染の深刻な状況を全国で初めて暴露したのは，1998年に『南方週末』が掲載した河南省エイズ村の報道であった。広東省に位置する『南方週末』がこの報道を掲載できたのは，河南省の地元メディアが報じることを許せないという地元当局の「禁令」を突破したからである。これは中国メディアが党の「禁令」を突破するために，よく利用している「異地監督」[9]という報道戦術である。

　一方，改革開放以降，党の従来のマスコミ観に変化が起きた。1985年に当時の党総書記・胡耀邦は党の工作報告の中で初めてメディアが単なる党の「喉と舌」ではなく，人民の「喉と舌」でもあることについて言及した[10]。つまり，党はメディアの党の代弁道具としての機能以外に，メディアによる民意の表出・代弁などの他の機能も認めた。こういう認識の変化の中，党は党自身や政府及び幹部の不正と社会問題に対するメディアの批判報道の掲載を認めると同時に，依然としてそれをコントロールしようとするという複雑な態度を見せている。まず党は，党や政府幹部及び社会の不正に対するメディアの批判報道，いわゆる「興論監督報道」を積極的に提起していた。1987年に開催された党の第13回全国代表大会（以下では大会と略す）で党指導部が初めて党の綱領に批判報道を提起した。それ以来，党は第14回，15回，16回及び17回，18回，19回大会[11]でも批判報道について言及し続けてきた。中でも2004年2月に党中央が公布した「中国共産党党内監視条例（試行）」の中でメディアの批判機能を，党自身を監視する制度の1つとして取り入れたことは[12]，党がメディアの批判報道をより一層重要視していることを示唆している。しかし一方，党は終始，批判報道の展開に対して，党の宣伝機能をメディア工作の基本的方針として堅持しなければならないという規制措置を採っている。こうした党の見

解は 1989 年の天安門事件後，党指導部が提起した「プラス宣伝を主とする方針」[13] の中で示されている。この方針は今日に至っても党指導部に提起され続けている。

　上述した点から，中国メディアの批判報道をめぐりメディア側の独自の展開と党の同報道に対する認識との間に差異が生じていることに気付く。では，批判報道をめぐりメディア側の展開と党の認識の間に権力関係のようなものが存在するかどうか。もし存在するならば，党とメディアの間には，批判報道をめぐる権力関係及び権力メカニズムはどのようなものなのか。本書はこれを明らかにすることを目的としている。この疑問を解くために，本書は批判報道に関する党の認識及びメディアによる批判報道の展開がそれぞれ一体どのようなものなのかを明らかにしたうえで，メディアは批判報道を行う際に，どのように党の報道方針に抵抗し，またなぜ党の報道方針に抵抗できたのか，という問いの解明を目指す。

　本書は中国メディアの批判報道をめぐり，党とメディアの間に生じる権力関係に注目しながら，批判報道をめぐる権力関係と権力メカニズムを明らかにすることを試みる。これまでの中国メディア研究において，そうした試みは十分になされてこなく，依然として中国メディアの活動や報道などが党の統制下に置かれているという単純化された理解に対して，本書は大きな空白を埋めることができよう。またこうした分析の視座を中国メディア研究に提供することは本書の大きな学術的な貢献と言えよう。

第2節　研究対象

1　中国メディアの批判報道

(1)批判報道の概念

　本研究のキーワードとなる「批判報道」は，中国国内では一般的に「輿論監督報道」(Media's Supervision by Public Opinion Function) と呼ばれている。「輿論監督報道」とは党による造語であり，党の公式見解によれば民衆がメディアを通じて党や政府を監視する役割を担う報道とのことである。本書では「輿論監督報道」という言葉を用いず，馴染みのある「批判報道」という

4

序章　問題の所在及び研究対象

言葉を用いる。

　次に中国の批判報道について，以下の批判主体，批判対象及び批判内容3つの概念から説明しておこう。

　第1に，批判主体は要するに誰が批判を行うかである。中国メディア研究ではいまだに批判主体をめぐって「民衆による批判か」，「メディアによる批判か」との論争が行われている。党の公式見解によると，メディアの批判報道は民衆がメディアを通じて党と社会の不正を批判するものである。党の見解に同調する研究者がたくさんいる（陳，1999；喩，1999；王・魏，2000；田，2002）。一方，それに同調しない研究者は「メディアが民衆の意見をもとに批判を行う」と主張している（丁，1999；楊，2001；王・徐，2007）。本書は批判報道を行う批判主体がメディア自身であるという主張を支持する。

　第2に，批判対象は要するに，誰に対して批判を行うかである。その主要な批判対象は「党や政府，国家の権力機関と幹部及び社会の不正，社会問題である」[14]と主張する研究者がたくさんいる（楊，2001；王・徐，2007）。本書では批判報道の批判対象は党や政府、幹部及び社会の不正であると理解する。

　第3に，批判内容は，メディアの「興論監督機能」の概念に基づき「党と国家の路線，方針及び政策の執行の不行き届きに対する批判；国家法律に違反した行為に対する批判；党の紀律，政府の規定に違反した行為に対する批判，公権力の濫用，腐敗，賄賂などの行為に対する批判；人民大衆の利益を損害した行為に対する批判；社会の各不正現象，道徳やモラルに違反した行為に対する批判」[15]と定義付けられている。

　以上3点により，本書では中国の「批判報道」という概念に，批判報道（中国語原文：批評報道），興論監督報道，暴露報道（中国語原文：掲黒報道），マイナス報道（中国語原文：負面報道）などの批判，マイナスの意味合いがある報道すべてが含まれていると理解する。「暴露報道」は党や政府及び幹部の不正，社会問題と社会の不正を暴く，スクープする報道である。有名なのは日本のリクルート事件，アメリカのウォーターゲート事件をスクープした報道である。中国のメディアも様々な党と政府の腐敗，賄賂などの

5

不正及び社会問題を暴露，スクープしている。「マイナス報道」とは，党
と政府の綱領，政策や現行の社会秩序と道徳基準に反する事件や現象，い
わゆる党や政府と社会の不正などのマイナス面に焦点を当てる報道を指
す [16]。例えば，官僚の腐敗，賄賂，犯罪，スキャンダル，事故及び自然災害，
社会問題などに関する報道は，通常「マイナス報道」と呼ばれる。これと
対照的なのは「プラス報道（中国語原文：正面報道）」である。「プラス報道」
とは，社会の積極的な部分，プラス的な明るい面に焦点を当てる報道を指
す [17]。社会の道徳と社会の秩序を保つために，社会の中の典型的，模範
的人物や事件を大々的に取り上げ，積極的に報道するとのことである。「プ
ラス報道」という言葉は 1989 年の天安門事件以降，党が提起した「プラ
ス宣伝」方針から由来したものである。

(2)中国と自由民主主義国家の批判報道の差異

　以上のように，本書は中国の批判報道が，共産党や社会の不正に対する
批判，暴露報道，マイナス報道などの総称であると理解している。しかし，
権威主義中国と自由民主主義国家の批判報道は完全に同様なものであると
は言えない。2 者の差異は以下の 2 点にある。

　第 1 に，自由民主主義国家のメディアが政府を監視，批判する機能を発
揮できる条件は，メディアの取材，活動，報道などが国家の干渉から自立
していることである [18]。それに対して，中国のメディアは依然として党
と政府によって自身の宣伝道具として位置付けられているため，未だに党
と政府の統制から独立していない。党と政府は報道内容の検閲，人事の任
免などを通じてメディアをコントロールしている。そのため，中国のメディ
アは自由民主主義国家のメディアと違い，党と政府を完全かつ自由に監視，
批判を行うことができるわけではない。

　第 2 に，自由民主主義国家のメディアが自由に政府を批判できるもう 1
つの条件は，メディアの所有権が市場原理に基づくことである [19]。自由
民主主義国家ではメディアの私有化，個人化，外資の参入などの経営手段
が認められている。一方，中国では，1978 年以降メディアは経済改革期
を迎えた中，一部の経営に市場原理を導入しているものの，終始その所有

6

権を党と国家によって握られているため，私有化，個人化及び外資の参入
などを許されていない。中国全土の新聞社，テレビ局，ラジオ局などすべ
てのメディア機関は，党と政府のもとに所属している。そのため，中国メ
ディアは，党と政府の不正を批判するには限界がある。例えば，中国メディ
アは地位の高い幹部，特に中央レベルの党や政府の幹部を批判するには限
界がある。このような現象は一部の研究者に「中下級幹部を批判し，高級
幹部を批判しない（中国語原文：只打蒼蠅不打老虎）」と揶揄されている。

2 『南方週末』と『南方都市報』

　本書は『南方週末』と『南方都市報』2紙の批判報道を事例とする。その
理由としては，中国メディア業界では2紙は批判報道を行う際に，党の
報道方針に最も大胆に，党の許容範囲のギリギリまでに挑戦している点を
挙げたい。

　以下では，まず2紙の報道の自主性及び経済的自立性を示したうえで，
次に2紙の批判報道の大胆さについても示しておきたい。

(1) 2紙の報道の自主性

『南方週末』と『南方都市報』2紙とも，メディアの経済改革期において
広東省党機関紙・『南方日報』傘下の系列紙として創刊された。2紙は党
の宣伝メディアという存在からの自立性を保持できていることは，当初の
それぞれの創刊目的による結果である。図序 -1 は中国メディア・システ
ムにおける『南方週末』と『南方都市報』の立ち位置を示している。

　具体的な創刊の経緯は以下のとおりである。

　1980年代初期から始まった「週末紙」，「週末版」の創刊ブームの中，
1984年に『南方週末』は『南方日報』の「週末版」として創刊された。
創刊の目的としては当時の『南方日報』はわずかの4紙面で党の活動に対
する宣伝報道で埋められ，読者のニーズに合った文化，生活，娯楽，スポー
ツ，健康などに関する報道の割り込む余地は無かったため，読者に好まれ
る文化，娯楽，生活面の報道を主とする「補完紙」である『南方週末』を
発行し始めたことが挙げられる[20]。要するに『南方週末』は，党機関紙

図序-1 中国メディア・システムにおける『南方週末』と『南方都市報』の立ち位置

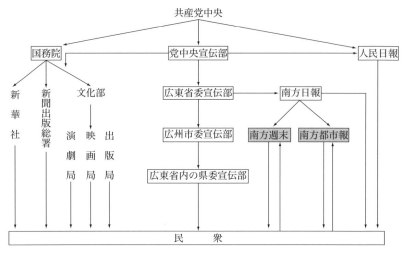

(出所) 朱家麟『現代中国のジャーナリズム』の「中国のコミュニケーション・システム構造図」(1995,p114) に基づき、筆者修正。

である『南方日報』が掲載しきれない文化，娯楽情報を読者に伝達することを目的として創刊されたのである。

他方，1997年に『南方都市報』が創刊された目的は，多角経営の不振に陥った『南方日報』が『羊城晩報』，『広州日報』との激しい広州新聞界の市場競争で勝ち抜くために，広州そして周辺の珠江地域の都市住民に向け市民生活に密着した新しいジャンルの新聞紙，「都市報」[21]を発行しなければならなかったことにある[22]。つまり，『南方都市報』は「子新聞が親新聞を養う」(都市報の利益で党機関紙を経済的に支える) という任務を負わせ，都市住民の暮らしへのサービス志向を重視するという報道理念の下で創刊されたのである。

以上のように2紙の創刊目的を検討すると，メディアの経済改革期に登場した『南方週末』と『南方都市報』は，創刊当初から親新聞である『南方日報』の報道方針と大きく違い，社会や生活，娯楽の情報を伝達する機能を重要視していることが分かった。これより，2紙は最初から党の宣伝

序章　問題の所在及び研究対象

道具という位置付けからある程度の自立性を持っていたことがうかがえる。

(2) 2 紙の経済的自立性

　第 1 に，販売部数の急増である。『南方週末』の創刊当初の発行部数は
わずか 7,000 部だったが，1992 年になると 74 万部までに急増し，さらに
1998 年に 130 万部までに達した。1999 年以降の販売部数は 120 万部前後
に維持している。また，『南方都市報』の販売部数は 1997 年の創刊当初に
おいて 8 万部に過ぎなかったが，その後の 1999 年になると 38 万部に成長
し，さらに 2001 年に 103 万部までに上った。現在，『南方都市報』は 140
万部前後の発行部数を誇っている。

表序 -1『南方週末』と『南方都市報』の発行部数年別推移（単位：万部）

年別	2004 年	2005 年	2006 年	2007 年	2008 年	2009 年
『南方週末』	128.01	123.00	120.00	120.00	120.00	140.00
『南方都市報』	140.01	140.00	140.00	140.00	140.00	190.96

(出所)『中国新聞出版統計資料匯編 2005 年～ 2010 年度版』（新聞出版総署主編）に基づき、筆
者作成。

　第 2 に，莫大な広告収入及び発行収入である。まず広告収入に関して,『南
方週末』は 2000 年に 4,000 万元及び 2003 年に 2,600 万元の広告収入を得
た [23]。また『南方都市報』の広告収入は 1997 年に 800 万元から，1999 年
に 9,000 万元，2002 年に 1.2 億元へと急増した結果，同紙は 2003 年には,
親新聞である『南方日報』に 1.6 億元の利益をもたらした [24]。他方，2 紙
は新聞販売を通じて莫大な発行収入を獲得している。『南方週末』の発行
収入は，2008 年に 1 億 2,480 万元から，2009 年に 2 億 1,840 万元に増加
した [25]。『南方都市報』も 2008 年に 5 億 1,240 万元と 2009 年に 6 億 9,699
万元の発行収入を得た [26]。

　第 3 に，子会社の経営である。『南方週末』と『南方都市報』は広告,印刷,
出版，販売などの市場要素が強い分野を報道分野から切り離し，独自の子
会社を経営している。すなわち『南方週末』は「南方週末実業会社」，『南
方都市報』は「南方都市報実業会社」を経営している。図序 -2 は，2 紙
が所在する新聞社グループ・『南方日報』グループ [27] の組織図を示している。

9

図序-2 『南方日報』グループの組織図

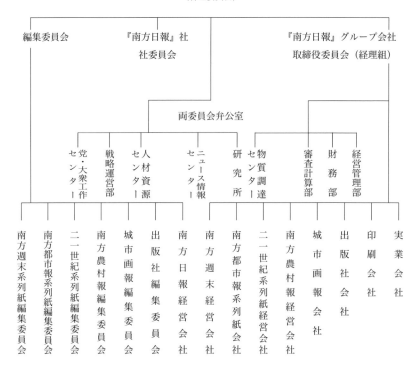

(出所) 範以錦 (2005)、『南方報業戦略』広州：南方日報出版社、264 ページより。

(3) 2 紙の批判報道の大胆さ

　第 1 に，党に対する批判の大胆さである。『南方週末』は，1996 年に行った紙面拡大の改革をきっかけとして，批判報道の掲載を報道スタイルの中心に位置付けていた。それ以来，同紙の批判報道は党と政府幹部の不正に対する批判を主要な内容としている。同紙の記事に対する内容分析を行った結果によると，党政幹部の権力濫用，官僚主義，腐敗行為を批判する記事が各年の記事総数に占める割合が 1997 年に 45.5％，1998 年に 36.4％，さらにピーク時の 1999 年に 83.3％までに達した。それ以降，次第に減り

つつあるが，2001年に50％，2002年に66.6％で依然として全体の半分以上を占めている[28]。

　他方，『南方都市報』は批判の矛先を党中央に向けた。同紙は2003年の「サーズ事件」報道の中で党中央の対応の遅れを批判した[29]。2002年11月から広東省で発生したSARSウイルス感染症により多くの死者，感染者が出た深刻な状況に関して，『南方都市報』は当局の情報隠ぺいを破り，翌年1月からいち早く事件の真相を報じた（『南方都市報』，2003年2月18日）。同紙の報道をきっかけに，サーズ事件は他の報道機関から大きな関心を集めた結果，4月上旬になると政府によってきわめて大きな社会事件として扱われるようになった。4月下旬から中央政府はようやく事態の深刻さを認め，事件当初の情報隠ぺい，対応の遅れに反省の態度を見せた。また2003年の「孫志剛事件」報道の中で，『南方都市報』は湖北省出身の孫志剛青年が身分証明書を携帯しなかったため，地元警察に連行され広州市内の収容所で暴行を受け，死に至った事件の経緯を暴露し，中央政府の都市部収容・送還政策を批判した。

　第2に，社会の不正に対する批判の鋭さである。2紙の批判報道の突出した特徴は，社会の不正や社会問題の核心に迫り，時には党の許容範囲のラインを踏み越えていることにある。『南方週末』が社会問題や社会のマイナス面に批判の焦点を当てた記事が各年の記事総数に占める割合は，2001年に16.6％から，2002年に33.3％，さらに2003年に50％までに急増した（張，2004）。2001年に，中国社会から大きな注目を集めた「張君暴力団事件」に関する報道の中で，『南方週末』は事件の背景に深刻な社会貧富の格差，農村の貧困問題があると指摘した（『南方週末』，2001年4月19日）。この報道は党の報道方針に対する厳重な違反だと党によって判断され，党中央宣伝部の逆鱗に触れた。中央宣伝部は同紙の編集長，副編集長，ベテラン記者10数人に同紙史上の最大規模の更迭，免職処分を与えた。他方，『南方都市報』は「サーズ事件」の原因に中央政府対応の遅れがある，及び「孫志剛事件」の背景に政府の収容・送還政策の欠陥があると指摘したため，党の許容範囲の限界を超えた[30]。党が地方レベルの党政機関に対するメディアの批判を許しているものの，党中央に対するメディア

の批判を決して許し難いと考えられる。この報道は当局の怒りを買った結果，2004年に元編集長・程益中，副編集長・喩華峰が逮捕，投獄された。これは当局の『南方都市報』に対する復讐であると言われている[31]。

第3節　中国新聞の発展状況及び新聞界における 『南方週末』と『南方都市報』の位置づけ

　本書では，取り上げるメディアは主として新聞を指す。なぜなら，まず改革開放以降中国の新聞はテレビやラジオ，及びほかの報道機関と比べ，メディア界でいち早く経済改革を行い，党と政府及び社会の不正に対する批判報道の掲載を最初に試みたメディアだと言えるからである。前述のように，改革開放以降のメディア界で最初に批判報道を載せたのは，『工人日報』による「渤海2号」・石油採掘船沈没事故の報道であった。次に本書の事例研究の対象となる『南方週末』，『南方都市報』は中国メディア界で批判報道の有力紙として広く知られているためである。2紙の批判報道が中国全土に影響力を及ぼし，大きな注目を集めたケースがしばしばある。以下ではまず中国新聞の発展状況を把握したうえで，次に新聞界における『南方週末』と『南方都市報』の位置付けについても示しておきたい。

1　中国新聞の発展状況

　1978年から始まった中国メディアの経済改革期において，中国の新聞の発行種類と発行部数は爆発的な成長を遂げた。表序-2に示したように，新聞の発行種類は1978年に186種から，1985年に1,445種に急増し，さらに1996年に2,163種に達した。他方，新聞の発行部数は増加する一方である。1978年に1号あたりの発行部数がわずか4,280万部だったが，1985年になると1億9,107万部に急増し，さらに2011年には2億1,517万部までに達した。

序章　問題の所在及び研究対象

表序 -2　中国新聞の年別発行情報

年別	種類	1号あたりの総発行部数 （単位：万部）	年間総発行部数 （単位：億部）
1978	186	4280	127.8
1980	188	6236	140.4
1985	1445	19107	246.8
1990	1444	14670	211.3
1995	2089	17644	263.3
1996	2163	17877	274.3
1997	2149	18259	287.6
1998	2053	18211	300.4
1999	2038	18632	318.4
2000	2007	17914	329.3
2001	2111	18130	351.1
2002	2137	18721	367.8
2003	2119	19072	383.1
2004	1922	19522	402.4
2005	1931	19549	412.6
2006	1938	19703	424.5
2007	1938	20545	438.0
2008	1943	21155	442.9
2009	1937	20837	439.1
2010	1939	21438	452.1
2011	1928	21517	467.4

（出所）『中国統計年鑑 2012』の「図書、雑誌及び新聞の発行情報」（2013 年 3 月 26 日に最終アクセス、http://www.stats.gov.cn/tjsj/ndsj/2012/indexch.htm よりダウンロード）。

2　新聞界における『南方週末』と『南方都市報』の位置づけ

　以下ではまず発行部数及び新聞市場の競争状況という 2 点から，中国の新聞における 2 紙の位置付けを示したうえで，さらに中国メディア界を先導する 2 紙の役割についても説明しておきたい。

　まず，2 紙の発行部数から見れば，下記の表序 -3 に示したように，『南方週末』と『南方都市報』は 1,900 種以上ある中国の新聞界において発行部数のトップ 8 位以内に入ることが分かった。

　次に，2 紙の所在地である広東省の新聞市場の競争状況から見れば，『南方週末』と『南方都市報』は新聞の市場競争が最も熾烈に展開している地域に位置している。以下の表序 -4 に示したように，2 紙の所在地である広東省の新聞の発行種類及び発行部数が，全国の新聞市場で最上位を占めていることが分かった。

13

表序 -3　中国新聞の 1 号あたりの発行部数のトップ 8（単位：万部）

年別	2004	2005	2006	2007	2008	2009
参考消息	285.24	314.60	318.35	314.17	325.39	312.19
人民日報	186.40	192.64	192.24	205.31	232.37	235.03
揚子晩報	179.21	176.80	181.00	148.25	173.80	181.00
南方都市報	140.01	140.00	140.00	140.00	140.00	190.96
羊城晩報	131.01	121.00	117.00	125.00	108.00	105.00
南方週末	128.01	123.00	120.00	120.00	120.00	140.00
斉魯晩報	110.01	105.00	105.00	166.76	166.76	166.76
環球時報	102.01	100.49	104.19	116.00	135.00	139.67

（出所）『中国新聞出版統計資料匯編 2005 年～ 2010 年度版』（新聞出版総署主編）に基づき、筆者作成。

表序 -4　各地の新聞の発行種類のトップ 5（1 号あたりの発行部数の単位：万部）

年別	2006		2007		2008	
	種類	発行部数	種類	発行部数	種類	発行部数
広東	101	1664.52	101	1786.58	100	1809.38
新疆	100	186.74	100	185.87	99	199.05
四川	85	618.08	85	647.59	86	649.78
山東	85	902.97	85	1041.91	86	1088.67
遼寧	81	663.38	81	660.1	81	904.12

年別	2009		2010		2011	
	種類	発行部数	種類	発行部数	種類	発行部数
広東	100	1909.33	100	1874.54	99	1830.91
新疆	99	193.59	99	196.33	96	207.48
山東	88	1062.52	88	1196.63	87	1188.33
四川	87	575.38	87	658.13	89	664.50
江蘇	80	1117.81	80	1182.21	80	1178.44

（出所）『中国出版年鑑 2007 年～ 2012 年度版』（中国出版年鑑社主編）に基づき、筆者作成。

　最後に、『南方週末』と『南方都市報』は、中国メディア界の先導役を担っている点について、以下の 2 点から示しておこう。

　第 1 に、2 紙が批判報道を行う際に用いる批判手段はほかのメディア機関が相次いで真似をし、次第に中国メディア界の手本になっている。前述したように、中国のメディアが党の報道「禁令」を突破するためによく利用している「異地監督（地域を跨る監督）」という批判手法は、『南方週末』が 1990 年代後半から独自に編み出したものである。『南方週末』は 1996 年から 2001 年までの同紙の批判報道の中で、「異地監督」という手法を用いた記事の割合は全体の 83.2％に達している [32]。「異地監督」とは、中国

14

メディアすべてが所在地の党委の管轄下に置かれているため，地元の党と政府などの不祥事を地元のメディアが報道できず，ほかの地域のメディアが普通に報道するという中国メディア界の独特な現象のことである。これは中国メディアにとって他地域の党と政府の不祥事を積極的に取り上げ，党の「禁令」を突破できる絶好の報道戦術である。この批判手法は，全国の報道機関から大きな注目を集め，現在，中国メディアが用いる最も中心的な手法となっている。

　第2に，上述の「異地監督」とも関係するように，『南方週末』と『南方都市報』は他地域のメディアが地元の不祥事を報じ難い記事を積極的に自身の紙面に載せている。例えば，2000年7月に湖南省嘉禾県で発生した大学入試の集団カンニング事件が，中国社会の大きな反響を呼んだ。地元の『長沙晩報』の記者は事件の詳細について現地取材を行った最中にも関わらず，社内から「省内では同事件に関する報道を一切禁じる」と命じられた[33]。『南方週末』はその後，同記者が現地取材をもとに作成した暴露記事を自身の紙面で掲載した（『南方週末』，2000年7月13日）。

第4節　本書の構成

　本書の目的は，中国メディアの批判報道をめぐり，党とメディアの間に生じる権力関係と権力メカニズムを明らかにしようとするところにある。分析にあたってはまず，批判報道をめぐる党の認識及びメディア側による批判報道の展開がそれぞれ一体どのようなものなのかを解明したうえで，次に党とメディアの間にどのような権力構図が展開しているのかを明らかにする。

　本書の構成は以下のとおりである。

　第1章では，これまでの中国メディア研究の分析枠組を整理し，それぞれの問題点を指摘したうえで，本書の分析枠組及び分析手法を示しておきたい。

　第2章では，批判報道をめぐる中国共産党の認識が一体どのようなものなのかを明らかにするために，改革開放以降の1980年代（1979～1989年），

天安門事件後（1989～1992年），1990年代（1992～2002年），2003年以降（2003年～現在に至る），4つの時期に分け批判報道に関する党の認識の形成，変化について歴史的な考察を行う。具体的に党は改革開放の直後に，いかなるマスコミ観の変化のもとで批判報道を導入したのか。党は以上の4つのそれぞれの時期において批判報道に対しどのような態度を示してきたのか。また党の批判報道に対する容認範囲の限界点はどこにあるのかについて考察を行う。

　第3章においては，メディア側は批判報道をどのようなに展開してきたのかを解明するために，政治的，市場的，社会的要因というマクロなレベル，及び記者の報道意識，日常の報道活動というミクロなレベルの分析アプローチから，メディアによる批判報道の展開と，党がメディアに要求している党の宣伝機能の打破，同機能の衰退，及び同機能からの脱去という連動図式を歴史的に考察することによって，メディアによる批判報道の展開の経緯を明らかにする。

　第4章では，『南方週末』を事例に，党の不正に対する同紙の批判報道はどのように行われているのかについて考察を行う。具体的には『南方週末』は批判報道という手段を用いて，いかに党の宣伝道具という役割に抵抗しているのか，また党の不正に対してどのように批判を行っているのか，なぜ党の報道方針に抵抗できているのかといった問いを解くために，党に対する同紙の批判の実態及び報道戦術について解明する。

　第5章は，『南方都市報』の炭鉱事故報道を事例に，突発的事件に関する同紙の批判報道が如何に党の宣伝機関としての機能に抵抗しているのかという問いの解明を目的とする。突発的事件とは，突然に発生し，人々の安全や命や生活に関わる社会安全事件，自然災害，テロ，戦争などのことである。これらの事件は社会に莫大な影響を与えるため，その報道を党と政府に厳しく統制されてきた。1990年後半以来，中国の大きな社会問題となっている突発的事件の1つである炭鉱事故は注目を集めている。本章では，『南方都市報』は炭鉱事故に関する批判報道の中で，如何に党の報道方針に抵抗するのか，また党の報道方針にどのように抵抗できているのかについて考察を行う。

序章　問題の所在及び研究対象

　終章では，批判報道をめぐる党の認識とメディア側の独自の展開の隔た
りに注目し，党とメディアの間に生じる権力関係を再度整理したうえ，中
国メディアの批判報道をめぐる権力関係と権力メカニズムの実態を明らか
にした結果を本書の結論として提示する。最後に，こうした党とメディア
の間に生じる権力関係に注目した分析視座を中国メディア研究に提言した
い。

注

1) 中国メディアの「党の喉と舌」論は，共産党の革命根拠地時代からすでに提起
された。1941 年 2 月に，当時の党中央機関紙である『新中華報』が掲載した社説
の中で，「『新中華報』は党中央の意見を伝達する最も有力な『喉と舌』である。新
聞は，1 つの記事ごと，1 つの消息ごと，1 つの社説ごとなどのすべての紙面の中
で党の観点と見解を伝達し，必ず党の方針，路線及び党の動向に密接につなげる。
新聞が党のすべての政策を提唱する先導者になるべきである」と記された。

2) 1979 年 4 月，国家財政部は『人民日報』をはじめとする中央レベルの 8 新聞社の「事
業型単位，企業型経営」との改革要求を認め，「新聞社の企業基金の試行実施方法
に関して」という通達を下した。具体的に新聞社が依然として党の宣伝機関であり
ながら，経営面において企業のように自主経営を行えると規定された。これにより
中国メディアの経済改革は本格的に始まった。

3) 1978 年以前の計画経済体制の下では，中国の新聞や雑誌の販売はすべて郵便局
によって統一的に代行された。これは「郵発合一」体制と呼ばれている。この体制
により全国の新聞社は新聞の販売や配達を郵便局に委託し，さらに郵便局によって
新聞と郵便物と一緒に配達するというシステムが作り上げられた。しかし，郵便が
滞る日に新聞が読者の手元に届かないとか，販売コストが高いとかなどの様々な弊
害があった。

4) 李良栄 (1995),「十五年来新聞改革的回顧与展望」『新聞大学』春季刊, 3-8 ページ。

5) SARS ウイルスによる感染症である。2002 年 11 月に中国広東省で発生し，2003
年 7 月に新型肺炎制圧宣言が出されるまでの間に 8,069 人が感染し，775 人が死亡
したと言われる。

6) 孫志剛事件は，湖北出身で，大学卒業後広州で会社員をしていた孫志剛青年が，
身分証明書を携帯していないという理由で，2003 年 3 月に広州市内での派出所へ
連行され，収容所で暴行を受けて死亡した事件。同年 4 月 13 日に，『南方都市報』は，
あるネットユーザから提供した情報に基づき，取材を行い，地元警察の暴行行為を
暴露した。

7) 『南方週末』は 1999 年 1 月 1 日付きの記事・新年祝辞の中で，「冤罪を着せられ，
無力な弱者に直面した際こそ，また横行跋扈している悪人に直面した際こそ，さら
に人々の人生に十分な悪影響を与えた社会の不正に直面した際こそ，われわれは正
義を守るために，どれだけの代償と勇気が必要なのかということを理解できるので
ある」と正義を守るために社会弱者の代弁者を志向する報道理念を挙げた。

8) 中国メディア界では中央宣伝部や地方の省委宣伝部と呼ばれるイデオロギーの

17

管轄機関から下した報道規制を「禁令」と呼んでいる。

9）「地域を跨る監督（中国語原文：異地監督）」とは，問題が発生した地域でのメディアが報道できず，他の地域でのメディアが報道することである。例を挙げると，広東省で発生した事件を，省内のメディアが報じるのは困難となるが，広東省以外の地域のメディアは普通に報道することができる。それは，中国メディアが党と政府機関の付属装置として位置付けられているからである。中国メディアがその地域の党政機関によって管轄されているため，管轄機関の党と政府を監視することがなかなか難しい。こうした「異地監督」と呼ばれる報道手段を発展させたのは『南方週末』である。1990 年代後半から，同紙は「異地監督」を利用し党への批判を盛んに行った。

10）胡耀邦（1985），「関於党的新聞工作」『新聞前線』第 5 期，2-11 ページ。

11）2017 年 10 月 18 日から 2017 年 10 月 24 日まで開催された党の第 19 回大会では，習近平は大会報告の「党と国家の監督システムを健全化する」という部分において，興論監督機能について再び言及した。

12）「中国共産党党内監督条例（試行）」（2004 年 2 月 17 日），（2012 年 4 月 14 日最終アクセス，http://www.people.com.cn/GB/shizheng/1026/2344222.html よりダウンロード）。

13）1989 年 11 月に党中央宣伝部が主催した新聞工作討論会では当時の党中央政治局のイデオロギー工作主管李瑞環は，「プラス宣伝を主とする方針を堅持しなければならない」と題した講話の中で，メディアが批判報道の掲載より党の活動を宣伝する報道を優先しなければならないと提起した。李瑞環（1989），「堅持正面宣伝以主的方針」（2012 年 3 月 5 日最終アクセス，http://news.xinhuanet.com/ziliao/2005-02/21/content_2600300.htm よりダウンロード）。

14）楊明品（2001:8）を参照。楊明品（2001），『新聞世論監督』中国広播電視出版社。

15）王強華・王栄泰・徐華西（2007:36）を参照。王強華・王栄泰・徐華西編著（2007），『新聞興論監督理論与実践』，復旦大学出版社。

16）張威（2003），『比較新聞学：方法与考証』南方日報出版社，23 ページ。

17）徐勝（2005），「什麼是正面報道」『新聞実践』第 5 期，26-27 ページ。

18）F.S. シーバートらが提示した最も模範的理論である「マスコミの自由に関する四理論」の中の「自由主義理論」によって，メディアの自由を満たす 2 つの基本条件はメディアが国家の干渉から自立していることと，メディアの所有権が私有化し，市場原理に基づくことである。F.S. シーバート・T.B. ピータスン・W. シュラム著，内川芳美訳（1966），『マス・コミの自由に関する四理論』東京創元社，73-130 ページ。

19）同上。

20）洪兵（2003），「『南方週末』創始人左方訪談」人民網，2003 年 9 月 9 日（2013 年 4 月 5 日最終アクセス，http://news.xinhuanet.com/ziliao/2005-02/21/content_2600300.htm よりダウンロード）。

21）「都市報」は 1990 年代半ば以降，中国メディアの激しい市場競争の中で登場した新しいジャンルの新聞である。「情報量が多く，総合的であり，しかも，完全に市場経営で地元の都市住民に向けた市民生活に密着した新種の新聞である。つまり，地域化した総合的な市民生活新聞である」と定義付けられている。西茹（2008），『中国の経済体制改革とメディア』集広舎，52 ページ。

22）範以錦（2005），『南方報業戦略』広州：南方日報出版社，132 ページ。

序章　問題の所在及び研究対象

23）李小勤前掲論文，9 ページ。

24）範以錦前掲書，148 ページ。

25）新聞出版総署主編（2009），『中国新聞出版統計資料匯編 2009 年度版』中国統計出版社，191-195 ページ。新聞出版総署主編（2010），『中国新聞出版統計資料匯編 2010 年度版』中国統計出版社，197-201 ページ。

26）同上。

27）1998 年，『南方日報』グループは中国初の省レベルの党機関紙により設立された新聞グループである。2003 年に中央政府が主導した文化体制改革によって，2005 年 7 月 18 日に元の『南方日報』新聞グループから南方新聞グループと改称され，印刷，出版，広告などの経済実体を抱える現代メディアグループの作りを目指した。現在，同グループは党機関紙である『南方日報』を中核とし，11 紙，6 雑誌，3 ウェブサイド及び『南方日報』出版社などの経済実体を所有する。

28）張小麗（2004），「従『南方週末』的批判性報道看興論監督」中華伝媒網学術網（2011 年 9 月 12 日最終アクセス，http://www.mediachina.net よりダウンロード）。

29）2002 年 11 月から発覚した SARS による感染者の情報を中国当局が公開しなかったことに対して，2003 年 1 月から広東の『新快報』，『南方都市報』，『羊城晩報』，『南方日報』，北京の『財経』雑誌が自らの取材をもとに事件の真相を暴露した（Tong, 2011, P50）。Jing Rong, Tong (2011), *Investigative Journalism in China: Journalism, Power and Society*, New York: The Continuum International Publishing Group, pp.49-50.

30）中国メディアが党中央及び中央レベルの国家機関を批判することは極めてリスクが高く，党に許され難い。筆者も 2008 年及び 2009 年に『南方日報』グループの記者に実施したインタビューの中で，『南方週末』と『南方都市報』のような地方の報道機関は市レベルまでの党と政府機関を批判するのが一応安全であるが，省と中央レベルの党政機関を批判するのがきわめて危険であると記者は話した。そのため，中国メディアは一部の研究者に「中下級幹部を批判し，高級幹部を批判しない（中国語原文：只打蒼蠅不打老虎）」と揶揄されている。

31）何亮亮（2004），「中国的悲劇：程益中求仁得仁」（香港誌・『亜洲週刊』第 18 巻第 17 期付きの記事である。（2013 年 3 月 10 日最終アクセス，http://www.yzzk.com/cfm/Content_Archive.cfm?Channel=af&Path=3550612992/17af2.cfm よりダウンロード）。

32）Cho, Li Fung (2007), *The Emergence, Influence, and Limitations of Watchdog Journalism in Post-1992 China: a Case Study of Southern Weekend*, a dissertation submitted For the degree of Doctor of Philosophy at The University of Hong Kong, pp.194-199.

33）劉向暉（2000），「為了社会的良知－嘉禾高考舞弊醜聞曝光始末」『新聞記者』第 8 期，27-29 ページ。

19

第1章　本書の分析枠組と分析手法

はじめに

　本章では，まずこれまでの中国メディア研究の分析枠組の流れを整理し，それぞれの問題点を指摘したうえで，次に本研究の理論的枠組み及び本研究自身が構築する「党のメディア認識層—メディアの報道層—抵抗層」3層構造という分析枠組を提示する。最後には，本研究の分析手法も提示する。

第1節　中国メディア研究の分析枠組の問題点

　本節では，これまでに中国メディア研究が依拠してきた「ソビエト共産主義理論」，「自由主義理論」，「コミュニケーション政治経済学的分析枠組」，「国家・市場・社会とメディアの相互関係的アプローチ」のそれぞれの問題点を示しておく。

1　「ソビエト共産主義理論」の限界性

　冷戦時代から改革開放以前の数十年，中国メディア研究が依拠した分析枠組みは，最も影響力を発揮した模範的理論，すなわちシーバートらによって類型化された「マスコミの自由に関する四理論」(以下は「四理論」と略す)[1]の中の「ソビエト共産主義理論」であろう。シーバートらは，「ソビエト共産主義理論」の本質を，「メディアの所有権が国家に握られ，一切の営利目的，商業活動が許されない。またメディアが労働者階級の利益に奉仕し，労働者階級によるイデオロギー普及の宣伝者，教育者及び社会主義国家の建設と防衛のための動員者としての機能を付与されている。さらにメディアの内容に対する国家の検閲も正当化される」[2]と抽出した。要するに，「ソビエト共産主義理論」は国家的要因が中国メディアの活動に働き

かける唯一の決定的なものであるという分析アプローチを提示している。

　毛沢東時代の中国メディアの全般活動は，これに依拠して理解される最も良い事例である。新中国成立後の中国共産党は，まもなく「対ソ一辺倒」政策を打ち出し，ソ連で発達してきたコミュニケーションの理論根拠，マスコミの諸制度，運営の在り方をほぼ全般的に受け継いだ。1950年から1953年までの「公私合営」という国有化運動をきっかけに，中国共産党は大量の党の幹部を各報道機関の重要なポストに配属したことによって，共産党の指導の下に置かれたマスコミ事業を国家的マスコミ制度として作り上げた。この時期のメディア社の運営費は，完全に国家の財政予算によって賄われたため，メディア社の一切の経営活動が許されなかった。例えば，この時期の新聞販売活動に関わる販売地域，販売対象，新聞の単価及び新聞紙の分配までがすべて国家に厳しく定められた。さらに，毛沢東時代の中国メディアの機能は，単一な政治システムの付属装置としての「道具的」なものであった。メディアの党の「道具的」機能について，中国メディア研究者である朱家麟は，労働者階級の支配を確立するための「階級闘争道具論」，中国共産党の方針，政策を貫徹するための「指導道具論」，大衆運動と政治動員を起こすための「組織道具論」及び毛沢東個人のカリスマ的地位を確定するための「独裁道具論」と指摘した[3]。

　しかしながら，今日の中国のメディアの運営状況，機能の変容を見るには，「ソビエト共産主義理論」の現実的有用性に疑問を投げかける[4]。まず，改革開放以降の中国メディアは運営面で国家財政補助から切り離されたため，市場化・商業化としての一面を取り戻した。1978年から始まった改革・開放政策に伴い，中央政府がメディア業界に「事業型単位，企業型経営」（国家の事業機関でありながら，企業の経営方式を導入する）という政策を導入したことは，メディアの産業活動の展開が政府に認められた意味合いである。これにより，中国メディアは改革期に入り，広告掲載の復活，紙面改革，自主販売，多角経営などの経営活動を積極的に行うようになった。次に，メディアの商業化により，メディアは次第に党の活動を宣伝する，という役割を担うだけではなく，情報を伝達する機能，民意を代弁する機能，そして，党や政府を監視する役割を担うようになってきた。改革開放以降，経

第1章　本書の分析枠組と分析手法

営権を政府から委譲されたメディアは，読者のニーズに満たせるために，娯楽，スポーツ，経済，生活情報などを伝達する機能を積極的に担っている。また，メディアは党及び社会問題への批判，暴露報道もしばしば取り上げ，党や政府を監視する機能も果たしている。1980年代より，中国メディアは党の官僚主義，腐敗問題に対する批判報道の掲載を盛んに行うようになった。例えば，1987年に黒龍江省で発生した森林火災に関して，党中央機関紙である『人民日報』は「官僚主義との闘いを堅持し，持続して行う」と題した記事の中で，火災の原因が地方政府機関の官僚主義にあると批判した（『人民日報』，1987年6月15日）。

　以上の考察を踏まえ，「ソビエト共産主義理論」に依拠した国家的要因が中国メディアの方向性を決定付けるという分析枠組は，改革開放以降の中国メディアの変容を捉えていく限界性について次の2点から指摘できる。第1に，メディアの経済改革により，メディアの経営手段が国家経営から自主経営に変わったこと，第2に，メディアは党や政府の宣伝道具として活動するだけでなく，情報を伝達したり党を監視したりする機能も果たしている。複数の中国メディア研究者は，このような指摘に同調している。「ソビエト共産主義理論」の限界性について，例えば，Huang が「シーバートや J・ハーバート・アルチュル（J. Herbert Altschull）に代表されるソビエト・マルクス主義メディア理論は，状況を異にするマルクス主義諸国のメディアシステムを理解しようとする人にとってほとんど知的な意味がなくなってきた。中国では1970年代末期から明らかにイデオロギー的，経済的変化が起きたにもかかわらず，J・ハーバート・アルチュルらがそれを無視してきた」と指摘した[5]。また郭は，「冷戦時代に誕生した『四理論』の中の『ソビエト共産主義理論』が提示した分析手法や用語は中国メディアの現実を理解するために極めて不十分である」と主張している[6]。

2　「自由主義理論」の問題点

「ソビエト共産主義理論」が国家的要因によるメディアへの働きかけに注目する一方，改革開放以降，市場的要因が中国メディアに与えた影響について説明できない。そのため，市場的要因によるメディアへの働きかけに

注目する「四理論」の中の「自由主義理論」は,改革開放以降の中国メディアの動きに注目する多くの研究者から援用されるようになった。

「自由主義理論」は,市場的要因によるメディアへの働きかけに注目し,「自由競争の市場原理がメディアを国家の権力やその影響力から自立させる必要不可欠な条件である」[7]と主張する。これに依拠して,改革開放以降の中国メディアの発展の行方を捉える多くの研究は国家の統制から報道の自由を求めるメディアの動きに注目し,「メディアの経済改革が国家の統制からの自由を求めるメディアの闘いを引き起こし,さらにメディアの国家権力からの自由をもたらす」[8]と理解している。

しかしながら,こうした市場的要因が中国メディアの自由化をもたらすという捉え方は,中国メディアの現実をうまく説明できない。現実に中国のメディアの経済改革は30年以上が経っても,依然としてメディアの国家の統制からの自由をもたらしていない。確かにメディアの商業化はメディアに対する国家の統制の弱まりをもたらしたが,しかしながら国家によるメディアの自由への容認に影響を及ぼさない。国家の統制が依然として中国メディアの自由化の大きな障壁である[9]。

こうした現状を踏まえ,「自由主義理論」は改革開放以降の中国メディアの行方を分析するにはある程度の有効性を持つものの,依然として問題点があると言えよう。その問題点について,Zhaoは,「自由主義理論」に依拠して「メディアの市場改革がメディアの国家の統制からの自由をもたらす」というように捉えた視点が,現代中国のメディアの複雑な発展の行方を単純化してしまう恐れがある[10]と指摘している。

3 「コミュニケーションの政治経済学的アプローチ」の問題点

1990年代以降,「コミュニケーションの政治経済学的アプローチ」は現代中国メディア研究の中で登場してきた。

モスコ(Mosco)は,「コミュニケーションの政治経済学的アプローチ」について,「メディアの構造,活動,内容そしてイデオロギーに働きかけるより広義的な『政治的』,『経済的』な要因の相互影響を扱わねばならない[11]と提起した。モスコはコミュニケーションの政治経済学における,

第1章　本書の分析枠組と分析手法

北米の研究者の政治決定論の欠陥及びヨーロッパの研究者の経済決定論の欠陥を補い，諸々の要因の相互関係をより一層重視した[12]。要するに，「コミュニケーション政治経済学的アプローチ」は，「自由主義理論」に依拠した「市場的要因が中国メディアを方向付ける決定的な要素である」と単純化した分析枠組を超え，メディアの活動に影響を与える政治的及び市場的要因の相互関係の視点を提示している。

　中国メディア研究への同アプローチの援用の妥当性について，メディア研究者である馬は，「1990年代の中国のメディアは方向の定まらない改革，周期的に繰り返される抑圧，さらにまた政治的コントロールと市場駆動的変化とのあいだの深部に根ざす矛盾によって特徴付けられている」[13]と指摘し，さらに，「中国では，国家―市場複合体がメディアの内部にまで入り込んでいる。政治経済とメディアの結びつきは明瞭であり，西欧の場合よりはるかに強い」[14]と指摘した。

　これに依拠して，1990年代の中国メディアの変容について，国家と市場の相互関係の視点から「メディアの経済改革が必ずしも国家の統制からの自由をもたらすわけではない。さらにメディアの経済改革が国家とメディアの間の経済的関係を変えたことによって，メディアの経済的自立性は国家の統制を弱めている。しかし，国家とメディアの間の根底にある政治的関係は変わっていないため，国家による統制は依然として支配的である」と説明する研究が多く存在している[15]。

　しかしながら，「コミュニケーションの政治経済学的アプローチ」に依拠して，国家的と市場的要因の相互関係によるメディアへの働きかけに注目した視点は，1990年代の中国メディアの発展の実態を有効に捉えていたが，2000年以降の中国社会構造の急激な変化[16]に伴い，社会的要因がメディアの活動に与える影響及びメディアの自主的活動が及ぼした影響について有効に説明できない。この問題点について，日本在住の中国メディア研究者・西茹は「急激な社会構造の変化によって，党と政府の統制力は一枚岩のような体質ではなくなった。地方権力，各種の利益集団，経済勢力などが強力になってきた現在，それらの諸勢力とメディアとの関係についても注目されなければならない」，「メディアの実践的な領域において様々

25

な意味で政策を超えた要素が含まれているので，政策形成やその展開，さらにメディア現場の実践を合わせて考えることが必要となる」[17]と指摘した。

4　「国家・市場・社会とメディアの相互関係的アプローチ」の限界性

「コミュニケーションの政治経済学的アプローチ」を補うために，多くの中国メディア研究者は「国家・市場・社会とメディアの相互関係的アプローチ」を提起した。同アプローチは国家，市場，社会とメディアという，4つの変数を取り上げ，4者の間の複雑な絡み合いや，相互関係に注目する分析枠組みを提示している。西（2008），崔（2009）及び童（2011）が同アプローチの代表者として挙げられる。

　西（2008）は中国メディア政策の展開とメディア現場の実践を結び付け，特にメディアの産業面，イデオロギー面，報道面の新たな動きに着目し，政治，経済，社会の相互影響という視点から中国メディアの動きを制度レベルにおいて考察した[18]。

　崔（2009）は，1980年代以降の30年に及ぶ中国メディアの変化を政治，経済，社会との関連から歴史的に考察し，その変化を，中国政府の政策，特ににその市場経済化政策がメディアに及ぼした巨大な変化，それに対する当局側の新たな規制の模索，さらにはそれに乗じて積極的な報道を試みるメディア側の挑戦の間の激しい攻防戦として描き出した[19]。

　童（2011）は中国の調査報道（Investigative Journalism）を研究対象とし，その動きは中国の政治，経済及び社会にいかなる影響を及ぼしたのかというマクロなレベルから，また新聞社内のニュース生産過程においてそれは如何に展開しているのかというミクロなレベルから考察を行った[20]。

　上述の先行研究は，政治的，市場的及び社会的要因がメディアの活動に一方的に影響を与えると，また中国メディアがメディアの商業化の推進，国家—社会関係の変化，中央政府政策の新たな模索に応じて自主的に動くことは，中国の政治や社会に影響を及ぼすという2つの分析枠組を提示している。こうした分析枠組は本書にとっては啓発的であるが，しかしながら，これらの研究はいずれも「中国メディアの新たな動きは依然として党

第1章　本書の分析枠組と分析手法

の統制下に置かれている」という結論の枠から逸脱することができない。例えば，西（2008）は「変容しつつあるメディアは多様な社会的機能を果たすようになり，特にその情報伝達機能や「輿論監督機能」は政治，経済，社会など多方面に求められ，これまでのタブーを打ち破ってメディアの本来の機能が果たせるようになった。だが，突発的事件報道や「輿論監督報道」をめぐってメディアは権力側，特に地方権力，政府部門権力との鬩ぎあいを繰り広げるケースもしばしば見られる。結局，転換期の複雑な政治状況の中でメディアの機能の発揮は，当局の管理体制と管理制度によって制限されている」[21]という結論を導いた。また崔（2009）はメディアの多様化，市場化を中国民主化と直結させて論じるかあるいは逆に中国政権の支配の下で依然統制が強い点を指摘するかという比較的単純な視角を避けることに努めたが，「メディアの実践現場での試みは容認される場合と，そうではないケースとがある。その基準は必ずしも明らかではないが，従来に比較して当局側の対応が柔軟化し，規制にも硬軟の使い分けがみられる」[22]とメディアの活動が依然として党の規制の下に置かれていることを指摘した。

　しかし，事はそう単純ではない。本書は中国メディアは批判報道という手段を用い，党の報道方針に抵抗している動きに注目する。序章では述べたように，批判報道を最も積極的に展開しているメディアとして注目を集める有力紙・『南方週末』と『南方都市報』は，党がメディアに要求している政治宣伝機能に大胆に抵抗し，常に党の許容範囲のラインを踏み越えている。こうした事象を，「国家・市場・社会とメディアの相互関係的アプローチ」に依拠した先行研究は「中国メディアの活動や報道などは依然として党に統制されている」という理解にとどまっているため，うまく説明できない。

　そこで，本書はこうした単純化した理解を超え，中国メディアの批判報道をめぐる党とメディアの間の権力関係が「柔軟な統制―抵抗―融合」という重層的なものではないのかとの仮説の下で考察を行う。党とメディアの間に権力関係が生じることは様々な政治的，経済的，社会的要因及びメディア自身の動きと密接に関わっている。本書もこうした国家，市場，社

27

会とメディア 4 者の密接な関係と結びつけ，批判報道をめぐる党とメディアの間の複雑な権力関係を明らかにする。以下では本書は構築する「党のメディア認識層―メディアの報道層―抵抗層」3 層構造の分析枠組を提示する。

第 2 節　本書の分析枠組

本書は党のメディア認識とメディア側による独自の展開の隔たり及び党とメディアの間に生じる権力関係に注目し，また研究対象としての批判報道をめぐる権力関係が「柔軟な統制―抵抗―融合」という重層的なものではないのかという仮説のもとで検証を行う。そこで本書は「党のメディア認識層―メディアの報道層―抵抗層」3 層構造という分析枠組を独自に構築する。

1　党とメディアの間の権力関係

従来，中国メディアは党と政府の宣伝道具として位置付けられているため，その経営権や人事権及び報道活動などを完全に党と政府によってコントロールされている。そのため，従来の党とメディアの関係は「統制―被統制」という単純なものであった（図 1-1）。

図 1-1　従来の共産党とメディアの関係

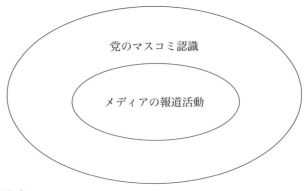

（出所）筆者作成。

第1章　本書の分析枠組と分析手法

　改革開放以降，こうした従来の党とメディアの関係に変化が起きた。その背景には党の従来のマスコミ観に変化が現れたことがある。1985年に党指導部はメディアが党の「喉と舌」いわゆる党の代弁道具だけではなく，人民の「喉と舌」いわゆる人民の代弁者でもあるという認識を示した。要するに党は，従来のメディアの宣伝道具としての機能以外に，民意を表出・代弁するなどの他機能も認めるようになった。こうした結果，メディアの機能が多様化しつつあるに伴い，メディアも従来の党の宣伝道具という位置付けから自立し始めている。その結果，中国メディアは党の容認範囲のギリギリのラインを踏み越えたり，党の報道方針に反発したりする行動を取るケースがしばしばある。

　本書では中国メディアの批判報道とは従来の宣伝メディアという存在からの自立性を高めたものであることを理解している。以上を背景に，批判報道をめぐり党とメディアの間に権力関係が生じるのである（図1-2）。そ

図1-2　中国メディアの批判報道をめぐる権力関係図

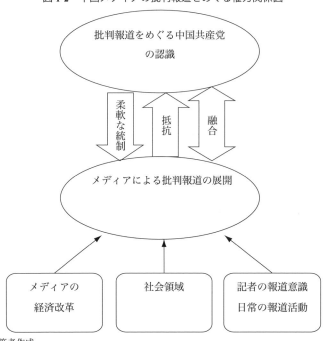

（出所）筆者作成。

の権力関係が生じる具体的な経緯について，まず党は自ら及び社会の不正に対する人民の不満，怒りを表出する役割を担う批判報道を積極的に党の綱領に盛り組んできた。これは党によってメディアによる批判報道の掲載が正当化されていることを意味している。しかしながら，党は常に，批判報道の展開を自身の統制の下に置こうとしている。

　一方，改革開放以降，批判報道の掲載はメディアの報道が「党の宣伝道具」という役割からの自立性を高めた結果である。とりわけ，報道の自立性を高めているメディアは批判報道を行う際に，度々党の報道方針に挑戦，抵抗している動きが目立つ。無論，メディアは批判報道を掲載する際に，無謀に党の報道方針に抵抗しているわけではなく，様々な報道戦術を利用し，党の報道方針に抵抗している。その結果，時々党もこうしたメディアの動きを認めざるを得なくなった。これにより党とメディアの間に融合的な関係が築かれたのである。

2「党のメディア認識層—メディアの報道層—抵抗層」3層構造

　本書では批判報道をめぐり党とメディアの間の「柔軟な統制—抵抗—融合」という重層的な権力関係を解明するために，「党のメディア認識層—メディアの報道層—抵抗層」3層構造を分析の枠組として提示する。

　具体的に言えば，党のメディア認識層においては，党はメディアによる批判報道の掲載を積極的に認める一方，それに対し党の宣伝メディアという機能を堅持しなければならないという規制を加えているという柔軟な統制のあり方について考察する。

　一方，メディアの報道層においては，党の宣伝メディアという機能からの自立性を高めていくメディアによる批判報道の展開について考察する。

　抵抗層においては，メディアは批判報道という手法を用い，党の宣伝メディアという基本的機能を堅持しなければならないという党の報道方針に抵抗する実態及びその抵抗のための報道戦術について考察を行う。メディアが報道戦術を利用することによって，党の報道方針への抵抗としての批判報道の掲載を党に認めさせた。こうして，党とメディアの間に融合的な関係が築かれているのである。

図1-3 本書の分析枠組：「党のメディア認識層─メディアの報道層─抵抗層」3層構造

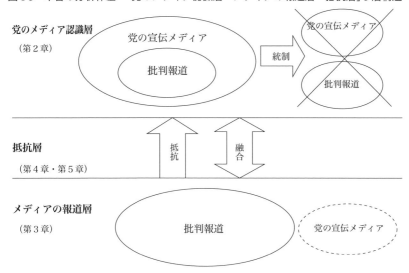

（注）……の部分はメディアの報道層において党の宣伝メディアという機能が次第に衰退しつつあるとの意味である。
（出所）筆者作成。

第3節 本書の分析手法

本書は新聞記事の内容分析，アンケート調査，聞き取り調査及び文献分析という多種類の分析手法を用いる。

1 新聞記事の内容分析

本書は新聞記事の内容分析手法を用いる理由は，メディアの言説における権力関係に注目しているからである。

言説（Discourse）と権力（Power）に関する理論はノーマン・フェアクロー（N. Fairclough）の「言説」論を代表的な研究者として挙げられる。

フェアクローの「言説」論の中で，最も大きな学問的貢献は彼が，言説が社会的実践の一形態として，つまり社会構造により決定される社会的実践としての言語である[23]という概念を提起したのである。具体的に，社

会的実践としての言説が，第1に言説は社会の一部分であり，社会の外側にあるものではないということ，第2に，言説は1つの社会的プロセスであるということ，第3に，言説は社会的に条件付けられたプロセス，つまり社会の他の（非言語的な）部分によって条件付けられたものであること [24]，という3つの意味を持っている。その構成は，以下の図1-4に示している。要するに，言説を社会的実践として観察する際には，テクスト分析だけに専念するのでも，また生産と解釈の両プロセスの分析だけに専念するのでもなくて，テクスト，プロセス，社会的条件との間の関係の分析，つまり場面的コンテクストという直接的条件と，制度的，社会的構造というより遠く離れた条件の両方の関係の分析に専念するのである [25]。

図1-4　社会的実践としての「言説」の構成図

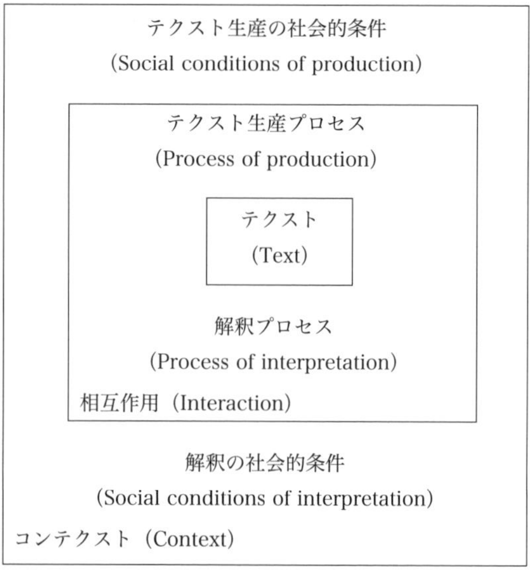

テクスト生産の社会的条件
(Social conditions of production)

テクスト生産プロセス
(Process of production)

テクスト
(Text)

解釈プロセス
(Process of interpretation)

相互作用（Interaction）

解釈の社会的条件
(Social conditions of interpretation)

コンテクスト（Context）

（出所）ノーマン・フェアクロー著、貫井孝典・吉村昭市・脇田博文・水野真木子訳（2008）、『言語とパワー』大阪教育図書株式会社、29ページより。

　さらに，フェアクローは社会的実践としての言説は，実際に社会的に形成される言説秩序（Discourse Order），つまり社会制度と関連する様々な慣習の集合によって決定される [26] と提起した。具体的にある特定の言説秩序の中で，どのように様々な言説が構造化されるか，また時間の経過と共に

構造がどのように変化するかは，社会制度あるいは社会のレベルにおける変化する権力関係によって決定される[27]。またフェアクローは言説と現実社会の中の不平等権力関係に注目し，制度的，社会的な権力所有者による言説秩序に対する支配は彼らが権力を維持するための一要因である[28]と指摘した。

　本書は，以上のようなフェアクローの「言説」と「権力」論を，中国メディアの言説における権力関係の解明に援用することを試みる。

　新聞記事の内容分析を行うためのコーディング作業に関して，本書ではオーストラリアの QSR 会社によって 2010 年に発売された NVIVO9 という定性分析のソフトを利用している。このソフトは，データをテキスト分析，可視化機能などの多機能により体系的に分析を行い，手作業では見落としやすいわずかな関連のある発見を反映し，明らかにするという特徴を持つ。本書は NVIVO9 が備えた単語頻度の検索，テキストマイニングの関連付けなどの解析機能を利用し，データをより一層綿密に分析することを目指す。以下の図 1-5 と図 1-6 は NVIVO9 の中で行った新聞記事に対するコーディング作業を示すものである。

図 1-5　NVIVO における『南方週末』記事のコーディング作業

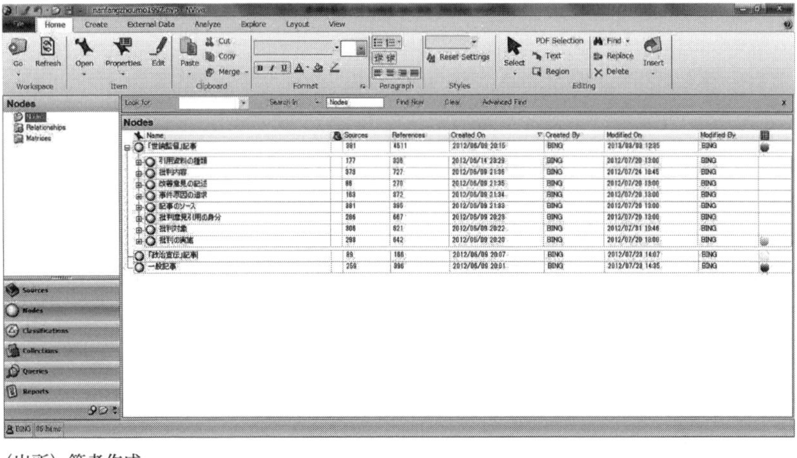

（出所）筆者作成

図1-6　NVIVO における『南方都市報』記事のコーディング作業

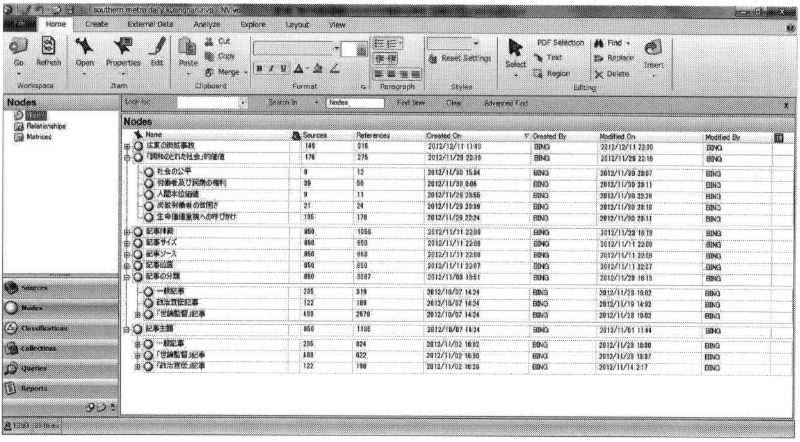

（出所）筆者作成

2　アンケート及び聞き取り調査

　アンケート及び聞き取り調査は，記者の報道意識及び日常の報道活動を考察することを目的としている。筆者は，2008年12月と2009年7月2回に渡り，『南方週末』と『南方都市報』が所在する新聞グループ・『南方日報』グループの記者に対してアンケート及び聞き取り調査を実施した。

　筆者は記者への聞き取り調査及びアンケート調査が決して容易ではないことを乗り越え，また海外にいる留学生の身分としてのリスクを冒しながら2回に渡り，合計11人の記者へのインタビュー及び70人の記者へのアンケート調査の実施に成功した。これらのインタビューの記録及びアンケート結果は中国のメディア社の内部の報道現場をそのまま如実に反映できる貴重な一次資料であると言えるだろう。

　調査の詳細な方法は以下のとおりである。まず筆者の出身校の OG というネットワークを利用し，『南方日報』グループ傘下の『南方農村報』の編集長にアクセスできた。次に同編集長からネットワークを広げ，『南方週末』，『南方都市報』，『南方日報』の関係者にアクセスできた。アクセスできた関係者はほぼ毎日，新聞社に出勤する記事の編集者[29]であった。現場取材に携わる記者はほぼ出社しないため，現場記者への調査の実施が

きわめて困難である。筆者はこうした困難を乗り越え，さらに編集者にアンケートの配分・回収作業を委託し，また編集者の紹介を通じて何人かの現場記者へのインタビューを社外で行った。

　アンケート調査及び聞き取り調査で入手した一次資料は分析資料として主に第 3 章の第 4 節で用いた。

3　文献分析

　本書は第 2 章で党の批判報道に関する認識及び第 3 章第 1 節・第 2 節・第 3 節でメディアによる批判報道の展開の経緯について考察するために，文献分析手法を用いる。

　具体的に第 2 章では，中国のジャーナリズムやメディア全般に関する党の諸会議の議決，党中央指導者の言説及び党が発した政策文書を分析資料として文献分析を行う。

　第 3 章第 1 節・第 2 節・第 3 節では，改革開放以降，最初に批判報道の掲載を行っていた党機関紙の「輿論監督」版から，1990 年代の「都市報」を経て，さらに 2003 年以降の「民生ニュース」へという歴史的経緯について文献分析を行う。

注

1)「マスコミの自由に関する四理論」は 1956 年に F.S. シーバート，T.B. ピータスン，W. シュラムがメディアの性質，機能によって類型した模範的理論である。同理論は，国家か市場かという二分両断的分析手法を用い，市場がメディアを方向付ける「自由主義理論」と「社会的責任理論」，国家がメディアを方向付ける「権威主義理論」と「ソビエト共産主義理論」という 2 つの大枠を作ったことによって，自由民主主義国家のマスコミ自由の発展のプロセスは「権威主義モデル」から「自由民主主義モデル」へと進行し，さらに「社会的責任モデル」に到達するという 3 つの歴史的段階を経ると主張する（戴，2006；西，2008）。

2) F.S. シーバート・T.B. ピータスン・W. シュラム著，内川芳美訳（1966），『マスコミの自由に関する四理論』東京創元社，23-73 ページ。戴智軻（2006），『現代中国のマスメディアの発展―政党統制と市場自由の狭間に立つ』東京大学 2006 年度博士学位論文，10 ページ。西茹前掲書，10-11 ページ。

3) 朱家麟は中国現代史の出発点とされる 1919 年の五四運動から，「改革開放」直前までの 60 年間にわたり，中国のジャーナリズムやマスコミ制度，それを支えるマスコミ理論の形成，展開過程を歴史的に考察した。その中で，中国共産党による

メディアの「道具論」について，中国共産党の成立から革命根拠地時代までの「階級闘争道具論」，1937 年の日中戦争から 1949 年の新中国誕生までの「指導道具論」，1949 年から 1966 年の文化大革命直前までの「組織道具論」，さらに，1966 年から改革開放直前の 1978 年までの「独裁道具論」を歴史的に分析した。朱家麟（1995），『中国のジャーナリズム―形成・変遷・現状の研究』田畑書店，27-190 ページ。

4）戴智軒前掲論文，11 ページ。

5）Cheng Ju, Huang (2003), "Transitional Media vs Normative Theories: Schramm, Altschull, and China", *Journal of Communication*, September, 2003, Vol. 53, No.3, pp.444-459. 戴智軒前掲論文，11 ページ。

6）郭鎮之（2007），「対『四種理論』的反思与批判」『国際新聞界』第 1 期，35-40 ページ。

7）内川前掲書，73-130 ページ。

8）Zhao, Yue Zhi (1998), *Media, Market and Democracy in China: Between the Party Line and the Bottom Line*, University of Illinois Press,pp.8-9. このような理解に同調しているのは唐亮（2001）である。唐氏がメディアの経済改革を背景として，新聞報道・言論のタブーとされた社会報道，批判・暴露報道，政策批判の自由化が進んでいるという見解を示した。唐亮（2001），『変貌する中国政治―漸進路線と民主化』東京大学出版会，137-146 ページ。

9）西茹前掲書，21 ページ。

10）Zhao, Yue Zhi 前掲書，pp.8-10.

11）Vincent Mosco (2009), *The Political Economy of Communication, Second Edition*, London: SAGE Publications Ltd., pp.24-25. 西茹前掲書，12-15 ページ。

12）Vincent Mosco 前掲書，pp.7-8. 西茹前掲書，12-15 ページ。

13）馬（2000）は中国メディアの現状について，自由化された市場での商品として，また中国共産党のイデオロギー装置として中国メディアの役割の二重性の特徴を指摘した。ジェームズ・カラン・朴明珍著，杉山光信訳（2003），『メディアの脱西欧化』勁草書房，35 ページ。

14）同上，50 ページ。

15）西茹前掲書，22 ページ。

16）2002 年に中国社会科学院の研究グループが発表した中国の社会階層の研究結果によると，「職業に基づく新しい社会階層の分化のメカニズムが，過去の政治身分，戸籍身分に基づいたものから次第に変わっていく」と指摘し，職業別，社会的地位，財産と教育といった 3 大社会資源の要素を基準として，中国社会を党，政府，社会団体の指導者；大中国有企業の管理職；私営企業の所有者層；専門の技術者；党と政府機関の一般公務員；個人経営者；商業サービス業の従業者；産業労働者；農民；無職，失業者といった 10 階層に分けた。陸学芸編（2002），『当代中国社会階層研究報告』北京：社会科学文献出版社，4 ページ。

17）西茹前掲書，23 ページ。

18）西茹前掲書，24 ページ。

19）洪崔梅花（2009），『中国の国家体制改革とメディア』一橋大学 2009 年度博士学位論文。

20）Jing Rong, Tong (2011), *Investigative Journalism in China: Journalism, Power and Society*, New York: The Continuum International Publishing Group,p.2.

第 1 章　本書の分析枠組と分析手法

21）西茹前掲書, 290 ページ。

22）崔梅花前掲論文。

23）ノーマン・フェアクロー著, 貫井孝典・吉村昭市・脇田博文・水野真木子訳（2008），『言語とパワー』大阪教育図書株式会社, 19 ページ。

24）ノーマン・フェアクロー著, 貫井孝典・吉村昭市・脇田博文・水野真木子訳前掲書, 25 － 26 ページ。

25）ノーマン・フェアクロー著, 貫井孝典・吉村昭市・脇田博文・水野真木子訳前掲書, 28 ページ。

26）ノーマン・フェアクロー著, 貫井孝典・吉村昭市・脇田博文・水野真木子訳前掲書, 19 ページ。

27）ノーマン・フェアクロー著, 貫井孝典・吉村昭市・脇田博文・水野真木子訳前掲書, 34 ページ。

28）ノーマン・フェアクロー著, 貫井孝典・吉村昭市・脇田博文・水野真木子訳前掲書, 41 ページ。

29）『南方日報』グループの記事編集者は，記者としての長年のキャリアを持つベテランである。

第 2 章　批判報道に関する中国共産党の認識

はじめに

1949 年に中国共産党政権が成立して以来，党はメディアを党と政府の「喉と舌」，いわゆる単なる党の代弁道具として位置付け，メディアの人事権，経営権，報道活動などのあらゆるな面を厳しく統制してきた。

改革開放以降，党の従来のマスコミ観に変化が現れた。まず党はメディアの経営改革を積極的に進めてきた。1979 年 4 月に，国家財政部は『人民日報』をはじめとする中央レベルの 8 新聞社の「事業型単位，企業型経営」という改革要求を認め，「新聞社の企業基金の試行実施方法に関して」という通達を下した[1]。要するにメディア社が依然として党の宣伝機関として位置づけながら，経営面において企業のような自主経営を実施できると党に認められた。次に党はメディアが党の「喉と舌」，いわゆる党の代弁道具だけではなく，人民の「喉と舌」いわゆる人民の代弁者でもあるという認識の変化を示した。1985 年に当時の党総書記・胡耀邦は「党の新聞工作に関して」という談話の中で，メディアの「人民の喉と舌」論を提起した。要するに，党は自身の代弁道具という従来のメディアの機能以外に，メディアの他の機能も認め始めている。

以上を背景に，改革開放以降，メディアに対する党の統制は従来の厳しいものから柔軟化している傾向が見られる。本書の研究対象としての批判報道に関する党の認識には，こうした傾向が著しい。党は党自身や政府の不正及び社会問題に対する批判報道の展開を積極的に認めている。1987 年に開かれた党の第 13 回全国代表大会では，党は自身の綱領の中で初めて批判報道を提起して以来，党の第 14 回，15 回，16 回，17 回，18 回大会などでも言及し続けた。しかしながら，党は批判報道について積極的に言及している一方，始終それに対する規制を行っている。1989 年の天安

門事件は党の批判報道をめぐる認識の重要な転換点である。事件後，批判報道に対する2つの規制の方針・「プラス宣伝を主とする」方針と「正しい世論の方向性を堅持する」方針は，党中央から下された。この2つの方針は今日に至っても党によって提起され続けている。また2003年以降，党は批判報道に対する規制を強めている。例えば，「孫志剛事件」報道後，批判報道の有力紙・『南方都市報』の編集長は党から免職の懲罰を受けた。さらに2005年に党はメディアが用いる「異地監督」という批判手段に対する禁止令を発行した。

　以上のことを踏まえ，本章は党の批判報道に関する認識の形成，変化の歴史的経緯を考察することを目的とする。具体的には1980年代（1979年〜1989年），天安門事件後（1989年〜1992年），1990年代（1992年〜2002年），2003年以降（2003年〜現在に至る），4つのそれぞれの時期において党の批判報道に関する認識及びその変化を明らかにする。最後に，批判報道に対して党は柔軟な態度を示しているという結論を導く。

　本章の構成は以下のとおりである。第1節では1980年代，第2節では天安門事件後，第3節では1990年代，第4節では2003年以降の批判報道に関する党の認識を考察する。最後の第5節では本章の結論を提示する。

第1節　1980年代の批判報道をめぐる党の認識

　メディアの批判報道が初めて党の綱領に盛り込まれたのは，1987年10月に開催された党の第13回全国代表大会(以下,党の第13回大会と略す)であった。元党総書記・趙紫陽は党の工作報告の中で批判報道について言及した。

1　単なる党の代弁道具論からの脱却

　党の第13回大会で批判報道が言及された背景には，メディアが党の代弁道具だけではないという党のメディア認識の変化があった。

　従来，メディアは党の「喉と舌」いわゆる単なる党の代弁道具として位置付けられた。これは党の革命根拠地時代から提唱され続けてきた。1942年に当時の党中央機関紙である『解放日報』は，「新聞は党の『喉と舌』

である。この巨大な集団の『喉と舌』である。新聞のすべての文章，すべての記事が党を代表し発言すべきであり，必ず党を代弁すべきである」と掲載した（中国共産党新聞工作文献匯編（下），1980:151）。この文言にあるように，党は，メディアが党の代弁者としての役割を担うことだけを許可する一方，それ以外の声を代弁することを容認していないと考えられる。

　1978年12月に開催された党の第11期第3回中央委員会総会では，党は政治，思想，組織すべての分野で「思想の解放」を唱えた。このスローガンは，党の従来のメディア認識にも影響を及ぼした。党の認識の変化は1985年の元党総書記・胡耀邦によるメディアの「人民の喉と舌」論の提起からうかがえる。同年2月に胡は「党の新聞工作に関して」という談話の中で以下の論点を述べた。「我々の党の新聞事業は，一体どのような性質を持つものであろうか？　それに関する最も重要な意義を一言でまとめると，党の新聞事業が党の喉と舌でもあり，当然ながら党の指導のもとにある人民政府の喉と舌でもあり，人民自身の喉と舌でもある。（中略）メディアは党が人民大衆と団結する紐帯，架け橋であり，人民の間，党内外及び国内外において情報の伝達を行う道具である。（中略）我々の党は全力を尽くして人民に奉仕し，『人民大衆の中から来て，また人民大衆の中に入る』という党の工作路線を堅持するのである。したがって，党の新聞事業は上の情報の下への伝達，下の情報の上への伝達，党と人民大衆の団結を強化するための人民大衆の声の反映及び各方面から人民大衆の情報需要への満足などの役割を果たすべきである党の喉と舌でありながら，人民の喉と舌でもある」[2]。

「人民の喉と舌」論の提起は，党が従来の「党の喉と舌」論から脱却させようとするという意味を持つ。党はメディアが「党の喉と舌」だけではなく，「人民の喉と舌」でもあると認識し始めた。要するに，党はメディアが党の代弁道具としてだけではなく，人民の代弁者として活動すべきであると容認したことがうかがえる。

　以上の党の認識変化は，1987年に開催された党の第13回大会の工作報告の中にも見出すことができる。党総書記・趙紫陽は，工作報告の中の「社会協商対話制度の建設」部分において批判報道について以下のように言及

した。

　まず，「社会協商対話制度の建設」の具体的な内容を確認しよう。その原則について「党の『人民大衆の中から来て，また人民大衆の中に入る』という伝統を発揚し，党政機関の開放程度の向上また重大な問題を人民に知らせ，人民に討論させることである」と規定された。実施内容について「各級の党政機関が人民大衆の意見を聴取することに基づいて工作を展開してこそ，実際と密接につなげ，過ちを避けることができる。一方，人民大衆の要求と声を常に，順調に上に伝達するルートが必要であればこそ，人民大衆の意見と不満を表出するができる。したがって，社会協商対話制度の建設は上の情報の下への伝達および下の情報の上への伝達を迅速に，順調に，正確に行うことによって，お互いのコミュニケーションと理解を促進することができる」3) と決められた。党指導部は，「社会協商対話制度の建設」において以下の目標を掲げていた。1つ目は，人民に党政工作の中の重大な問題を知らせ，討論させることある。2つ目は，人民の要求と声を党指導部までに伝達することである。

　こうした目標を実現するために，批判報道が重要な一手段として提起された。具体的に，「各種の現代化した新聞と宣伝機関が，党と政府の業務活動に関する報道を増やすことを通じて，人民大衆による党政機関の工作への批判意見を取り上げ，さらに官僚主義と各不正な気風と闘う批判機能（中国語原文：『世論監督』機能）を果たすべきである」4) と明言された。

　以上のことによって，党が「社会協商対話制度の建設」において批判報道について言及したことは，すなわち党は，メディアが人民の党自身に対する批判や不満を代弁することを容認しているという意味を持つ。これは，メディアの「人民の喉と舌」論と共通していることがわかる。このような認識は，1985年の胡耀邦談話以来，党指導部の共通認識となっている。1995年に党中央弁公庁によって公布された「新聞世論工作のより一層の改善に関する若干の意見」の中で「我々の党と国家の新聞，通信社，ラジオ，テレビが党と人民の喉と舌である。（中略）メディア報道は人民大衆に向けて，人民大衆の生活と密接につなげ，一切人民大衆の利益からスタートすべきである」5) と規定された。

2 報道の自由をめぐる改革方案としての批判報道

注目すべきは，批判報道が工作報告の中の第5セクション・「政治体制改革」のもとで提起されたことである。1980年代に政治体制改革の最も重要な一環は報道の自由をめぐる改革であった。その気運が党の第13回大会の開催により，ピークを迎えた。

(1)報道の自由をめぐる論争

1980年代において社会主義的報道の自由をめぐる公的議論は盛んに行われていた。この論争は，党内の改革派，保守派を中心に，同時にメディア業界，リベラル知識人，一般民衆及び学生などを巻き込んだ。議論の焦点は，従来の党のメディアに対する指導体制の改革であった。主要な論争は以下のとおりである。

第1に，報道工作の「党派性」と「人民性」原則についての論争である。この論争は『人民日報』の元編集長・胡績偉と党中央宣伝部イデオロギー主管・胡喬木の間に行われ，つまりメディアが党のものなのか，それとも人民のものなのかについての論争であった。1979年に開催された全国新聞工作座談会で胡績偉による「党派性と人民性」問題の提起は，この論争の発端となった。胡績偉は文化大革命中に党の絶対的指導を受けたメディアが，党の過ちに加担したと報道機関の誤りを強く反省したとともに，報道が党の指示に従うのみではなく，人民の立場に立つことによって誤りを抑制でき，党派性原則より人民性原則を優先すべきであると主張した[6]。この「人民性優先」説に真っ向から対抗したのは胡喬木の「党派性優先」説である。胡喬木は1981年に開かれた中国社会科学院の党委員拡大会議で「民主と領導を対立させ，党派性が人民性に起源する，党派性が人民性の集中的表現であり，人民性がなければ党派性もないとまで言われているが，信じられないことにこの種の奇談怪論は相当に流行している。これは社会科学界の羞恥だ」[7]と述べた。この論争は1983年まで続いた。同年の胡喬木主導の「反精神汚染キャンペーン」運動の中で，胡績偉は批判の対象とされ，『人民日報』社から退社せざるを得なくなった。しかし興味深いのは，1983年末から報道の自由を守る「新聞法」制定の主宰が胡

績偉に任されたことである[8]。要するに胡績偉の論説は党内の胡耀邦, 趙紫陽を代表とする改革派の支持を得ていたのである。

第2に, 党の報道事業の理念や性格の改革についての議論である。1980年2月に首都新聞学会が発足したことをきっかけに, 1980年代において新聞界では従来の党の報道事業の基本的な性格や考え方に関する改革要求が全国各地で大きく広がった。新聞界は求めた具体的な改革の内容を以下のように列挙できる。まず単一の党機関紙体制に関する改革である。報道体制は党機関紙を核心とする多層的, 多種類の方向に進まねばならない。次に単一の党の宣伝道具としての機能に関する改革である。メディアはマスコミュニケーション機関としての多種類の機能を有しなければならない。さらに「世論が一律である」という報道観念に関する改革である。メディアは党にとっての都合のよい声のみではなく, 多種類の声を伝達し社会の世論を反映させる機関でならなければならない。最後に党と国家機関を批判, 監視できないとの認識に関する改革である。メディアが党と国家機関に対して批判と監督の機能を果たすことは報道事業の重要な職能の1つである[9]。

第3に「新聞法」のあり方をめぐる論争である。「新聞法」制定の目的はメディア報道, 出版, 言論の自由を守ることであった。「新聞法」のありかたをめぐる論争の焦点は, ①「新聞法」と党委員会の関係を如何に処置するのか, ②メディアは党の事業であって, 党が直接指導しあらゆることにおいて党の指示と政策に従うのが正しいとすれば, 「新聞法」の必要性はなにか, ③「新聞法」ができるとメディアは党委員会の指示に従うのか, それとも法に従うのか, ④「新聞法」制定の指導的な思想は何か, ⑤社会主義新聞法と資本主義新聞法の区別は何か, ⑥民間メディアの創設が認められるかどうか, であった[10]。「新聞法」制定の最初な要求は, 1979年の上海の『文匯報』による提案であった。それをきっかけに, 1980年秋に開催された全人代では「新聞法」の制定作業が求められた。さらに1983年から全人代の教育・科学・文化・衛生委員会が「新聞法」, 出版法の起草作業を始めた。

しかし, 保守派が主導した1983年後半から1984年にかけての「反精神

汚染キャンペーン」及び 1986 年の「反ブルジョア運動」により，「新聞法」の制定が一時的に難航した。この気運を再び高めたのは 1987 年の党第 13 回大会であった。

以上の論争は従来の党のメディアに対する絶対的指導体制に対する真っ向からの挑戦であった。これは必然的に党内の改革派と保守派の間の激しい攻防戦を引き起こしていた。1980 年代の中国政治全般の特徴も，政治体制改革をめぐる改革派と保守派が激しく拮抗した点にある。党の第 13 回大会は改革派を論争の優位に立たせた[11]。本大会では「政治体制の改革」が主要な任務として，党政分離の実施，より一層の権限下放，政府の執務機構の改革，幹部人事制度の改革，社会における協商対話制度の確立，社会主義民主政治制度の整備，社会主義法体系建設の強化という 7 つの具体的措置が採決された。

(2)報道の自由をめぐる方案としての批判報道

党の第 13 回大会では，報道の自由をめぐる具体的な改革方案において批判報道が次のように言及された。

第 1 に，社会における協商と対話制度の確立である。国家，地方，基層 3 つの異なるレベルにおいて党と人民の間に協議し対話する制度を確立する。メディアはその協議と対話の重要な 1 つのパイプとして役割を果たすべきである。

第 2 に，党と国家の透明度を増やすことである。党と国家機関の活動の公開度を高め，重大な事件は人民に知らせ，人民に議論させる。これを実現するために，メディアによる党と国家の政務に関する報道を増やすことが有効な手段である。

第 3 に，メディアの批判機能を発揮させることである。各種の現代化した新聞および報道機関は党の工作に対する人民の批判意見を取り上げ，官僚主義と各種の不正な気風と闘う批判機能を果たすべきである。

第 4 に，報道・出版法の制定である。新聞法，出版法，結社，集会及びデモ関連の法律，人民による陳情，具申制度を早急に制定しなければならない。こうして報道機関の取材・報道の自由が保障できる。

以上のことより，党の第13回大会では批判報道は，報道の自由をめぐる方案の1つとして提起されたのである。これは党が初めて従来のメディアに対する党の指導体制を変えようとする試みである。この時期において，党内の胡耀邦，趙紫陽を代表とするリベラル派の指導者は報道の自由をめぐる改革に大きな支持を与えた。

第2節　天安門事件後の批判報道をめぐる党の認識

　1989年の天安門事件は，党の批判報道に対する態度の重要な転換点となっている。事件後，趙紫陽を代表とする改革派の失脚により，党内の保守派が再び主導権を握るようになった。党はメディアの「党派性」原則を再強調することにより，批判報道を党の厳しい統制下に置くようになった。

1　メディアの「党派性」原則の再強調

　報道の自由をめぐる公的議論や構想は天安門事件後，一切禁じられることを余儀なくされた。メディアの「人民性」が「党派性」より優位であるべきだという説も完全に否定された。その代表的なのは，1989年7月18日に『人民政協報』に掲載された全国政協常務委員・呉冷西の「報道世論界の影響は人を深く考えさせる」という論文であった。これは胡績偉の「人民性」優位説に対する真っ向からの批判であった。論点が以下のようである。「動乱（天安門事件）の中で，少ない報道機関が一時方向を見失った。これは長期にわたってブルジョア自由化思想が氾濫した結果である。その発端は「党派性」と「人民性」の論争である。ある同志は（胡績偉を指す）文革の教訓とその前の左傾の誤りの教訓を誤って総括し，「人民性」が「党派性」より高いという問題を提出した。実はこれはでたらめな邪説である。「人民性」とは何か？　誰が何を人民性に合うと確定するのか？　一人の記者，一人の編集者が党の集団的な知恵よりもどうして賢明でありえようか？　この論は西側のブルジョア学者の"無冠の帝王"論の変種であり，実は彼らの記者たちは金融独占資本の奴隷であり，またその政治集団の奴隷である」[12]。要するに呉は，メディアの「党派性」が「人民性」より高

くあるべきだと主張している。

　引き続き，1989 年 11 月 28 日に江沢民は「党の新聞工作に関するいくつかの問題」と題した談話の中で，メディアの「党派性」原則を次のように強調した。

「新聞工作は党の事業の重要な一構成部分であり，無論党派性原則を堅持しなければならない。(中略) われわれの党は労働者階級の先鋒隊であり，労働者階級と広大な人民大衆の根本的利益を代表している。党派性原則を堅持することは労働者階級と人民大衆の根本的利益を堅持することであるため，両者が完全に一致している。「人民性」が「党派性」より高いという説は，実に党の新聞工作に対する指導権の否定である。(中略) 党派性原則を堅持することは，報道機関に対して政治上，党中央と一致した立場を保持すべきだと要求している。(中略) 党派性原則を堅持することはまたジャーナリストに対して，必ず人民大衆と最も広く深い連携を保持し，大衆の実践の中から知恵と力を汲み取らなければならないと要求する」[13]。

　前述したように，メディアの「党派性」と「人民性」についての論争は，つまりメディアが党のものなのか，それとも人民のものなのかについての論争であった。「党派性」原則の強調は，要するにメディアが党のものであるについての強調である。

2 「党派性」原則下の批判報道

「党派性」原則下の批判報道について，1989 年に党指導部が提起した「プラス宣伝を主とする」方針と「正しい世論の方向性の堅持」方針の中で言及された。この 2 方針が事件後，中央指導部が報道工作に関する考え方を総合的に示した重要なものである。今日に至っても中国のマスコミ政策について貴重な示唆を与えたものと言えよう。

(1)「プラス宣伝を主とする」方針下の批判報道

　1989 年 11 月に開かれた新聞工作討論会で党中央宣伝部イデオロギー主管・李瑞環は「プラス宣伝を主とする方針を堅持しなければならない」と題した講話を発表した。要点は以下のようにまとめる。

「プラス宣伝を主とする」方針について

「社会主義新聞事業が必ず順守しなければならない極めて重要な指導方針である。この方針を堅持することとは，党の路線，方針と政策を正確に，迅速に宣伝し，事実に基づいて社会現実の中の主流を反映させ，人民大衆による創造の業績を宣伝することである。こうして人心への励ましのための巨大な精神的力を形成させることができ，社会安定に有利する世論環境を形成させることができる」[14]

「プラス宣伝を主とする」方針と「党派性」原則の関係について

「新聞宣伝工作の党派性の堅持は，すなわち鮮明に真理，現実生活の中の進歩的，明るい面，積極的，先進性のある出来事を宣伝することである。同時に反動的，暗い面，消極的，後進的一面を暴露，批判すべきである。(新聞報道が) 必ず正確的に，一貫として人民群衆に党の基本路線，中国特色のある社会主義建設理論，党と政府の方針，政策と法規を宣伝しなければならない」[15]

「プラス宣伝を主とする」方針の中の「プラス」を判断する基準は，党にとって自身の統治地位の強化に「プラス」するか否かのことであると考えられる。党にとっては無論，党の路線，方針，社会の積極的，明るい面の宣伝が党の統治地位の強化にプラスの影響を与えるものであると考えられる。すなわち，「プラス宣伝を主とする」方針の提起は，党はメディアが党の活動を宣伝することを主要な任務として果たさなければならないとの認識を示したとうかがえる。

　この方針下の批判報道について，李瑞環は前掲の講話の中で「新聞が党と人民の偉業をほめたたえるとともに，問題点，消極的マイナス面を批判，暴露すべきである。しかし，新聞報道においては必ずプラス面に対する宣伝報道が主導的地位に占め，批判と暴露報道が副次的な地位に占める。批判報道が，もし数多くて集中すると，その社会的効果が良いわけではない。報道の中の批判の度合いに注意すべきである。(中略) プラス宣伝を主とする方針を正確に，全面的に理解し，実行することが，メディアの批判機能の発揮に直接に関わり，社会主義新聞事業の成功と失敗にも直接に関わっている。プラス宣伝を主とする方針の堅持とメディアの批判機能の正確な

発揮は，一致している」[16]と述べた。

　上述のことにより，「プラス宣伝を主とする」方針は，すなわち批判報道の掲載より党の活動に対する宣伝報道の掲載が中心でなければならないと規定している。この方針が提起された要因としては，党は，批判報道の多さが党の統治地位にマイナスの影響を与えることを警戒していると考えられる。天安門事件後，党指導部はその懸念を表明した。1989 年 11 月に，李瑞環は「批判報道が多すぎ，集中しすぎると，その社会的効果は良いわけではない。我々の批判報道は，批判のため，消極的な現象の暴露のためではなく，工作の改善，問題の解決及び人々の前進の自信の強化のためである。批判報道は，党と人民の消極的現象の克服の決心を十分に表現することによって，党と人民の団結，人民への鼓動と激励に有利する実質的社会的効果をもたらすべきである。批判報道が人民に力を与え，自信を与え，勇気を与え，希望を与えるべきである」[17]と述べた。

　以上のように，天安門事件後，党はメディアの「党派性」原則を強調することにより，批判報道に対して「プラス宣伝を主とする」という方針を堅持しなければならないと要求している。これは党の第 13 回大会以来，批判報道に対する党の態度に重大な変化が起きたことを示唆する。党は批判報道の掲載より党の活動を宣伝する報道の掲載が中心でなければならないとメディアに要求し，再び批判報道に対する党の指導を強調している。

　(2)「正しい世論の方向性の堅持」方針下の批判報道
「正しい世論の方向性の堅持」方針について，前掲の講話の中で李瑞環は「新聞報道がプラス宣伝を主とする方針を堅持することこそ，正確に十分に社会の世論を導く役割を果たすことができ，大局的な安定と各種の社会問題の解決を助けることができる。党の方針政策は人民大衆の目前の利益と長期の利益，局部の利益と全体の利益を結合し，集中的に体現したものである。新聞報道が社会の世論を誘導するには，党の政策主張によって大衆を誘導し，党の政策を大衆に自覚的に貫かせなければならない」[18]と主張した。つまり，メディアは党の意思に沿って社会の世論を誘導する役割を果たさなければならないと規定された。

引き続き，1989年11月28日に中央宣伝部が主催した報道工作討論会
では，江沢民は「正しい世論の方向性の堅持」の必要性について，「ここ
数年以来，ブルジョア自由化思潮が氾濫し，今年春から夏にかけての動乱
と反革命暴乱まで，新聞界の少なからぬ問題が暴露され，いくつかの問題
はかなり深刻であったことを，はっきりと見て取らなければならない。(中
略) 特に中央レベルのいくつかの主要の新聞単位と上海の『世界経済導報』
は，一時期，少なからぬブルジョア自由化の観点を振りまき，動乱の時期
には一層，党の路線からかけ離れた。党中央の正確な声を宣伝しなかった
ばかりか，中央の正当な方針と政策に反して，あからさまに反対論調を唱
えた。(中略) われわれの新聞，雑誌，ラジオ，テレビは今後決してブルジョ
ア自由化のために社会の世論の陣地を提供してはならない。今回の事件(筆
者注：天安門事件) は反面的な例として新聞工作の極めて重要であることを
語った。要するに今回の事件は，新聞工作が重大な問題を起こす場合，新
聞の編集権が真のマルクス主義者に掌握されない場合，新聞工作が党と人
民の意思，利益に依拠して社会世論を誘導しない場合，どれ程の深刻な損
害と巨大な損失をもたらしたかと語った」[19]と述べた。
　以上の両氏の発言により，「正しい世論の方向性の堅持」方針は，すな
わち，メディアが党指導部によって，社の世論を党と一致させる政治的方
向に誘導する役割を担わされているとうかがえる。つまり，党は，メディ
アが社会の世論を誘導する役割を果たすことにより，民意を党の意思と対
立させないことを図っていると考えられる。
　この方針下の批判報道について，李瑞環は「メディアが社会生活の中の
世論を正しく誘導することは，人民大衆の思想を正確な政治方向に誘導し，
党の反対側の敵対勢力による敵対的宣伝を対抗するためである。メディア
の批判機能が正確に発揮するにあたり，以下のことに注意しなければなら
ない。第1に，新聞工作者が始終，党と人民の利益の立場に堅く立ち，広
大な人民大衆の声，願望，要求を反映せねばならない。これはメディアの
批判機能の根本な前提であり，出発点である。第2に，報道機関は「内部
参考」や「内部簡報」を通して上に問題を反映させるには，必ず正確さを
求め，ウソや偽物を入れず誤った情報を提供しないようにせねばならない。

50

第2章　批判報道に関する中国共産党の認識

第3に，報道の能動的な役割を十分に発揮しなければならない。人民大衆の普遍的な関心があり，また解決の条件がある問題を選択して公開報道しなければならない。メディアの批判機能によって満足のいく結果があれば，大衆はその中から党の路線，方針，政策の教育をうけることができる。第4に，党と政府はメディアの批判機能による工作の改善と推進を支持し，活用しなければならない。これはメディアの批判機能が実際の効果をあげるかどうかのカギである。第5に，メディアの批判機能は必ず憲法と法律の範囲内で進め，報道機関とジャーナリストも党と人民の監督を受けなければならない」[20]と述べた。

　上述のことにより，「正しい世論の方向性の堅持」方針の中で批判報道が提起された原因には，党指導部は，批判報道の掲載が党と民衆の対立をもたらすことを非常に警戒していたことがあると考えられる。天安門事件終結後，党は事件につながる一因を，一部のメディアが批判報道という手段を利用し，民意を党の意思と対立させるように導いたことに帰した。これは党指導層の発言から確認できる。李瑞環は，「（筆者注：天安門事件中）資産階級式の新聞自由の追求という旗を揚げる人々は，党と政府を凌駕し，党と対立的立場に立って党への監視を行った。彼らは党への不満をぶちまけ，党と政府の顛覆を図った。彼らの標榜するメディアの批判機能を我々は，断固として反対する」[21]との懸念を表明した。これにより，党は天安門事件中に，批判報道の掲載が民意を党の意思と対立させるように導いてしまい，党の絶対的指導地位を脅かしていたことを恐れていたと考えられる。これは党にとって最大の危機であり，最も避けなければならないことである。

　以上のように，「正しい世論の方向性の堅持」方針は，すなわち批判報道に対する党の指導性が再強調される規制の方針である。その原因としては，党は批判報道の掲載が自身と民意の対立をもたらすことを恐れていることがあると考えられる。

第3節　1990年代の批判報道をめぐる党の認識

　1990年代に入り，党は政治体制改革を一切棚上げする一方，経済体制改革を基本路線として推進してきた。党のすべての工作は経済改革をめぐり展開している中，党はメディア工作も経済改革に奉仕すべきであると考え始めた。この時期において批判報道は党の第14回，15回，16回，17回大会などでも言及され続けた。批判報道は党の支持により，全盛期を迎えた。

1　党の統治手段としての批判報道

　1992年に鄧小平が南巡講話の中で市場経済のより一層の加速を呼びかけた。市場経済が急速な発展を遂げている一方，党の統治能力は低下していることが顕著である。

　まず，党は市場経済の発展に伴う市場領域の不正，党内の腐敗，地方政府の権力濫用などの問題を直面している。鄧小平による「先富論」，「猫論」の提唱により，手段を選ばず悪徳な業者や個人によるコピー商品，偽物，粗悪商品の生産，販売の現象が急増した。全国質量技術監視総局の統計により，1999年に，全国で偽商品，粗悪商品の生産と販売を取り締まる件数が22.46万件に上り，取り締まる商品数が1.78万個に達し，取り締まる金額が22.784億元に及んだ [22]。他方，党内の腐敗問題も深刻化していた。1993年から1997年までの間に，腐敗，賄賂の問題で16,117人の党政機関の幹部，18,214人の司法機関の幹部，8,144人の行政機関の幹部が処分を受けた [23]。処分の対象は党の高級幹部にも及んだ。1996年に，元北京市党委書記・陳希同は腐敗の問題で16年の懲役を受けた。さらに党が経済体制改革の措置としての地方分権を推進した結果，地方政府の権力の肥大化と濫用問題も深刻になった。1990年代において全国各地で土地収用をめぐり地方政府による強制的な立ち退きのケースが絶えなかった。

　次に社会領域では貧富格差の拡大，社会分配の不公正，社会モラルの低下などの問題も顕在化していた。例えば，1990年代後半に始まった国

第 2 章　批判報道に関する中国共産党の認識

有企業の改革の加速化に伴い，都市部での失業者の増大及びそれに伴う社
会保障制度の不備という問題が生じている。貧富格差，社会の不平等が民
衆の不満を招いている。1994 年に全国各地で発生したデモ，暴動事件は
10,000 件に達した [24]。特に 1990 年代後半以降土地収用をめぐる立ち退き
に不満を持った民衆は，各地で座り込み，焼身自殺，暴動という抗議の行
動を取るケースが絶えなかった。

　以上を背景に，党は批判報道を，自身の統治手段の 1 つとして積極的に
取り上げている。その内容は以下のようである。

　まず，地方幹部に対する取り締まりの強化である。1990 年代以降，党
指導部は各級の党政幹部による腐敗，権力濫用の問題を是正するために，
批判報道について以下のように言及した。

　1993 年 11 月に党の第 14 回中央委員会第 3 次全体会議で採決された「中
共中央による社会主義市場体制建設の若干問題に関する決定」の中で，「廉
潔な政治の建設，反腐敗が社会主義市場体制建設の必要な条件と重要な保
証である。腐敗の幹部に対する処罰を断固として行うためには，党の紀律
検査機関，司法機関，検察機関の工作および法律による監視，党組織によ
る監視，人民大衆による監視，メディアによる監視・批判機能を強化しな
ければならない」と規定された（『人民日報』，1993 年 11 月 17 日）。

　また 1997 年 9 月に開かれた党の第 15 回全国代表大会では，「我々の権
力が人民に付与されるし，すべての幹部が人民の公僕であるため，人民と
法律による監視を受けなければならない。（中略）党内での監視，法律によ
る監視及び大衆による監視と結び付けることによって，メディアによる監
視・批判機能を十分に発揮させなければならない。（中略）党自身と党の政
策や指令執行の徹底に対する監視を強化することが，政策指令執行の順調
を保障するためである。さらに各級の党員幹部，特に指導役の幹部に対す
る監視を強化することが，権力濫用の防止のためである。法律や党の紀律
に違反した行為に対して，厳重に懲罰を与えなければならない」[25] と明
言された。

　有名な事例は，1990 年代後半以降党指導部が唱えた反腐敗キャンペー
ンであった。1997 年 10 月に開かれた党の第 15 回大会において，江沢民

53

は「反腐敗は党と党の存亡に関わる厳重な政治闘争である。改革開放全体の過程に反腐敗の闘争を堅持しなければならない」[26]と強調した。反腐敗キャンペーンの中，メディアは重要な役割を果たした。1995年にメディアは北京市元市長・陳希同の腐敗，汚職をめぐる批判報道を大々的に取り上げた。『人民日報』，新華社は同年4月から11月にかけて陳の犯罪活動，党による取り締まりの経緯などを詳細に報じた。1999年にメディアは，中国社会を震撼させた福建省アモイ市の「遠華密輸事件」[27]を詳細に報じた同事件に，アモイ市のトップ・市党委書記をはじめ，税関幹部，銀行幹部，国有企業幹部などの数多くの党員幹部は関わっている。中央テレビ局は事件に関するシリーズの反腐敗キャンペーンのドキュメンタリー番組を放送した。

次に社会の不正に対する取り締まりの強化である。党は，批判報道を市場領域におけるコピー商品，偽物，悪質商品の生産と販売に対する取り締まりを強化するための手段として大々的に取り上げた。

1993年10月に第8回全国人民代表大会常務委員会第4次会議で採択された「中国人民共和国消費者権利保護法」の中で，「本法律の制定が人民大衆の消費者としての正当な権利の保護，社会経済秩序の維持及び社会主義市場経済の健全な発展の促進のためである」という主旨を提起されたとともに，「国家は，すべての組織や個人が大衆の消費者としての正当な権利への損害行為に監視を実施することを支持し，促進する。メディアが，消費者の正当な権利の保護に力を入れるべきであるとともに，消費者の正当な権利を損害した行為に監視，批判機能を発揮すべきである」[28]と規定された。

引き続き，党は自身の綱領の中でも批判報道について言及した。1996年10月に党の第14回中央委員会第6次全体会議において，党中央が下した「党中央による社会主義精神文明建設の若干重大な問題に関する決議」の中で，社会問題の深刻さについて「一部の領域で道徳の低下，拝金主義，個人主義が蔓延している；迷信行為，賭博，風俗などの醜悪な社会現象が氾濫している；偽商品，粗悪商品の生産，販売と詐欺行為が盛んになっている；青少年の思想を損害する風俗文化が蔓延している」と指摘されたほ

か，「社会生活の中の各方面に対する管理を強化し，社会安定を損害する不法な行為を制裁し，打撃しなければならない。法律による監視，行政による監視，大衆による監視及びメディアの監視，批判機能を総合的に利用し，社会の良い行為とモラルを規範化し，社会の醜悪な現象を批判し，社会の正義を発揚すべきである」[29]と定められた。

　もっとも有名なのは，1992 年から国務院と首都の主要報道機関が共催した全国範囲の「質量万里行（商品の品質を万里に渡って監察する）」キャンペーンであった。その目的は市場領域における悪質な商品，偽物，コピー商品の生産と販売に対する取締りであった。党の元老・薄一波は名誉アドバイザー役を務めていた。活動開始後，全国各地の報道機関は一斉に不良商品の生産個人やメーカに対して批判を行った。中央テレビ局は早速「毎週の質量報告」という新しい番組を開設し，全国の医薬品，日用品，化粧品，食品分野の不良品メーカの実名を暴露した。四川省の『華西都市報』は 1994 年に，上海のある商品メーカが地元成都市で博覧会の開催を口実に，実に悪質な偽商品の販売を行った行為を暴露した。このような批判報道は党指導部の称賛を受けていた。元総理・李鵬は全国品質会議において「政府と人民のためにいいことをやっている」と称賛した。

2　党の政治システムにおける批判報道

　党の統治手段としての批判報道は，メディアの党の政治システムの付属装置としての位置づけに関わっている。以下ではまず，党の政治システムにおけるメディアの位置付けについて説明しておく。

　周知のように，中国メディアは党と政府の政治的付属装置としての性質が現在に至っても依然として変わらない。図 2-1 で示したように，中国メディアは各レベルの党委員会の政治的付属装置として位置付けられている。その構造は，党中央と国務院の直轄下にある『人民日報』，新華社，中央テレビ局などの中央レベルのメディアを筆頭に，省党委の管轄下にある省レベルのメディア，市党委の管轄下にある市レベルのメディア，県党委の管轄下にある県レベルのメディアという 4 段階から構成されている。メディアは，党中央の権力中枢に近ければ近いほど，政治的優位に立ってい

図 2-1　党の政治システムにおけるメディアの位置づけ図

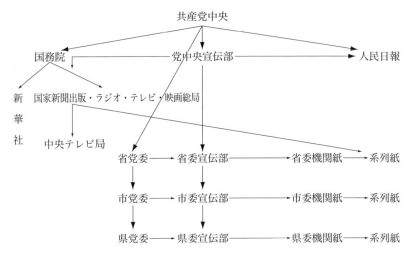

(出所) 朱家麟『現代中国のジャーナリズム』の「中国のコミュニケーション・システム構造図」(1995,p114) に基づき、筆者修正。

る。中では,『人民日報』,新華社,中央テレビ局は党中央の直轄に置かれるため,圧倒的な政治的優位に立っている。

　以上のメディアの政治構造により,党の統治手段としての批判報道とはすなわち,メディアは党中央から県までのそれぞれのレベルの党委を代表して監視・批判を行っていることである。これを説明できる最も良い事例は,国務院の直轄に置かれる中央テレビ局の「焦点訪談」番組である。同番組の批判報道の特徴は党中央を代表して地方政府に監視を行っている点である。

　1994 年 4 月に「焦点訪談」は,中央テレビ局によって開設されたニュース解説と評論の番組として,毎晩中央テレビ局第 1 チャンネルのゴールデンタイムに放送されている。番組は「時事問題への追跡報道,ニュース背景への分析,社会事件への解明,大衆的話題への評論」という報道理念を掲げ,地方の党政幹部の不正及び社会問題への暴露,批判の内容が中心である。開設以来,同番組は全国で絶大な影響を及ぼしている。毎晩およそ

第2章 批判報道に関する中国共産党の認識

3億の視聴者を擁する（『人民日報』, 1998年12月8日）とともに, 毎回の放送後, 多いときにはおよそ1,000通の視聴者からの手紙が届いた。1999年4月に番組は湖北省武漢市の長江大橋建設の手抜き工事を暴露した後, 南京市と広州市の視聴者から地元の橋にも同じような問題が存在することを番組に知らせた。番組の元責任者・孫潔は1999年に「番組の情報源の90%は, 視聴者の手紙と電話からである」と述べた。

「焦点訪談」の批判報道の特徴は, 地方幹部をターゲットにする点にある。1999年に番組は, 中央レベル（0%）, 省レベル（0%）, 市レベル（27.5%）, 県レベル（51.6%）, 郷鎮レベル（16.5%）, 農村基層レベル（4.4%）の党政幹部に対して批判を行った[30]。つまり「焦点訪談」の批判対象は省レベル以下の地方幹部に集中していることがわかった。また番組の内容は, 一般民衆, 特に農民の利益を損害した地方幹部の行為, 地方幹部による特権と職権濫用行為, 地方政府による利益追求の独走行為に対する批判が中心であった。有名な報道は以下のものがある。1994年に「焦点訪談」は北京郊外の順義県幹部が墓地開発会社に, 農民の農耕地を無断で売る行為を暴露した。1996年に黒龍江省の地方幹部がもともと農民に支払うべき補償金を横領した事件が報じられた。1998年に同番組は安徽省を切り口に全国各地の糧食財政部門による横領, 汚職事件を報じた。この報道をきっかけに, 国務院は全国各地の糧食財政部門に対する大規模な整理, 整頓を行った。

　党中央は「焦点訪談」に巨大な支持を与えた。江沢民, 李鵬, 朱鎔基などの中央指導者は「毎日欠かさず「焦点訪談」を観る」と述べた[31]。1998年に朱鎔基は番組を視察した際に,「人民の喉と舌, 政府の鏡, 改革の先頭に立っている」と称賛した。中央指導者は番組を見た後, 直ちに関係部門に幹部への懲罰, 問題の早期解決の指示を下したケースがしばしばあった。これは同番組の批判報道が大きな成功を納める要因である。1998年に番組は, 山東省の400名以上の小学生が予防注射により金属中毒になった事件を報じた後, 江沢民は直ちに国家衛生部門に「全力を尽くして生徒の命を救え, 医薬品の生産者を懲罰しろ」と指示した。江の指示は迅速に山東省の衛生部門にも伝えられた。同時に, 全国範囲の医薬品市

57

場の整理整頓も始まった。引き続き，2002年に国務院弁公庁は，「焦点訪談」の暴露した地方幹部の不正に対する是正状況を把握するために，地方幹部への懲罰執行の状況をチェックするための専属の監察機関を設置した。2002年に同機関は「焦点訪談」が報道した41例のケースについて監察を行った。

第4節　2003年以降の批判報道をめぐる党の認識

　2003年以降党は批判報道に対して矛盾な態度を抱えている。党は引き続き，自らの統治手段としての批判報道を積極的に取り上げている。2004年に党中央が公布した「中国共産党党内監督条約（試行）」の中で，批判報道が党内の監督制度の1つとして言及された。つまり，党は批判報道の政治的正当性をより一層アップさせた。

　一方，党は批判報道の展開に対してブレーキをかけている。2003年以降党は批判報道に対する規制を次第に強めている。その背景にはメディアは批判報道を行う際に，常に党の意思に挑戦していることがある。

1　党の意思に挑戦する批判報道

　中国メディアは1990年代に党の支持により，批判報道の爆発的な発展を迎えたと同時に，報道の自立性も高めつつある。その結果，2000年代に入り，メディアは批判報道という手段を使い，党の意思に挑戦するケースがしばしば起きた。最も代表的なのは，2003年の「サーズ事件」と「孫志剛事件」をめぐる批判報道であった。

「サーズ事件」は，2002年末から2003年にかけて発生したサーズ（SARS）ウイルス感染症であった。サーズは短期間に中国全土から世界の29か国・地域に拡大し，多くの死者，感染者を出した。流行が短期間に拡大した要因は，政府の対応の遅れと情報隠ぺいにあった。2002年11月に感染源だった広東省で相次いで感染者が出たにもかかわらず，党は政治的と社会的安定を考慮し，事件に対する報道規制を行った。こうした政府による隠ぺいを暴いたのは，広東省の地元メディアだった。2002年11月に『羊城晩報』

58

第 2 章　批判報道に関する中国共産党の認識

はいち早く広東省河源市で「怪しい病気」，感染度の高い不明ウイルスが現れていることを報じた。広東省政府はこの報道に不満を持ち，これは事実ではなく，ただの一般的ウイルスに過ぎないと否定した。2003 年 2 月に広東省衛生庁は「不明のウイルスの防疫工作に関する通知」を傘下の衛生部門のみに下した一方，依然として市民に真相を公開しなかった。一方，メディアは政府による情報隠ぺいを疑問視した。2003 年 1 月から『南方都市報』，『新快報』，『羊城晩報』，『南方日報』，『広州日報』は独自の情報源と取材をもとに，広東省内の感染状況を報じ続けた。『羊城晩報』は 1 月 3 日に不明のウイルス感染症の蔓延により，市民が医薬品を争って買う現象を報じた。これに対し 2 月 8 日に広東省宣伝部は「サーズは完全にコントロールされている。各報道機関は社会的安定の維持という立場に立つべきであり，これ以上報道してはいけない」という禁止令を下した（『亜洲週刊』，2004 年 4 月 26 日）。しかしメディアはこの禁止令を無視した。2 月 10 日に『羊城晩報』は「広東省で新型肺炎ウイルスが現れた」という記事を載せた。3 月になると，国家の一大政治イベント・「両会」の開催のため，政府は「サーズはコントロールされている」と真相を隠し続けた。これを疑問視したのは，『南方都市報』が 3 月 6 日に掲載した国家衛生部の官僚と工程学院院士・鐘南山に対するインタビュー記事であった。記事の中で「事態は未だにコントロールされていない。政府は国際連携を通じてサーズをコントロールしようとしている」と記された。

「孫志剛事件」は，2003 年 3 月に湖北省出身，大学卒業後広州で会社員をしていた青年・孫志剛は，身分証明書を携帯していないという理由で市内の派出所へ連行され，収容所で暴行を受けて死亡した事件である。この事件をめぐる批判報道の中で，メディアは批判の矛先を党中央の政策に向けた。『南方都市報』は同年 4 月 25 日に「被収容者・孫志剛の死」と「一公民の死を誰が責任を負うか」という 2 記事の中で，国家の収容・送還条例を引用し孫が収容対象にあたるかどうかに焦点を当てた。これをきっかけに全国のメディアは一斉に事件に注目した。『人民日報』，『工人日報』，『北京青年報』，『中国青年報』，新華社，中央テレビ局は「孫志剛事件」を連続して報じた。『工人日報』は 5 月 24 日に法学者と専門家の意見を掲載し，

59

「孫志剛事件」が国家の収容・送還制度の不備，弊害に起因すると指摘した。『南方週末』はトップ紙面で「二度と「孫志剛事件」が起こらないように」という記事を掲載し，収容・送還制度の早期な廃止を呼びかけた。メディアの批判報道は中国社会の莫大な反響を呼んだ。事件発覚の直後，中国大手のウエブサイド・「新浪」では何千件の書き込みがあった。インターネットでは犯人への懲罰及び収容・送還制度の廃止という要求が噴出した。他方，法学者や法律専門家も事件の解決に積極的に参加した。5月14日に3名の法学者は全人代に，収容・送還制度の廃止を要求する公開意見書を送り出した。引き続き5月23日に北京大学の5名の法学者は全人代に「孫志剛事件」と収容・送還制度をめぐる法律審議の開始の要求を申し出た。メディアの批判報道と社会の世論が政府への圧力となった中，6月20日に国務院が収容・送還制度の廃止を公布し，ようやく事件を終結させた。

2 批判報道にブレーキ

　以上を背景に，2003年以降党は批判報道にブレーキをかけている要因としては，党は，批判報道を自らの統治手段として認識しているため，それは必ず党がコントロールできる範囲内で行うべきだと要求している点があると考えられる。前述のような1990年代の反腐敗キャンペーン，「中国質量万里行」キャンペーン，「焦点訪談」番組の批判報道は，いずれも党中央の提唱のもとで行ったため，党の支持を得ていた。しかし，2003年の「サーズ事件」と「孫志剛事件」をめぐる批判報道は遙かに党のコントロール範囲を超えている。まず「サーズ事件」報道は党と政府による情報隠ぺいを疑問視し，党の報道規制を破った。次に「孫志剛事件」報道は批判の矛先を党中央の政策に向けた。同時に，同報道がネットユーザー，法学者，専門家などの広範囲の民衆の怒りや共感を呼んだことは党にとって大きな脅威であった。2004年に『南方都市報』の元編集長・程益中，副編集長・喩華峰が当局によって逮捕，投獄された。これは当局の『南方都市報』の「孫志剛事件」報道に対する復讐であると言われている[32]。

　2003年以降党は批判報道に対してさまざまな報道規制を行っている。まず党は批判報道に対する自らの指導を強調した。2004年に党中央が公

第2章　批判報道に関する中国共産党の認識

布した「中国共産党党内監督条例（試行）」の中では，批判報道に対する党の指導性は強調された。「党の指導の下で，メディアは関連の法規や条例に従い内部の通達や公開報道を通じて批判と監視機能を発揮すべきである；メディアは「党派性」原則を堅持し，新聞工作の規律と職業道徳に従い，さらに批判報道の正しい世論の方向性を把握し，批判報道の社会的効果を重視すべきである。」[33]

　引き続き，同年8月に新華社傘下の『瞭望新聞週刊』雑誌は，批判報道に対する10か条の条例を公布した。同条例は批判報道の展開が党の工作と一致しなければならないことを規定した。「批判報道は必ず党と政府の工作，全局の工作，社会安定，問題の解決に有利しなければならない。批判報道は党と政府の中心工作に結び付け，積極的に中心工作に協力すべきである；批判報道は十分に発展，改革，安定の全局を考慮すべきである；批判報道は党中央による重大問題の解決に着目しすべきである；批判報道は社会安定の維持を自覚すべきである；批判報道は各方面の工作の改善を促進すべきである。」[34]

　次に，党はメディアが批判報道を掲載するために用いる批判手段に対して規制を加えた。2005年に党中央弁公庁が公布した「輿論監督工作のより一層の強化と改善に関する意見」の中で，メディアがよく用いる「異地監督（地域を跨る監督）」という批判手段に対する禁止令が発行された。「異地監督」とは中国メディアが所在地の党委と宣伝部の管轄を受けているため，地元の不祥事を報じるのは困難となるが，他地域の不祥事を普通に報じることができるという中国メディアの独特な現象である。この報道手段を発展させたのは『南方週末』紙である。同紙は1990年代後半から「異地監督」という手段を利用し，他地域の政府の不正に対する批判を盛んに行った。「孫志剛事件」報道は全国の大きな反響を呼んだ理由には，メディアは「異地監督」という手段を積極的に行使したことがある。『南方都市報』が事件をスクープした後，全国各地のメディアは一斉に広東省で発生した当事件の詳細な経緯を続報した。北京市の『北京青年報』は事件発覚後のわずか3か月の間，9回にわたって報道を行った。報道の中で孫の悲惨な被害経緯，地元警察官，収容所の役人による残酷な暴行，法医による鑑定

61

結果などが詳しく報じられた。このような全国のメディアによる長期間と広範囲にわたる報道は，党の役人の横暴に対する民衆の激しい怒りを巻き起こしていた。これは党にとって無論好ましくないことである。これは党はメディアがよく使う「異地監督」という手段の禁止を命じた大きな原因であると考えられる。

　2004年より，党が批判報道をめぐる規制に硬軟使い分けた措置をとっていることが目立つ。「孫志剛事件」報道以降，党は国家の法律や党の政策の分野に関わる批判報道を厳しくコントロールし始めている。そのため，党や政府幹部，公的役人をターゲットとする批判報道の掲載はますます難しくなっている。その一方，環境問題や食品安全，健康医療，教育，科学技術の分野に関わる批判報道では党からの規制は比較的少ない。例えば，2006年に全国のメディアは，党幹部の腐敗などの不正に対する批判報道を少なく掲載していた一方，健康医療や教育，文化科学の分野の中の不正に対しては集中的に批判を行っていた。中でも，有名な批判報道は北京の雑誌『財経』が2006年に医療分野の偽薬の不正を暴露したものがある。さらに，『南方週末』紙の2000年から2011年までの記事に対する内容分析を行った結果，同紙の批判報道の内容は，教育，医療，法律の分野の不正に対するものが中心であるが，党や政府の公的権力機構や党政幹部をターゲットとするものが1990年代と比べ，明らかに少ないということがわかった[35]。

　2009年以降，新聞やテレビなどの伝統メディアと比べ，中国では「インターネットによる世論監督」という現象が目立っている。現在，中国のインターネットはユーザーによる汚職官僚の告発，社会の不正の暴露などによって，国内世論を動かし，社会全体を熱狂的な議論に巻き込むほどの影響力を持っている。例えば，2009年に南京市江寧区不動産管理局長・周久耕氏が記者会見に臨んだ時の写真から身につけている時計の値段までネットユーザーによって徹底的に暴き出され，「こいつの給料でこんなもの買えない」とネットで告発された。結局，当局は周氏を汚職で逮捕せざるを得なくなったと報道されている[36]。しかし一方，「インターネットによる世論監督」は楽観視してはいけない。近年，党はそれに対する規制を

次第に強めている。例を挙げると，2014 年 9 月にインターネットの主管
機関「国家インターネット情報弁公室」は，「微博（ウェイボー）」（中国版ツイッ
ター）の運営などを手掛けるネットサービス大手「新浪」に対し，違法な
情報の削除や利用者管理の徹底などを行わなければ，一部の業務を停止さ
せると警告した[37]。

むすび　批判報道に関する党の認識

　本章では改革開放以降盛んになった批判報道に関する党の認識を歴史的
に考察した結果，批判報道に対して党は柔軟な態度を示していると結論づ
けよう。
　まず，党は党自身や社会の不正に対するメディアの批判機能の発揮を積
極的に認めている。1980 年代に党は，メディアが党の代弁道具だけでは
なく人民の代弁者でもあるというマスコミ観の変化を背景に，党や政府に
対する人民の不満を代弁する役割を担うメディアの批判報道について自身
の綱領の中で言及した。また 1987 年の党の第 13 回大会では，報道の自由
をめぐる議論が盛んになった中，党指導部は批判報道を報道の自由をめぐ
る改革方案の 1 つとして提起した。これは，党が初めて従来の自身のメディ
アに対する指導体制を変えようとする試みである。
　1990 年代に入り，市場経済の急成長に伴う政府幹部の腐敗，権力濫用，
社会の貧富格差，モラルの低下などの深刻な問題を是正するための党の統
治能力は問われている。党は政府幹部や社会の不正に対する取り締まりを
強化するために，批判報道を自らの統治能力を向上させるための一手段と
して取り上げていた。党の統治手段としての批判報道の展開が最も目立つ
メディア社・中央テレビ局の「焦点訪談」番組は，党中央を代表して地方
政府及び地方幹部に批判の重点を置くという最大の特徴を持つ。この時期
の批判報道は党からの絶大な支持を受け，発展ブームを迎えた。
　次に，党は無条件にメディアによる批判機能の発揮を容認しているわけ
ではなく，党の容認範囲内で批判報道の展開をコントロールしようとして
いる。1989 年の天安門事件は党の批判報道に対する認識の大きな転換点

である。事件後党はメディアの「党派性」原則を強調するとともに，批判報道に対して「プラス宣伝を主とする」方針と「正しい世論の方向性の堅持」方針を堅持しなければならないと要求している。すなわち党は批判報道の掲載より，党の宣伝報道の掲載が中心でなければならないと要求し，批判報道を厳しい統制の下に置くようになった。その要因としては，党は批判報道の多さが党の統治地位にマイナスの影響を与えることを警戒していることがあると考えられる。この報道方針は今日の批判報道に対して依然として有効である。

　引き続き，2003年以降党が批判報道の展開に再びブレーキをかけている原因は，党は批判報道を自らの統治手段として認識し，それは必ず自らがコントロールできる範囲内で行うべきだと要求しているからである。その背景には，2000年代に入り報道の自主性を高めているメディアが、批判報道という手段を使い，党の意思に挑戦するケースがしばしばあったことがある。とりわけ，「サーズ事件」と「孫志剛事件」報道は遥かに党の容認範囲を超えていた。2003年以降，党は批判報道に対しては様々な規制措置を採っている中，特に批判報道に対する硬軟織り交ぜた規制措置を採っていることが目立つ。

　以上のことから，批判報道に対する党の態度の変化の原因には，党はメディアの機能について，党の宣伝道具としての機能か，あるいは批判機能かのどちらを優先すべきかという矛盾した態度を抱えていることがあると考えられる。1980年代に政治体制改革と報道の自由をめぐる議論が盛んになった中で，党はメディアが党の代弁道具だけではないというマスコミ観の変化を背景に，党や政府の不正に対する批判報道の掲載を認めた。1989年の天安門事件後，党はメディアの「党派性」原則を強調したにより，メディアの政治宣伝機能を優先すべきであるという前提条件付きで批判報道の展開を容認している。それ以降，党はこうした認識のもと，1990年代に入り深刻な党内の腐敗問題や社会の不正に対するメディアの批判機能の発揮を積極的に支持していた。しかし2003年以降，党は再びメディアに対する自らの指導性を強調する中で，党や政府幹部の不正に対する批判報道の掲載にも圧力をかけている。

第2章 批判報道に関する中国共産党の認識

　以上の点から，党は一貫して，批判報道の掲載より党の宣伝メディアという基本的機能を優先すべきであるという規制をメディアに加えていることが明らかになった。にもかかわらず，党が批判報道の展開を積極的に認めていることは，党が批判報道の掲載を正当化させることを意味する。これはメディアにとって党から批判報道の掲載にはある程度自主的な報道空間を与えられているのである。

注

1) 郎勁松（2003），『中国新聞政策体系研究』新華出版社，38 ページ。
2) 胡耀邦（1985），「関於党的新聞工作」『新聞前線』第 5 期，2-11 ページ。
3) 趙紫陽（1987），「沿着有中国特色的社会主義道路前進―在中国共産党第 13 回全国代表大会上的報告」新華網（2014 年 2 月 25 日最終アクセス，http://news.xinhuanet.com/ziliao/2003-01/20/content_697069.htm よりダウンロード）。
4) 同上。
5) 翁海勤（2007），「『耳目喉舌』説的歴史沿革」『新聞記者』第 3 期，35-37 ページ。
6) 三好崇一（1990），「1980 年代の中国ジャーナリズム」『コミュニケーション研究』20，1-69 ページ。
7) 狄沙主編（2006），『胡績偉自選集我与胡喬木的 10 年論弁』（卓越文化出版社），第 1 巻，4 ページ。
8) 三好崇一前掲論文，1-69 ページ。
9) 李良栄・戴蘇蘇（2008），「新聞改革 30 年：三次学術討論引発三次思想改革」『新聞大学』第 4 期，1-5 ページ。
10) 林秀光（2010），「中国におけるメディアと「党 - 国家 - 社会」―一九八〇年代「新聞法」の制定をめぐって」『法学研究』第 83 巻第 2 期，279-316 ページ。
11) 三好崇一前掲論文，1-69 ページ。
12) 三好崇一前掲論文，1-69 ページ。
13) 江沢民(1989)，「関於党的新聞工作的幾個問題」『新聞通訊』，1990 年第 3 期,1-9 ページ。
14) 李瑞環（1989），「堅持正面宣伝以主的方針」（2012 年 3 月 5 日最終アクセス，http://news.xinhuanet.com/ziliao/2005-02/21/content_2600300.htm よりダウンロード）。
15) 同上。
16) 同上。
17) 同上。
18) 同上。
19) 江沢民(1989)，「関於党的新聞工作的幾個問題」『新聞実践』1990 年第 3 期，3-6 ページ。
20) 李瑞環（1989），「堅持正面宣伝以主的方針」（2012 年 3 月 5 日最終アクセス，http://news.xinhuanet.com/ziliao/2005-02/21/content_2600300.htm よりダウンロード）。
21) 同上。

22)「質量技監去年打仮成果顕著」『標準計量与質量』2000 年，2 ページ。

23) 彭衛東（2005）「試論新時期我党反腐敗的進程」,『新余高専学報』,第 10 巻第 1 期，19-21 ページ。

24) 陳先兵（2010）「維権話語与抗争邏輯―中国農村群体性抗争事件研究的回顧与思考」『北京化工大学学報』, 2010 年第 1 期，1-6 ページ。

25) 江沢民（1997），「在中国共産党第 15 回全国代表大会上的報告六政治体制改革和民主法制建設」（2012 年 3 月 6 日最終アクセス，http://news.xinhuanet.com/ziliao/2003-01/20/content_697207.htm よりダウンロード）。

26) 同上。

27) 遠華密輸事件は 1996 年から 1999 年にかけて，頼昌星を会長とする遠華電子有限公司という貿易会社が，約 800 億元の関税を脱税したとされている事件。建国以来最大規模とされている。アモイ市の市党委書記，税関幹部，銀行幹部，国有企業幹部など合計 156 人が処分され，死刑判決などを受けた。

28)「中国人民共和国消費者権利保護法」（1994 年），中華人民共和国中央人民政府ホームページ（2012 年 5 月 10 日最終アクセス，http://www.gov.cn/banshi/2005-05/25/content_862.htm よりダウンロード）。

29)「中共中央関於加強社会主義精神文明建設若干重要問題的決議」（1996），（2012 年 4 月 15 日最終アクセス，http://www.people.com.cn/GB/shizheng/252/5089/5106/20010430/456601.html よりダウンロード）。

30) Chan, Alex (2002), "From Propaganda to Hegemony: JiaoDian FangTan and China's Media Policy," *Journal of Contemporary China*, No.11, pp. 35-51.

31) 伊東由美（2003），「現時点における『世論による監督』の在り方―中国中央テレビ『焦点訪談』を事例として」『中国研究月報』第 57 号，34-41 ページ。

32) 何亮亮（2004），「中国的悲劇：程益中求仁得仁」（香港誌・『亜洲週刊』第 18 巻第 17 期付きの記事である。（2013 年 3 月 10 日最終アクセス，http://www.yzzk.com/cfm/Content_Archive.cfm?Channel=af&Path=3550612992/17af2.cfm よりダウンロード）。

33)「中国共産党党内監督条例（試行）」（2004），人民網（http://www.people.com.cn/GB/shizheng/1026/2344222.html，2014 年 4 月 18 日に閲覧）。

34)「『瞭望』文章：中央関注輿論監督」（http://www.cctv.com/news/china/20040824/101328.shtml，2014 年 4 月 18 日に閲覧）。

35) 文九（2013），『社会転型期南方週末批評性報道研究』，2013 年武漢大学博士学位論文，56-60 ページ。

36) 戴智軻（2011），「中国のネットによる世論監督」『神戸夙川学院大学紀要』第 2 号，82-94 ページ。

37)「中国当局，検閲規制を強化へ」中国 IT 情報局（http://jcvisa.info/chinese-internet-censorship, 2017 年 9 月 10 日閲覧）。

第3章　中国メディアによる批判報道の展開の経緯

はじめに

　本章の目的は，改革開放以降，中国メディアによる批判報道はどのような経緯で展開してきたのかを明らかにするところにある。

　第2章で考察したように，党はメディアに，批判報道の掲載より，党の活動に対する宣伝報道を優先しなければならないと要求していることが明らかになった。本章ではメディアによる批判報道の展開とこのような党の認識の間に，どのような隔たりがあるのかを明らかにする。具体的には，メディアによる批判報道の展開と，党の宣伝メディアという機能の打破，同機能の衰退，及び同機能からの脱却という連動図式を歴史的に考察することによって，党の宣伝メディアという従来の位置付けから自立しようとする批判報道の自主的展開の経緯を解明する。

　本章では以下の2つの分析アプローチを用いる。1つは，批判報道をめぐる党の認識とメディア側による展開の差異に注目しながら，政治的，経済的及び社会的要因というマクロなレベルから，メディアによる批判報道の展開の経緯を歴史的に考察するものである。もう1つは，メディアの批判報道が新聞社内で如何に作られているのかというミクロなレベルから，『南方週末』と『南方都市報』が所属する新聞グループ・『南方日報』グループの記者の報道意識及び日常の報道活動について考察するものである。

　本章の構成は以下のとおりである。第1節ではメディアの宣伝機能の打破期（改革開放以降から1989年まで）における批判報道の展開の実態を考察する。第2節では1992年〜2002年いわゆるメディアの宣伝機能の衰退期における批判報道の展開の実態を明らかにする。第3節ではメディアの宣伝機能からの脱却期（2003年〜現在に至る）における批判報道の展開について考察を行う。第4節では筆者が『南方日報』グループの記者に実施した

67

インタビュー及びアンケート調査の結果をもとに，批判報道をめぐる記者の認識及び日常の報道活動について考察する。第5節では以上の分析結果を踏まえ，メディアによる批判報道の展開の経緯について結論付ける。

第1節　メディアの宣伝機能の打破期における批判報道

　メディアの宣伝機能の打破期は，文化大革命中に姿が消えた批判報道が次第に回復し，再登場した改革開放以降の1979年から，批判報道の掲載が一時的に停滞していた1989年の天安門事件までの期間を指している。本節ではこの期間におけるメディアによる批判報道の展開の実態を考察する。

1　党機関紙の「輿論監督」版の発行

　中国新聞界で批判報道の掲載を最初に試みたのは改革開放以降の共産党機関紙による「輿論監督」版の発行であった。「輿論監督」版は党機関紙の紙面の中の「特区」[1] と見なされたため，他の紙面と違い，最初から党の活動や方針を宣伝する義務を果たす必要はなかった。1980年代に入り，全国各地の党機関紙は批判報道を掲載するための紙面やコラムを相次いで回復し，開設した。例えば，共産党青年団中央の機関紙・『中国青年報』は，文化大革命中に停刊した「辣椒」欄を回復し，批判報道を掲載するようになった。広東省党委の機関紙・『南方日報』は批判報道を載せるための「南海潮汐」，「批評与建議」欄を新設した。さらに河北省党委の機関紙・『河北日報』も読者の批判意見を伝えるための「読者監督信箱」，「群言堂」欄を設置した。このような「輿論監督」版の発行により，批判報道が過去の宣伝報道と異なる新たなスタイルのものとして，大きな注目を浴びた。1987年に党中央の機関紙・『人民日報』によって掲載された批判報道の掲載をめぐる新聞界の議論や社会の反応を内容とする記事や社説の数は22本に達した[2]。

　「輿論監督」版の発行は，改革開放期に入り，党の宣伝メディアという従来のメディア機能を打破するための新聞改革の中で行われた。1980年代

に入り，全国各地の新聞界では新聞機能の再認識を主旨とする報道改革の
議論は大きく繰り広げられた。1986 年 9 月に開催された首都新聞学会では，
「新聞が党以外の多様な声を反映すべきだ；新聞が多様な機能を持つマス・
コミュニケーション機関であるべきだ；紙面の中の情報量を増やすべき
だ」[3] という新しい報道理念をめぐり議論された。続いて 1987 年 11 月に
開かれた首都新聞学会主催の新聞改革討論会では，旧来の新聞観の欠陥に
ついて「新聞が党のものであるという顔を強調しすぎる一方，新聞も人民
のものでもあるというもう 1 つの顔を軽視している；党機関紙を主体とす
る一元的新聞体制が長く維持してきた；新聞がただの党の宣伝道具として
機能してきた；新聞が党の指導を受ける一方で，党を監視できない」[4] と
指摘された。このような新聞の機能や新聞の体制をめぐる改革の議論を背
景に，新聞界では様々な改革の実践的試みが行われた。広東省の党機関紙・
『南方日報』を事例とすると，同紙は 1980 年代初めからいち早く批判報道
の掲載を始めた。1981 年から 1982 年にかけて，『南方日報』は当時の広
東省内の深刻な密輸の現象に注目し，密輸に関わる地方幹部の腐敗を暴露，
批判する記事をたくさん掲載した。その中に最も有名なのは元広東省海豊
県県長・王仲充が職権を利用し，密輸人に便宜を提供した行為を批判した
ものがあった。1988 年に同紙の編集委員会は紙面の中で党の会議，政策，
活動を宣伝する記事だけを掲載するではなく，一年間に少なくとも 8 本の
批判報道をトップ紙面で載せるべきだという報道方針を社内で定めた[5]。
「興論監督」版が登場した原因には次の 3 点があると考えられる。第 1 は
メディアの市場競争によるものである。改革開放以前のすべての報道機関
は政府の財政予算によって賄われたため，党と政府の宣伝道具としての機
能を果たしてきた。一方，改革開放以降，メディア社の赤字を直面した中
央政府は財政の負担を耐えられなくなったため，メディア社の市場的経営
を許可するようになった。これを背景に，新聞は市場競争の中で読者を獲
得するために，過去のような党の宣伝報道を中心とした報道内容が読者を
満足させなくなり，読者のニーズに合わせる内容を積極的に載せざるを得
なくなった。そのため，「興論監督」版の発行は党機関紙が市場競争の中
で勝ち抜くために，読者のニーズを重視した結果である。第 2 は民衆から

の要求である。改革開放以降，人々の生活様式や考え方が大きく変化したため，民衆は新聞の新たな機能を求めるようになった。1980 年代に入り，新聞界は言論の自由や報道の自由及び党や政府の不正に対するメディアの批判・監視の自由権を獲得するための「新聞法」の立法を呼び掛けた。また 1986 年から 1987 年にかけての学生運動及び 1989 年の天安門事件まで発展した民主化運動は，いずれも「新聞報道の自由」，「言論の自由」を訴えた。当時の人々は党や政府及び社会の不正を自由に監視，批判できる権利を求めていた。第 3 は党の政策の緩和である。第 2 章でも分析したように，1985 年に元党総書記・胡耀邦はメディアが党の代弁道具だけでなく，人民の代弁者でもあるべきと述べた。さらに 1987 年の党の第 13 回大会では，党は党や政府の不正及び社会問題に対するメディアの批判機能の発揮を積極的に認めていた。そのため，「輿論監督」版の発行は党からの支持を得ていたといっても過言ではない。

「輿論監督」版では掲載された記事内容は党や政府幹部の官僚主義，特権の現象を批判するものが中心であった。これは 1987 年に開かれた党の第 13 回大会で党が期待していた幹部の官僚主義に対するメディアの批判機能の発揮と一致している。1987 年に黒龍江省で発生した大規模な森林火災事故の中で地元幹部の官僚主義，職務怠慢の行為に対して『中国青年報』は「赤色の警告」，「黒色の嘆き」，「緑色の悲しみ」と題したシリーズの批判報道を掲載した。また同年に『人民日報』は元山西省太原市委書記が特権を利用し，公安警察の職務を妨害した行為を批判した。さらに 1988 年に『農民日報』は元河南省交通庁庁長・劉松柏の形式主義の行為に対して批判を行った。

　以上のように，改革開放以降，批判報道の掲載を最初に試みた党機関紙の「輿論監督」版は，党の宣伝メディアという従来の機能を打破するための報道改革の中で登場したのである。「輿論監督」版は当時の党中央の期待に応えるために党や政府の幹部の官僚主義や職権濫用の行為を中心に批判を行っていた。そのため，「輿論監督」版は，政治性の強い報道価値を反映していることがうかがえる。

2 党の報道「禁区」の突破

中国のメディア報道において「禁区」と呼ばれる報道のタブーがたくさんある。例を挙げると，党指導者の私生活，チベット問題，民族と宗教問題，軍事関連などのテーマに関する報道は中国のメディア報道の「禁区」とされている。

この時期の批判報道は，従来の中国メディア報道の2つの「禁区」を突破した。1つは「喜ばしいことを報道し，悲しいことを報道しない（中国語原文：報喜不報憂)」という禁区を突破したことである。もう1つは「中下級幹部を批判し，高級幹部を批判しない（中国語原文：只打蒼蝿不打老虎)」という禁区を突破したことである。

「喜ばしいことを報道し，悲しいことを報道しない」という禁区は，要するにメディアは重大な災難事故や社会事件を報じてはいけないこと，またやむを得ず報道を行う時もメディアは党，政府と軍隊の迅速な救助及び救助を行う「英雄人物」の活動を中心に報じることである。改革開放以前の中国メディアは長い間災難，事故，犯罪及び社会問題などのマイナスニュースをプラス宣伝のように報道してきた。例えば，1970年1月5日に雲南省通海で1万5000人以上の死者が出た震度7.7級の大地震が発生した。この地震を最初に報じたのは，翌日に地元の『雲南日報』が掲載した「わが省昆明市の南地域で強い地震が発生した」と題したわずか100字前後の短い記事であった。記事の中で「昆明市の南地域で7級の地震が発生した。地元の人民が毛沢東思想の導きによって，自立自足で自然災害から立ち直ると決意した」と報じられたが，地震の正確な震度，発生地域，死傷状況などの情報を一切伝えなかった[6]。その原因は党指導部にとって以上のようなマイナスニュースを報道すると，社会主義の「輝かしいイメージ」に傷をつけることになり，さらに西側諸国の社会主義の優越性に対する攻撃の口実になることにある[7]。それは1950年4月に中央政府が公布した「生産救助報道に関する指示」の中で「救助工作に関する報道の中心は，直ちに救助の成績と経験に移転すべきであり，災害による被害状況などに置くべきではない。（中略）被害状況を中心に伝える報道は悲観的，失望の感情を喚起し，さらに帝国主義が被害を誇張しデマを飛ばす口実になる」[8]と

規定したからである。

　一方，これを突破したのは 1987 年に発生した黒龍江省の森林火災をめ
ぐる批判報道であった。建国以来の最大規模の山火事と言われた黒龍江省
の森林火災により焼失面積は 100 万ヘクタールに達し，5 万人以上の被害
者が出たほか，直接的な経済損失額は 5 億元にのぼった。火災発生後，多
くのメディアは，地元現場の管理の欠陥及び地方政府の官僚主義，対応の
遅れなどに対し集中的に批判を行った。『中国青年報』は「赤色の警告」
と題した記事の中で，火災の原因に現場労働者のマニュアルや規定に違反
した行為，森林管理体制の欠陥及び地方幹部の責任感の欠如，自己保全な
どの官僚主義の行為があると追究した。『人民日報』は自社の社説・「断固
として持続的に官僚主義と闘う」の中で，地元幹部の官僚主義の気風が深
刻であることについて指摘した。

「中下級幹部を批判し，高級幹部を批判しない（中国語原文：只打蒼蠅不打老
虎）」という禁区を突破したのは，同じ 1987 年の黒龍江省の森林火災報道
であった。「中下級幹部を批判し，高級幹部を批判しない」という禁区は，
要するに各級のメディアは地元の党政機関のトップである党委書記を批判
してはいけない，副職の幹部及び下級幹部を批判できること；県，区及
び農村基層レベルの下級の幹部を批判でき，省，直轄市ないし中央レベル
の上級の幹部を批判してはいけないことである。この禁区は 1953 年に広
西省宜山県党機関紙・『宜山農民報』が地元のトップ・県党委書記を批判
したことに由来する。同紙は 1953 年 3 月 4 日付きの社説の中で県党委書
記をはじめとする地元の県党委員会の不正を批判したことに対し，3 月 19
日に党中央宣伝部は「党機関紙は上級部門の許可なしに勝手に同級の党委
員会を批判してはいけない；新聞の紙面では党委員会との論争も禁じる」[9]
という指導意見を出した。これにより，過去の長い間に中国メディアは自
分と同じレベルかつ自分より上級の党政機関を批判することが禁じられて
いた。

　一方，黒龍江省森林火災報道の中で，メディアは火災の最高責任機関で
ある国家林業部の職責の欠如，官僚主義の気風を中心に批判を行った。こ
れは当時の中国メディアにとって，中央レベルの党政機関を自主的に批判

することがきわめて大胆な挑戦であると言える。『経済日報』は「評論：官僚主義による悪い報い」という評論記事を掲載し，国家林業部の職務怠慢及び官僚主義の行為を厳しく批判した。また『中国青年報』は「赤色の警告」，「黒色の嘆き」，「緑色の悲しみ」と題したシリーズの火災報道を掲載し，国家林業部の森林管理体制の欠陥に対して批判を行った。『人民日報』も「国務院の全体会議における林業部部長・楊鐘への免職決定」，「各級の検察機関による職務怠慢，重大責任事故への取り締まり案」と題した記事を載せ，党の高級幹部に対する行政懲罰，取り締まりの経緯を詳細に披露した。党の高級幹部の不正に対する批判報道の掲載は，当時の中国メディアにとって初めての挑戦である。

　以上のように，この時期にメディアは，従来の党が設けた「喜ばしいことを報道し，悲しいことを報道しない」という禁区及び「中下級幹部を批判し，高級幹部を批判しない」という禁区を突破して批判報道を行っていた。

3　記者のプロフェッショナル報道意識の目覚め

　この時期の批判報道の中で，現場取材及び報道の客観性を重視する記者のプロフェッショナル報道意識の目覚めが見られた。

　1987年に発生した黒龍江省森林火災報道を例とすると，記者は過去の新華社の「通稿」を転載するという報道パターンを突破し，自ら現場で取材を行うようになった。新華社の「通稿」はいわば党・政府の統一見解を配信する記事であり，中央指導者の発言や重大な事件を報道する際に，中国の各メディアは原則としてそれを転載しなければならないものである。従来に重大な災難事故を報じる際に，各地のメディアは新華社の「通稿」を掲載するのは慣例である。しかし，1987年の黒龍江省の森林火災報道の中で，『中国青年報』，『経済日報』，『解放軍報』，中国通信社などの全国各地の報道機関は200名以上の記者を派遣し，現地取材を行った[10]。多くの記者は地元幹部による取材妨害を受けたにもかかわらず，現場取材を続けていた。こうした現場取材に基づき，記者は火災現場の様子，被害状況，被災者の現状，火災の原因，事故への反省などの各方面から火災の全貌を伝えることができた。例えば，新華社は「消息：大興安嶺火災現場での目

撃記録」,『人民日報』は「林業部が森林火災により焼失面積は 65 万ヘクタールに達し,直接な経済損失額が約 5 億元にのぼったと公表した」,「心配しないで,祖国同胞：大興安嶺被災区での見聞」,「記者評論：大自然による懲罰」などの記事を掲載し火災の状況を全面的に報じた。

　また報道の客観性を求めるために,記者らは政府機関の情報に頼らず,現場の情報をもとに火災の状況を報じた。『人民日報』の記者・魏亜南は地元の黒龍江省の救助指揮部による火災の原因の説明に疑問を持ち,独自取材によって火災が現場労働者のタバコの不始末,地元幹部の職務怠慢によるものであると追及した [11]。彼は自らの現地取材に基づき作成した「大興安嶺での闘争と反省」という記事の中で,現地の人々の証言を引用し火災後の地元幹部が即時に上級部門に支援を申請しなかった行為を暴露した。『中国青年報』の記者らは地元政府による火災情報の通達状況,火災拡大後の地元幹部の活動,地元政府が如何に火災の真相を隠ぺいし,支援を拒否したのか,地元住民の住宅が大きな被害を受けたにもかかわらずなぜ地元のトップ・県長の住宅を保全できたのかなどについて現地取材を実施した [12]。同紙の記者は「赤色の警告」,「黒色の嘆き」と題した記事を作成し,現地住民が「なぜ県長の住宅が燃えない,県委書記の財産が移転できたか」と怒りや不満を爆発した様子を如実に伝えた。

第 2 節　メディアの宣伝機能の衰退期における批判報道

　1989 年の天安門事件により一時的に停滞していた批判報道の掲載は,1992 年に鄧小平が南巡講話の中で市場経済のより一層の推進を呼びかけたとともに再開した。本節では 1992 年から 2002 年までの,メディアの宣伝機能の衰退の兆候が見られたこの時期において,メディアによる批判報道の展開を考察する。

1　「都市報」による批判報道

　本項では 1992 年以降登場した批判報道を大々的に取り上げていた新たな新聞紙,「都市報」の現象に注目する。

第 3 章　中国メディアによる批判報道の展開の経緯

　1995 年 1 月に四川省党機関紙・『四川日報』は全国初の「都市報」・『華西都市報』を創刊したことをきっかけに，全国各地で「都市報」の創刊ブームが巻き起こった。湖北省の『楚天都市報』，湖南省の『三湘都市報』，河北省の『燕趙都市報』，福建省の『海峡都市報』，広東省の『南方都市報』などの新聞紙が相次いで創刊された。

　それでは「都市報」が一体どういった目的で創刊されたのか，相変わらず党の宣伝メディアという機能を中心に担わされているか。まず「都市報」が激しい新聞市場の競争から生まれ，親新聞である党機関紙の収入を補う役割を期待されていた。『南方都市報』を事例とすると，1997 年に同紙が創刊された背景には他紙との厳しい競争の中で親新聞である『南方日報』が経営不振に陥ったことがあった。広州市の新聞界では，1980 年代から夕刊紙・『羊城晩報』の復刊，『南方週末』の創刊などに伴い，新聞間の競争が早くも熾烈さを増していた。1992 年以降，鄧小平の南巡講話により，急速な市場経済化が進んでいた中で，広州のメディア業界は『南方日報』，『羊城晩報』，『広州日報』の三社鼎立の競争局面を迎えた。一方，『南方日報』社は 1980 年代から多角経営に積極的に取り組んできたが，1994 年になると，各種事業は経営不振に陥った。こうした財政面での危機を乗り越えるためには，『羊城晩報』，『広州日報』との競争に勝てるような，『南方日報』は広州そして周辺の珠江地域の都市住民を狙う新しい種類の新聞・『南方都市報』を創刊しなければならなかった。要するに『南方都市報』は，市場競争の中で劣位にあった『南方日報』を助ける任務を担わされたと言える。次に，このように親新聞である党機関紙の収入を補うために創刊された「都市報」は，党機関紙と同じように党の活動を宣伝する内容を中心に掲載するわけではない。その報道理念及び読者層から見れば，「都市報」は党の宣伝機関として活動することを目指しているわけではないことが分かる。「都市報」は「党機関紙によって創刊され，都市及び都市周辺の住民に向け，主として市民の生活を反映し市民にサービスを提供する総合的な新聞である」[13] と定義付けられている。つまり，「都市報」は都市及び地域の住民の読者層に向ける，市民へのサービス志向の新聞である。例えば，『華西都市報』は自身を「都市部の広範な市民に向けて千万戸の家庭

に入る市民生活紙」として位置付けた。『燕趙都市報』は「庶民のために新聞を作り，庶民に愛読させる」，『楚天都市報』は「市民のニーズに応え，市民の難問を解く」[14] という報道理念をそれぞれに掲げた。このような報道理念のもと，『華西都市報』は市民に向けて生活情報の提供を目的とする「市民生活版」を設けた。『楚天都市報』は一般市民に消費情報を提供するための「消費広場」欄及び，就職情報を提供するための「就業助言」欄を開設した。このような市民へのサービス志向の報道理念は「都市報」にとって激しい新聞市場競争の中で勝ち抜くための唯一の手段である。

以上のような「都市報」の創刊経緯及びその報道理念から見れば，「都市報」にはメディアの宣伝機能の衰退の兆候が見られた。

各地の「都市報」は創刊後，党の宣伝メディアという機能を中心に担う義務がないため，社会ニュースを中心に掲載するようなった。『華西都市報』は創刊直後，第1紙面の報道内容を社会ニュース，経済ニュースと市民生活関連のニュース，文化スポーツニュースと国内外の大事件のニュース3つのブロックに分けるという編集方針を決めた[15]。多くの「都市報」は犯罪，殺人などの社会事件，社会問題及び社会の不正を積極的に取り上げ，批判報道を大々的に掲載している。『華西都市報』の元編集長・席文挙は自社の報道理念について「打蒼蠅，抓生活（批判の対象を社会の不正，中下級幹部及び市民の生活に密接する社会問題に集中する）」と述べた[16]。「都市報」の批判報道の内容は主に以下のとおりである。

まず市場経済領域の中の不正行為に対する批判である。1992年以降急速な市場経済の発展に伴い，悪徳な業者や個人によるコピー商品，悪質製品の生産・販売，利益至上信条による経済や社会秩序への混乱現象，背信行為や違法行為も蔓延している。これに対し，「都市報」は批判報道の展開に積極的に取り組んでいた。例えば，『華西都市報』は1994年に，上海のある商品メーカが地元成都市での博覧会の開催を口実に，実に悪質な偽商品の販売を行った行為を暴露し，地元市民の中で大きな反響を呼んだ。同年に『三秦都市報』は市民生活に密着する農産物の自由市場の中の詐欺現象に注目し，紙面の中で不法卸売商人の詐欺行為を暴露するための専門コラムを設けた。また1996年に同紙は10名の記者を派遣し，地元の西安

市内のバス市場における価格独占，価格詐欺などの不正行為に対し現地取材を行った。『大河報』は 1997 年に，地元河南省の偽薬品の市場流通に注目し，地元農民による偽薬品の製造，販売の悪質な不正行為を暴露した。

次に社会領域の中の不正や問題に対する批判である。1992 年より急速な市場経済の発展が遂げている一方，社会貧富や地域の格差，社会道徳やモラルの低下，殺人などの犯罪などの，社会問題も深刻化している。「都市報」はこのような社会の不正や問題に対する批判報道を積極的に行っている。例を挙げると，『華西都市報』は 1995 年に社会ニュース欄の中で，四川省出身の女性出稼ぎ労働者が受けた残忍な虐待事件，及び地元成都市の一般市民が医療事故により亡くなった事件などを暴露した。中でも最も有名なのは，1995 年 11 月から 1996 年 2 月にかけて四川省で発生した連続児童誘拐事件に関する暴露報道であった。同紙は「ニュース追跡」欄においてこの事件を大きく取り上げ，事件の発覚から解決まで連続して報じた。

以上のように「都市報」は社会転換期の中の経済領域，社会領域における様々な不正や問題に焦点を当て批判を行っていたため，社会性の強い報道価値を反映していることがうかがえる。

2 調査報道ブーム

1990 年代半ば以降，調査報道（Investigative Journalism）は批判報道を行うための報道手法の 1 つとして大ブームになった。有名な調査報道は 1996 年に『南方週末』が中国エイズ感染の実態を暴いた記事（『南方週末』，1996 年 11 月 19 日），2000 年に雑誌『財経』が中国金融，証券市場の裏取引行為を暴露した記事（『財経』，2000 年 10 月 8 日），及び 2002 年に『中国経済時報』が北京市タクシー市場管理の欠陥を暴いた記事（『中国経済時報』，2002 年 12 月 6 日）などがある。

調査報道は 3 つの基本要素を有している。第 1 は不祥事，犯罪，官僚腐敗及び権力機関の不正を暴露し，事件の真相を突き止めていくものである。第 2 は取材側が主体性と独立性を持ち，警察・検察や行政官庁，企業側などからの情報によるリーク，広報，プレスリリースなどからだけの情報に

頼らず，様々なソースから情報を積み上げていくものである。第3は時間やコスト，労力がかかり，且つ大きな危険性を持つものである[17]。要するに，調査報道の中に真相の追究及び取材の自主性が最も要求されている。

1990年後半以降，「都市報」は調査報道という手段を使い，様々な党政幹部の不正及び社会問題の真相を暴露した。例を挙げると，1995年頃中国河南省の一部の農村地域ではエイズ感染が深刻化していた。その原因には貧困に苦しむ多くの地元農民が生活費を得ようとするために，地元病院と衛生機関によるずさんな管理のもとで行われていた売血に走ったことがある。こうした事態の真相を地元河南省のメディアは全く報じなかった（Wang, 2003; Tong, 2011）。この真相を全国で最初に暴いたのは広東省の『南方週末』紙であった。1996年11月19日付きの同紙のトップ紙面に載せられた「エイズウイルスが中国にある」と題した記事は，全国で初めて河南省のエイズ感染の真相を暴いたものである。また2001年に広西省南丹県では88人の死者が出た大規模な炭鉱事故が発生したが，県長，副県長などの地元幹部と炭鉱主が結託して事件の真相を隠ぺいした。この事件の真相を暴露したのは『人民日報』による調査報道の掲載であった。『人民日報』の記者は地元メディアの協力を得て現地取材を行い，88人の死者が出た真相をようやく暴露できた。それをきっかけに，『南方週末』，『南方都市報』，『新京報』などの全国の有力紙が独自の取材を行い，地元幹部と炭鉱主による「官商癒着」の真相を相次いで暴露した。

他方，調査報道は情報源，取材の独立性と自主性が求められている。まず各紙は政府機関などの公的情報に頼らず，独自の情報源の入手に工夫している。例えば，各新聞は読者に向けて情報源を提供するためのホットラインやコラムを相次いで設けた。『南方都市報』は2001年に，一般市民や読者から寄せた情報源を受け付けるための専門窓口を設置した。多くのメディア社が独自の情報源をもとに調査報道を行っている。2001年の広西省南丹炭鉱事故報道は，地元南寧市の一般市民から提供した情報をもとに行われたものである。そのほか，『南方都市報』の「孫志剛事件」報道は，同紙の陳峰記者があるネットユーザからの情報をもとに，広州市内の収容所で暴行を受け死亡した孫志剛事件の詳細な経緯を報じたものである。次

に，記者は自主性のある取材に努めている。例を挙げると，2001 年に広
西省南丹県で発生した炭鉱事故の中で，地元政府と炭鉱主は結託して記者
を恐喝するために暴力団を雇い，彼らの取材活動を妨害した。記者らはそ
れを乗り越えて，匿名の取材，警察同行，現場労働者に成りすますなどの
手段を利用し，現地で約 1 カ月間の取材を続けた [18]。また 2002 年，『中
国経済時報』の記者・王克勤は 100 名以上のタクシー運転手を対象にイン
タビュー，家庭訪問，座談会及び同行体験などの半年間に亘る取材活動を
行い，北京市場のタクシー業界の管理体制の欠陥を暴露した記事を作成し
た [19]。

3　メディアによる監視の自主性の向上

「都市報」の批判報道は 1980 年代の党機関紙の「興論監督」版と比べて
みると，メディアによる監視の自主性が高まっていることが明らかであ
る。1980 年代の党機関紙の「興論監督」版は，党機関紙としての政治的
優位性を有するため，党政幹部の官僚主義，特権現象を中心に批判を行っ
た。すなわち，党機関紙の「興論監督」版は党委を代表して上から下に対
する監視の性格が強いことが分かった。それに比べ，「都市報」は党機関
紙のような政治的優位性を持たず，下から上への自主的に監視する強い性
格を持っていると言える。

その背景には，1990 年代末期から 2000 年代初めにかけて「都市報」は
「主流化する新聞になろう」[20] という新しい目標を挙げ，報道改革を行っ
たことがある。1997 年 3 月に，『華西都市報』は地元成都市での他社の「都
市報」との競争及び全国の新聞市場の厳しい競争に直面し，「主流のメディ
ア作りに向けて邁進する」という新しい発展目標を掲げた。『南方都市報』
も 2001 年に行ったそれまでの 48 紙面から 72 紙面にまで拡大した紙面改
革を機に「中国の最も良い新聞紙を作ろう」という社是を掲げ，「主流化」
を目指す報道改革を推進した。「都市報」が「主流化」を目指す背景には
以下の 2 点を挙げられる。1 つ目は「都市報」の「同質化」現象である。「都
市報」は創刊後まもなく，メディア市場で大きな成功を収めたことが中国
メディア業界で大きな反響を呼んだ。その結果，各地の新聞社が相次いで

「都市報」を創刊し，あるいは「都市報」の経営方法から，報道理念，紙面づくりまですべてまねをしていた。その結果，各地の「都市報」の報道内容の複製，模倣と呼ばれた「同質化」現象が起きた。2つ目は「都市報」の報道質の低下である。「都市報」の急増は市場競争の熾烈さを増し，悪質な競争の行為をもたらした。一部の「都市報」は苦境を打開するために手段を選ばず，やらせ報道，偽ニュース，センセーショナルな内容を中心に掲載していた。これが「都市報」全体に大きなマイナスなイメージを与えた。

「主流化」を目指す報道改革の流れの中，「都市報」は自らのイメージや社会的責任を向上させるために，批判報道の掲載を1つの手段として積極的に取り上げていた。これらの批判報道の中で「都市報」は党や社会の不正に対して自主的に監視を行うという特徴を持っている。具体的な批判内容は以下のとおりである。

まず，「都市報」は，党政幹部の不正を中心に批判を行っている。例えば，1997年8月に飲酒運転をしていた河南省鄭州市公安局局長・張金柱が，自転車に乗っていた地元住民をはね，また当住民を車で引きずったまま逃走を図ろうとした事件を起こした。多くの市民は張のひき逃げ行為に怒りを爆発し，「公安警察のくずを懲罰しろ」との声をあげた。事件発生後，地元の「都市報」・『大河報』は多くの市民の関心に応え，張の死刑判決が出るまでの4か月に渡って事件を続報した。『大河報』の報道をきっかけに，『南方週末』，中央テレビ局の「焦点訪談」番組などの全国の報道機関は事件の詳細について報道した結果，中国社会では大きな反響を呼んだ。『大河報』の元編集長・馬雲龍は「もしこの報道を中国メディアの進歩のしるしの1つとして見なすならば，それはメディアがかつてなく社会に介入し，自主的に政府や社会を監視する力を持つようになっていることである」[21]と述べた。

次に，「都市報」は社会の重大な事件や突発的事件[22]に対して，党の報道方針を突破し積極的に批判報道を掲載している。突発的事件報道は従来に党と政府によって厳しく規制されてきた。第1節で述べたように，改革開放以前の災害報道には「喜ばしいことを報道し，悲しいことを報道しな

80

い（中国語原文：報喜不報憂）」という報道禁区があったため，災害報道が党の新聞紀律の枠内で行わなければならない。改革開放後，党は突発的事件の報道政策を緩めつつあるが，依然として慎重な姿勢を崩していない。例えば，1989年1月28日に国務院弁公庁と党中央宣伝部が共同で公布した「突発的事件報道の改善に関する通達」の中で，「突発的事件報道に対して十分に慎重な対応を行わなければならない。報道内容は必ず正確で真実である。また社会の安定団結に有利するという前提条件付きで，報道のタイムリーも重んじるわけである。事実をはっきりしないまま，また上級の機関の許可を得ずに先に報道してはいけない」[23)]と規定された。

一方，「都市報」は突発的事件報道に対する党の様々な規制を突破し，事故の中の被害状況や事件の中の不正行為を積極的に暴露している。2000年12月25日に河南省洛陽市の商業ビルの火災により309人の死者が出た大惨事が発生した。地元の『大河報』は事件発生後の翌日に火災の被害状況を速報し，また火災が政府機関の管理の緩め，職務怠慢及び安全管理意識の低下によるものだと追及した。また2000年12月に山西省河津市で炭鉱のガス爆発事故が発生し，44人の死者が出た。地元の「都市報」・『華商報』は炭鉱側が事故の死傷の真相を隠ぺいした行為，また記者が取材中に受けた炭鉱側による暴力，恐喝の行為を全国で初めて暴露した。この報道をきっかけに，全国の30社以上の報道機関は事故に大きな関心を集め，事故の詳細を続報した。引き続き，2002年6月に『華商報』は，地元山西省繁峙県で発生した46人の死者が出た炭鉱事故を全国で初めて披露し，また炭鉱側が真相を隠ぺいするための死体焼失，死体遺棄などの非道な行為を暴露した。

第3節　メディアの宣伝機能からの脱去期における批判報道

2003年以降，中国メディア界では「民生ニュース」が批判報道を行う新しい主体として登場した。本節では「民生ニュース」現象に注目し，2003年から現在に至るまでいわゆるメディアの宣伝機能からの脱去期における批判報道の実態について考察する。

1 「民生ニュース」による批判報道

　2002年1月に江蘇省テレビ局は「ニュースの庶民化」，「民生ニュース」という新しい報道理念を掲げる「南京零距離」番組を放送することをきっかけに，2003年より中国メディア界では「民生ニュース」の爆発な発展期を迎えた。湖南省テレビ局の「都市第一時間」番組，安徽省テレビ局の「第一時間」番組，『三秦都市報』紙の「民生」，「民情」版，『南方都市報』紙の「民生・ホットライン」版が相次いで開設された。

「民生ニュース」に関して中国国内において様々な定義や解釈がある。まず，ニュースのスタイルから見れば「民衆の視角を持ち，民衆の立場に立ち，民衆にとって興味性，読み応えのあるニュースである。こうしたニュースは民衆の関心事を評論し，民衆の悩みや問題を解決する。政治ニュース，経済ニュース，社会ニュースなどと異なる新しいスタイルのニュースである」[24] と定義付けられる。次に，ニュースの内容から見れば，「普通の人々の暮らしや生活の状態に関心を持ち，彼らの日常生活や仕事ぶりに注目し，それをストーリ化して報じる。社会ニュースと違い，民生への関心を立脚点にし，一般の人々がニュースの主役となり，民衆に強い親近感を持つものである」[25] と定義された。つまり，「民生ニュース」とは社会事件や社会問題に注目する社会ニュースと違い，人々の生き様と本来の暮らしの状態に報道の焦点を当てるニュースのことである。さらに「民生ニュース」は「民衆の視角，民生内容，民衆本位の報道価値」[26] という特徴を持つ。以上の定義により，「民主ニュース」においてメディアの宣伝機能の脱却の兆しが以下の2点に現れている。

　1点目としては，「民生ニュース」は民衆本位の報道価値を示していることである。従来のメディアの宣伝報道はすなわち，党の活動に対する宣伝本位の報道理念のもと，党の宣伝道具としての役割を果たすものである。一方，「民生ニュース」は民衆本位の報道視角を持ち，一般民衆の衣，食，住，行に関わることや，彼らの関心事や生活，利益に密接に結び付く出来事を中心に報じるものである。さらに一般民衆がニュースの主役となり，彼らの生活や暮らしの状況，訴えをありのまま記録し，反映させることを報道のスタイルとする。例えば，「民生ニュース」の放送を行う・「南

京零距離」番組は「社会の中の一般庶民に注目し，彼らの暮らしの様子の再現が番組の第一要義であり，日常生活の中の一般庶民，個人がニュースに登場し，主役になる」[27]という報道理念を掲げた。2点目としては「民生ニュース」は民衆の発言権を高めることである。従来の政治宣伝報道は党及び国家機関の政策や活動，指導者らの発言を報じるものが中心であった。一方，「民生ニュース」は一般民衆の発言や意見をより多く取り上げ，彼らの発言権を高めることを目指す。現在，多くの「民生ニュース」番組や新聞の「民生」版は，民衆が直接に参加，討論，発言できるために，電話中継，24時間に及ぶ読者や視聴者の電話，投稿，メールの受付などの様々な手段を利用している。こうして「民生ニュース」は番組や報道の中で民衆が積極的に参加し，自らの意見や観点を述べることができる場を提供している。

「民生ニュース」の批判報道は以下の特徴を持つ。まず，批判内容から見れば「民生ニュース」は民衆の日常生活や利益に結び付く様々な社会問題を取り上げ，それに対する報道の「庶民化」，つまり民衆に親しまれるという目標を目指す。例えば，『南方週末』の2003年か2006年までの「民生」版で掲載された記事に対する内容分析を行った結果，同紙の批判内容は民衆の利益と密接に結び付く不動産，医療，交通，食品，教育，通信，金融保険，公共政策などの領域の不正に対するものが中心であった[28]。また『南方都市報』は2005年に広州市の住民の生活に支障をきたす広州市駅周辺の治安混乱の現象に対する，特集報道を掲載した。有名なのは「広州駅：22年間にわたる混乱と管理」(『南方都市報』，2005年9月20日)と題した記事がある。次に，ニュースの価値から見れば，「民生ニュース」は一般民衆や社会の弱者に注目し，彼らの生活や暮らしの状況，苦しみを伝え，民衆本位の価値観を反映している。例を挙げると，『南方週末』の2005年から2007年までの「民生」版で掲載された記事は，主に出稼ぎ労働者及び彼らの家族，農民，体の不自由や重病患者，農村の非正規教師，貧困大学生，孤児，ホームレス，都市部のリストラ労働者などの社会弱者に注目していた[29]。有名なのは，未払い賃金を求める出稼ぎ労働者の辛さ，苦境を反映する記事・「農民の8年間の未払い賃金を求めてきた道」(『南方週末』，

2005 年 1 月 13 日)，出稼ぎ労働者家族の暮らしの辛さ，苦しみを反映する記事・「出稼ぎ労働者の妻たち」(『南方週末』，2005 年 5 月 5 日) などがある。最後に批判の手段から見れば，「民生ニュース」は一般民衆の利益表出の権利，監視と批判の権利を保護するための様々な手段を使っている。例えば，天津テレビ局の「都市を報じる 60 分間」という番組の中で視聴者は，電話やメールなどの手段を利用し，番組に参加することができた。2007 年から 2008 年までに同番組は受け付けた視聴者からの電話やメールの数が 84,000 通に上り，平均として 1 日当たり 233 通に達していた[30]。『南方都市報』も 2004 年から一般読者が直接に意見を述べるためのコラムや読者の投稿を掲載するための「個論」欄，「街談」欄，「衆論」欄，「批評与意見」欄などを紙面の中で相次いで開設した。

　以上のように，「民生ニュース」の中にはメディアの宣伝機能からの脱却の兆しが見られている。また「民生ニュース」による批判報道が強い民衆本位の報道価値を示していることがうかがえる。

2 「民生ニュース」の批判報道の公共性

　近年，「民生ニュース」は「小民生」から「大民生」へという報道理念の変化により大きな転換期を迎えた。「小民生」は普通庶民の生活や暮らしの状況を反映し，一般民衆の衣，食，住，行に関わることに注目する報道理念である[31]。一方，「大民生」は一般民衆の生活や暮らしの状態に注目するだけではなく，民衆の生活にも影響を与える経済，社会の発展，政府政策，政治時事の変動にも注目し，民衆の視角を持って報道する理念である。例えば，民衆の暮らしに密接に関わる金融，不動産，教育，医療保険，社会保障，食品安全などの分野に関するニュースや，政府の政策や経済ニュース，社会ニュース，政治時事ニュースなどがある[32]。「大民生」という理念のもと，各地の新聞やテレビ局は新しい「民生ニュース」版や番組を相次いで開設した。『南方週末』は 2007 年に国内外の政治時事の報道を増やす紙面改革を行った。2009 年に南京テレビ局は元の地域性の強い「南京零距離」という番組の内容を拡大し，全国の視聴者に向ける「零距離」という新番組を開設した。湖北省経済テレビ局も「大民生」の報道理念を

掲げる「経済直播（経済テレビ局の生中継）」という新番組を開設した。同番組は開設後まもなく，湖北省地域で最も視聴率が高い番組となった[33]。

　以上のような「民生ニュース」の報道理念の変化により，「大民生」の理念下のニュースの中で公共性の表れが顕著である。

　まずニュースの中で公共利益を重視する報道価値が表れている。「大民生ニュース」は社会資源分配の不平等，教育の不公正，医療費の高額問題，食品安全問題，物価の上昇，社会保障制度の不備などの公共利益に関わるテーマや話題に注目している。例えば，『南方週末』は中国の「農村・農民・農業三農」問題[34]に最も早く注目した報道機関の1つである。同紙は農村基層レベルの民主自治問題，農村経済構造の欠陥，農村基層幹部の腐敗問題，農村非正規教師の待遇問題，農村の「留守児童」問題[35]，「農民工」（出稼ぎ農民）の賃金不払いなどの様々な問題に対して批判を行ってきた[36]。また近年，中国メディアは食品，薬品の安全問題に対して積極的に監視機能を果たしている。有名なのは2004年の安徽省阜陽偽粉ミルク事件，2006年の元国家医薬管理局長・鄭篠萸の死刑を問われた偽薬品事件，2008年の「三鹿」汚染粉ミルク事件，2010年のリサイクル食用油事件，2011年の「痩肉精豚」事件（豚肉に塩酸クレンブテロールなどの薬品を注入する事件）に対するメディアの批判報道があった。多くのメディアは党政幹部，社会個人，企業などの不正行為を批判するだけではなく，民衆の公共利益に最も関わる政府の食品安全や医薬の管理政策，体制の欠陥にも批判の姿勢を示した。『南方週末』は「三鹿」汚染粉ミルク事件をめぐる報道の中で，政府の食品安全管理基準・監視政策の欠陥を指摘した（『南方週末』，2008年11月6日）。

　次に，ニュースの中では公共の言説空間が現れている。この公共の言説空間の中で，党と政府権力側，企業，社会団体，NGO組織，知識人，読者，視聴者，ホワイトカラー，一般市民などの様々な主体が参加し自らの意見を述べるとともに，お互いにコミュニケーションと対話を行うことができる。近年，「大民生」理念下の「民生ニュース」番組はこのような公共の言説空間を積極的に設置している。現在，多くのテレビ局の「民生ニュース」番組は毎年3月に行われる「両会」の[37]期間中，人民代表，政治協

商委員，視聴者代表などを招き，また電話，メールの受付，インターネットのチャットなどの手段を利用できる公的言説空間を設けている。湖北省テレビ局の「経視直播」番組は 2010 年の「両会」の期間中，就職難，医療費の高額問題，医療保険の不全，法律援助，食品安全，環境汚染問題などの民生に関わる話題を取り上げ，10 回にわたって放送した。番組の中で，省，市級の人民代表，経済，法律，医療の専門家が招かれたほか，電話やメールなどを通じて約 5,000 人の視聴者が参加し，討論や対話を行った [38]。

第 4 節　批判報道に関する記者の認識及び日常の報道活動

　前節で分析したように，改革開放以降，記者の現場取材，報道の自主性及び報道の客観性を求めるプロフェッショナル報道意識が向上していることが明らかである。批判報道の展開が無論，記者のプロフェッショナル報道意識に密接に関わっている。本節ではミクロなアプローチから批判報道をめぐる記者の認識及び日常の報道活動について考察する。分析資料は筆者が 2008 年 12 月及び 2009 年 7 月，2 回にわたり広東省の『南方日報』グループの記者に対するインタビューの記録及びアンケート調査の結果を用いる。

1　調査概要及び記者の基本状況

　筆者は 2008 年 12 月に行った第 1 回の現地調査では，『南方日報』グループ傘下の記者・『南方日報』（3 人），『南方週末』（1 人），『南方都市報』（2 人）にインタビューを実施した。また同グループの記者を対象にアンケート調査を行った結果，20 個の有効サンプルを回収した。続いて第 2 回の現地調査（2009 年 7 月）では『南方日報』グループ管理職（1 人），『南方日報』（2 人），『南方週末』（1 人），『南方都市報』（1 人）にインタビューを実施した。またアンケート調査では 50 個の有効サンプルを回収できた。合計インタビューを行った記者人数が 11 人，アンケート調査の有効サンプル数が 70 個であった。

　記者の基本状況はアンケート調査票をもとに以下の結果となる。

　(1)性別（N=66）の構成比は男性が 74.3 ％（N=52），女性が 20.0 ％（N=14）

である。

(2)年齢（N=68）の構成比は 20 〜 29 歳が 51.4 %（N=36），30 〜 39 歳が 32.9 %（N=23），40 〜 49 歳が 11.4 %（N=8），50 〜 59 歳が 1.4 %（N=1）である。

(3)学歴（N=68）の構成比は短大卒が 1.4 %（N=1），大卒が 61.4 %（N=43），修士学位が 32.9 %（N=23），博士学位が 1.4 %（N=1）である。

(4)担当ニュース（N=66）の構成比は時事・政治ニュースが 27.1 %（N=19），社会ニュースが 38.6 %（N=27），国際ニュースが 2.9 %（N=2），経済ニュースが 15.7 %（N=11），評論が 4.3 %（N=3），娯楽ニュースが 5.7 %（N=4）である。

(5)政治身分（N=69）の構成比は共産党員が 61.4 %（N=43），共産主義青年団員が 8.6 %（N=6），一般群衆[39] が 27.1 %（N=19），そのほかが 1.4 %（N=1）である。

(6)社内身分（N=69）の構成比は正規社員が 65.7 %（N=46），契約社員が 31.4 %（N=22），そのほかが 1.4 %（N=1）である。

(7)職歴年数（N=69）の構成比は 1 〜 2 年が 15.7 %（N=11），3 〜 5 年が 38.6 %（N=27），6 〜 10 年が 20.0 %（N=14），11 〜 15 年が 15.7 %（N=11），16 〜 20 年が 1.4 %（N=1），20 年以上が 7.1 %（N=5）である。

(8)月収（N=67）の構成比は 2000 〜 3000 元が 1.4 %（N=1），3000 〜 4000 元が 8.6 %（N=6），4000 〜 5000 元が 8.6 %（N=6），5000 〜 10000 元が 54.3 %（N=38），10000 元以上が 22.9 %（N=16）である。

(9)社会活動の参加（N=69）の構成比は人民団体メンバーが 1.4 %（N=1），NGO・社会組織メンバーが 7.1 %（N=5），無しが 90.0 %（N=63）である。

(10)入社のきっかけ（N=48）[40] の構成比は大学の就職活動が 60.4 %（N=29），他社からの転職が 22.9 %（N=11），知人からの紹介が 4.2 %（N=2），行政命令の人事異動が 4.2 %（N=2），人脈やコネを通じるが 2.1 %（N=1），そのほかが 6.3 %（N=3）である。

2 批判報道に関する記者の認識

本項ではアンケート調査の結果に基づき，批判報道をめぐる『南方日報』グループの記者の認識について考察する。

(1)記者の批判報道に対する重視度

本調査には，記者の批判報道に対する重視度を把握するための設問として次のようなものがある。

メディアの有する6つの機能：「党政策の宣伝及び興論誘導」，「正義や社会道徳の提唱」，「民衆の知る権利の実現」，「批判と監視」，「情報の伝達及び提供」，「民意表出」がある。以上のメディア機能を重要な順で並べてください（複数回答可）。

その結果は表3-1に示されている。記者は重視度が最も高いとされる第1位に選択したメディア機能は「民衆の知る権利の実現」（32.9%），「批判と監視」（25.7%）の順であることが分かった。それに次ぐ第2位に選択したのは「批判と監視」（37.1%），「民衆の知る権利の実現」（18.6%）及び「民意表出」（18.6%）の順であった。一方，記者は最下位の第5位と第6位に選択した「批判と監視」の割合は両方ともわずか2.9%である。この結果より，『南方日報』グループの記者はメディアの「批判と監視」機能をとても重視していることが分かった。

表3-1　記者の批判報道に対する重視度

記者の批判報道に対する重視度	第1位		第2位		第3位		第4位		第5位		第6位	
メディア機能	N	%	N	%	N	%	N	%	N	%	N	%
党政策の宣伝及び興論誘導	11	15.7	5	7.1	3	4.3	7	10.0	10	14.3	28	40.0
正義や社会道徳の提唱	5	7.1	6	8.6	4	5.7	16	22.9	27	38.6	6	8.6
民衆の知る権利	23	32.9	13	18.6	16	22.9	7	10.0	7	10.0	0	0.0
批判と監視	18	25.7	26	37.1	11	15.7	7	10.0	2	2.9	2	2.9
情報の伝達及び提供	3	4.3	3	4.3	10	14.3	10	14.3	15	21.4	25	35.7
民意表出	7	10.0	13	18.6	22	31.4	18	25.7	3	4.3	3	4.3
NA	3	4.3	4	5.7	4	5.7	5	7.1	6	8.5	6	8.5
合計	70	100	70	100	70	100	70	100	70	100	70	100

(出所)『南方日報』グループ記者へのアンケート調査に基づき、筆者作成。

他方，記者は重視度が最も低いとされる第6位に選択したのは「党政策の宣伝及び興論誘導」（40.0%），「情報の伝達及び提供」（35.7%）の順であることが明らかになった。これと上述の結果を合わせてみると，記者はメディアの「批判と監視」機能を，「党政策の宣伝及び興論誘導」機能より

大いに重要視していると言えるだろう。

(2)記者の批判報道への期待度及び満足度

　本調査では記者の批判報道に対する期待度を把握するために，下記の表
3-2 が示した各対象に対して「どの程度監視する必要があるのか」と質問
している。

表 3-2　以下の対象をどの程度監視する必要があるのか

監視対象	どの程度監視する必要があるか								有効回答数
	非常に必要		ある程度必要		比較的少ない		必要なし		
	N	%	N	%	N	%	N	%	N[1)
地元県・区政府	17	85.0[2)	2	10.0	0	0.0	1	5.0	20
地元市政府	18	90.0	1	5.0	0	0.0	1	5.0	20
地元省政府	14	73.7	4	21.1	1	5.3	0	0.0	19
他地域県・区政府	13	68.4	3	15.8	3	15.8	0	0.0	19
他地域市政府	13	68.4	3	15.8	3	15.8	0	0.0	19
他地域省政府	13	68.4	3	15.8	3	15.8	0	0.0	19
司法機関	16	84.2	2	10.5	1	5.3	0	0.0	19
公安警察	16	84.2	3	15.8	0	0.0	0	0.0	19
人民団体	11	57.9	7	36.8	1	5.3	0	0.0	19
NGO、社会組織	9	47.4	6	31.6	4	21.1	0	0.0	19
企業	12	63.2	5	26.3	2	10.5	0	0.0	19
業界協会	10	52.6	6	31.6	3	15.8	0	0.0	19

(注)　1)　本質問を設問したのは第1回アンケート調査のみであったため、有効サンプル数が20である。
　　　2)　85.0%=17/20 となる。
(出所)『南方日報』グループ記者へのアンケート調査に基づき、筆者作成。

　表 3-2 に示したように，全体的に各対象に対して「非常に必要である」
という回答の割合が一番高い。これは,『南方日報』グループの記者がメディ
アの「批判と監視」機能を大いに重視していることと一致し，いずれの対
象を監視する意識がとても強いことを示している。次に，監視対象の内訳
を見ると，地元と他地域の県・区，市，省レベルの政府及び司法，警察機
関などの公的機関に対して「非常に必要である」との答えの割合は人民団
体，NGO，企業，業界協会の非公的機関に対する場合の回答率より高い
ことが分かった。これより，同グループの記者が非公的機関と比べ，政府
などの公的機関に監視を行う意識が強いことが分かった。また,地元の県・
区，市，省レベルの政府機関に対して「非常に必要である」という回答の

比率は，他地域の政府機関に対する場合の回答率を上回る。つまり，記者は地元政府を監視する意識が他地域の政府機関より強い傾向にあることが明らかになっている。さらに，県・区レベル（85.0%），市レベル（90.0%）の政府機関に対して「非常に必要である」との答えの割合が，省レベルの政府機関に対する場合の割合（73.7%）よりやや高い。要するに，記者は県・区及び市レベルの地位の低い政府機関を，省レベルの地位の高い政府機関より監視する意識がやや強い傾向にあると言える。

　他方，記者の批判報道に対する満足度を把握するために，下記の表 3-3 が示した各対象に対して「実際にどの程度監視しているのか」と設問した。

表 3-3　以下の対象を実際にどの程度監視しているのか

監視対象	実際にどの程度監視しているか								有効回答数
	非常に大きい		比較的大きい		比較的に少ない		全く無し		
	N	%	N	%	N	%	N	%	$N_{1)}$
地元県・区政府	2	10.5$_{2)}$	7	36.8	9	47.4	1	5.3	19
地元市政府	2	10.5	5	26.3	11	57.9	1	5.3	19
地元省政府	1	5.3	3	15.8	13	68.4	2	10.5	19
他地域県・区政府	0	0.0	2	10.5	15	78.9	2	10.5	19
他地域市政府	0	0.0	2	10.5	15	78.9	2	10.5	19
他地域省政府	1	5.3	1	5.3	13	68.4	4	21.1	19
司法機関	0	0.0	5	27.8	10	55.6	3	16.7	18
公安警察	0	0.0	4	22.2	11	61.1	3	16.7	18
人民団体	0	0.0	6	33.3	11	61.1	1	5.6	18
NGO、社会組織	1	5.3	6	31.6	11	57.9	1	5.3	19
企業	0	0.0	12	63.2	6	31.6	1	5.3	19
業界協会	0	0.0	8	42.1	10	52.6	1	5.3	19

（注）1）本質問を設問したのは第 1 回アンケート調査のみであったため、有効サンプル数が 20 である。
　　　2）10.5%=2/19 となる。
（出所）『南方日報』グループ記者へのアンケート調査に基づき、筆者作成。

　表 3-3 に示したように，全体的に各対象に対して「比較的に少ない」との回答の比率が一番高く示している。すなわち，『南方日報』グループの記者は批判報道に対する満足度が低い傾向にあることが分かった。また各対象の内訳を見ると，他地域の県・区，市，省レベル政府機関に対して「比較的に少ない」との回答の割合は地元の政府機関に対する場合の回答率より高い。つまり，同グループの記者は地元の政府機関に比べ，他地域の政府機関への監視に満足していないことが分かった。さらに，各対象に対し

て「比較的に少ない」と答えた割合が高い順に，他地域県・区政府（78.9%），他地域市政府（78.9%），地元省政府（68.4%），他地域省政府（68.4%），人民団体（61.1%），地元市政府（57.9%），NGO・社会組織（57.9%），業界協会（52.6%），企業（31.6%）である。この結果より，記者は企業，業界協会などの非公的機関に比べ，他地域県・区政府，他地域市政府などの公的機関への監視に比較的にやや満足していないことがうかがえる。

(3)記者の批判報道に対する重視度と記者になった動機のクロス集計

　それでは記者の批判報道に対する重視度及び記者になった動機のクロス集計の結果を見てみよう。

　まず本調査では記者になった動機について，「何で記者という職業を選択したのか」と質問している。表3-4で示したように，記者になった動機の割合は高い順に「客観的に事実を伝えたい」（38.8%），「社会の正義や貧困者，弱者を守るため」（26.9%），「大学で勉強した専門を生かしたい」（17.9%），「収入や社会的地位が良い職業であるため」（7.5%），「家族や知人の影響を受けたため」（4.5%），「そのほか」（3.0%），「単にこの職業が好きであるため」（1.5%）となった。

表 3-4　何で記者という職業を選択したのか

記者になった動機	有効回答数	%
社会の正義や貧困者、弱者を守ため	18	26.9
客観的に事実を伝えたい	26	38.8
大学で勉強した専門を生かしたい	12	17.9
家族や知人の影響を受けたため	3	4.5
収入や社会的地位が良い職業であるため	5	7.5
単にこの職業が好きであるため	1	1.5
そのほか	2	3.0
合　計	67	100

(出所)『南方日報』グループ記者へのアンケート調査に基づき、筆者作成。

　次に，記者の批判報道に対する重視度と記者になった動機のクロス集計の結果を見てみる。ここでは前述の表3-1の結果を参照しながら，記者の批判報道に対する重視度について，「とても重視する」（すなわち記者がメディアの「批判と監視」機能を重視度が高いとされる第1位と第2位に選択したこと），「普

通に重視する」(すなわち記者がメディアの「批判と監視」機能を重視度がやや低い
とされる第3位と第4位に選択したこと),「重視しない」(すなわち記者がメディア
の「批判と監視」機能を重視度が低いとされる第5位と第6位に選択したこと), 3段
階に分けている。

そのクロス集計の結果は表3-5に示している。まず全体的比率から見れ
ば, メディアの「批判と監視」機能をとても重視している記者が,「なぜ
記者になったのか」への回答率は一番高い。次にその内訳を見ると, 高い
順に「客観的に事実を伝えたい」(25.0%),「社会の正義や貧困者, 弱者を
守るため」(23.4%),「大学で勉強した専門を生かしたい」(9.4%),「家族や
知人の影響を受けたため」(3.1%),「収入や社会的地位が良い職業である
ため」(3.1%),「単にこの職業が好きであるため」(1.6%),「そのほか」(1.6%)
であった。すなわち, メディアの「批判と監視」機能をとても重要視し
ている記者は最も「客観的に事実を伝えたい」及び「社会の正義や貧困者,
弱者を守るため」との動機を持っている。これは,『南方日報』グループ
の記者は強い社会的責任の意識を持っていることを示している。以上の結
果より, メディアの「批判と監視」機能をとても重視する記者は, 強い社
会的責任の意識も持っていることが明らかになった。

表3-5　記者の批判報道に対する重視度と記者になった動機のクロス集計

記者の批判報道に対する重視度	とても重視する		普通に重視する		重視しない		有効回答数
記者になった動機	N	%	N	%	N	%	N
社会の正義や貧困者、弱者を守るため	15	23.4[1)	2	3.1	0	0.0	17
客観的に真実を伝えたい	16	25.0	9	14.1	1	1.6	26
大学で勉強した専門知識を生かしたい	6	9.4	4	6.2	1.6	11	
家族や知人の影響を受けたため	2	3.1	1	1.6	0	0.0	3
収入や社会的地位が良い職業であるため	2	3.1	1	1.6	2	3.1	5
単にこの職業が好きであるため	1	1.6	0	0.0	0	0.0	1
そのほか	1	1.6	0	0.0	0	0.0	1
合　計	43	67.2	17	26.6	4	6.2	64

(注) 1) 全体の比率を見るため、23.4% = 15/64 となる。
(出所)『南方日報』グループ記者へのアンケート調査に基づき、筆者作成。

3　批判報道の展開をめぐる記者の日常の報道活動

引き続き, 本項ではアンケート調査の結果に基づき, 批判報道の展開を

めぐる記者の日常の報道活動を考察する。

(1)記者の批判報道に対する重視度と報道の情報源のクロス集計

　本調査では，記者が日常の報道活動の中でどのようなルートからの、及びどの程度の情報を入手するかについて考察するために，下記の表 3-6 が示した各ルートから，「どの程度の情報を入手できているのか」という質問を設けている。ここでは「たまにある」と「全く無し」との答えを除外し，「非常に多い」と「比較的に多い」との答えのみを分析対象とする。

表 3-6　記者の批判報道に対する重視度と報道の情報源のクロス集計

記者の批判報道に対する重視度	とても重視する		普通に重視する		重視しない		有効回答数
ニュースの情報源	N	%	N	%	N	%	N[1]
一般市民から	22	36.1[2]	11	18.0	4	6.6	61
ネット上の検索から	33	53.2	10	16.1	2	3.2	62
他のメディア報道から	20	32.3	10	16.1	1	1.6	62
家族や友人の談話から	4	6.5	0	0.0	1	1.6	62
知識人から	11	18.6	2	3.4	1	1.7	59
弁護士から	8	13.6	2	3.4	1	1.7	59
県、区政府機関から	8	13.1	5	8.2	2	3.3	61
人民代表及び大会から	4	6.6	1	1.6	1	1.6	61
政治協商委員及び大会から	5	8.2	2	3.3	1	1.6	61
人民団体から	4	6.8	0	0.0	0	0.0	59
NGO、社会組織から	3	4.9	1	1.6	1	1.6	61
記者協会やほかの記者から	5	8.3	1	1.7	1	1.7	60
党委宣伝部から	5	8.3	4	6.7	1	1.7	60
公安警察機関から	3	5.0	0	0.0	0	0.0	60
司法機関から	3	4.9	0	0.0	1	1.6	61
企業から	13	22.0	2	3.4	0	0.0	59
業界協会から	10	17.2	1	1.7	0	0.0	58

(注) 1) 統計処理の際、N には「非常に多い」、「比較的に多い」、「たまにある」、「全く無し」との回答を全部入れた。
　　 2) 全体比率を見るため、36.1%=22/61 となる。
(出所)『南方日報』グループ記者へのアンケート調査に基づき、筆者作成。

　それでは記者の批判報道に対する重視度と報道の情報源のクロス集計の結果を見てみる。表 3-6 に示したように，まず全体の比率から見ると，メディアの「批判と監視」機能をとても重視する記者は，「どういったルートからの情報を入手しているのか」への回答率は一番高い。次にその内訳

は高い順に「ネット上の検索から」(53.2％)，「一般市民から」(36.1％)，「他のメディア報道から」(32.3％)，「企業から」(22.0％)，「知識人から」(18.6％)，「業界協会から」(17.2％)，「弁護士から」(13.6％)，「県・区政府機関から」(13.1％)，「記者協会や他の記者から」(8.3％)，「党委宣伝部から」(8.3％)，「政治協商委員及び大会から」(8.2％)，「人民団体から」(6.8％)，「人民代表及び大会から」(6.6％)，「家族や友人との談話から」(6.5％)，「公安警察機関から」(5.0％)，「NGO・社会組織から」(4.9％)，「司法機関から」(4.9％) となった。この結果より，メディアの「批判と監視」機能をとても重視する記者は県・区政府機関，党委宣伝部，政治協商委員，人民代表などのフォーマルなルートからに比して，インターネット，一般市民，他のメディア報道，企業，知識人などのインフォーマルなルートからの情報を大いに入手していることが分かった。すなわち，メディアの「批判と監視」機能をとても重視する記者は，報道の素材を求めるためにフォーマルなルートよりインフォーマルなルートからの情報を大いに入手していることが明らかになった。

　⑵記者の批判報道に対する重視度と取材手段のクロス集計
　記者はどのような日常の取材手段を取っているのかを考察するために，表3-7 が示した 4 つのルートについて「どの程度行っているのか」と質問している[41]。ここでは「たまにある」と「全く無し」との答えを除外し，「非常に多い」と「比較的に多い」との答えのみを分析対象とする。
　以下の表3-7 は記者の批判報道に対する重視度と取材手段のクロス集計の結果を示している。まず全体の比率から見れば，メディアの「批判と監視」機能をとても重視している記者は，「どのように日常の取材を行っているのか」への回答率が一番高い。次にその内訳を見ると，「個人の自主取材」(54.1％)，「編集者からの指示」(22.9％)，「社内の取材方案に基づく」(21.6％)，「社内上層部からの指示」(15.8％) の順である。すなわち，メディアの「批判と監視」機能をとても重視している記者は，個人の自主取材を大いに行っていることが分かった。

第3章　中国メディアによる批判報道の展開の経緯

表3-7　記者の批判報道に対する重視度と取材手段のクロス集計

記者の批判報道に対する重視度	とても重視する		普通に重視する		重視しない		有効回答数
取材活動	N	%	N	%	N	%	N[1)
編集者からの指示	8	22.9[2)	4	11.4	2	5.7	35
社内上層部からの指示	6	15.8	3	7.9	1	2.6	38
個人の自主取材	20	54.18	21.6	1	2.7	37	
社内の取材方案にもとづく	8	21.6	3	8.1	1	2.7	37

(注) 1) 統計処理の際、N には「非常に多い」、「比較的に多い」、「たまにある」、「全く無し」との回答を
　　　 全部入れた。
　　 2) 全体比率を見るため、22.9%=8/35 となる。
(出所)『南方日報』グループ記者へのアンケート調査に基づき、筆者作成。

(3)記者の批判報道に対する重視度と被代弁者のクロス集計

　本調査では，記者がどのような意見や立場を代弁することを重視するのかを考察するために，「社会の関心を大きく集める社会事件や社会問題を報道する際に，どのような意見を取り入れるのか」とも質問している。

　記者の批判報道に対する重視度と被代弁者のクロス集計の結果は表3-8に示されている。全体の比率から見れば，メディアの「批判と監視」機能をとても重視している記者は，「普通に重視する」と「重視しない」と

表3-8　記者の批判報道に対する重視度と被代弁者のクロス集計

記者の批判報道に対する重視度	とても重視する		普通に重視する		重視しない		有効回答数
被代弁者	N	%	N	%	N	%	N
政府機関	32	51.6[1)	14	22.6	2	3.2	62
教授、専門家	36	58.1	17	27.4	4	6.5	62
事件の関連者	40	64.5	15	24.2	2	3.2	62
一般市民	19	30.6	7	11.3	1	1.6	62
ネットユーザ	19	30.6	5	8.1	0	0.0	62
企業	2	3.2	1	1.6	0	0.0	62
弁護士	18	29.0	11	17.7	2	3.2	62
人民代表	6	9.7	7	11.3	0	0.0	62
政治協商委員	4	6.5	5	8.1	0	0.0	62
業界協会	6	9.7	5	8.1	0	0.0	62
人民団体	1	1.6	0	0.0	0	0.0	62
NGO、社会組織	5	8.1	0	0.0	1	1.6	62
記者協会	1	1.6	0	0.0	0	0.0	62

(注) 1) 全体比率を見るため、51.6%=32/62 となる。
(出所)『南方日報』グループ記者へのアンケート調査に基づき、筆者作成。

いう態度を示す記者に比して，様々な人や機構の意見を代弁する意識が強いことが分かった。その割合は高い順に「事件の関連者」(64.5%)，「教授，専門家」(58.1%)，「政府機関」(51.6%)，「一般市民」(30.6%)，「ネットユーザ」(30.6%)，「弁護士」(29.0%)，「人民代表」(9.7%)，「業界協会」(9.7%)，「NGO，社会組織」(8.1%)，「政治協商委員」(6.5%)，「企業」(3.2%)，「人民団体」(1.6%)，「記者協会」(1.6%) である。

　上述の結果より，メディアの「批判と監視」機能をとても重視する記者は，客観的，中立的な報道立場に立ち様々な人や機関の意見を代弁する報道意識が最も強いことが分かった。これは記者が強いプロフェッショナル報道意識を持つことを示唆する。

　⑷記者の批判報道に対する重視度と党の「禁令」[42]に対する態度のクロス集計

　さらに，党の報道禁令に対する記者の態度を考察するために，「中央宣伝部の報道禁令に対してどう対応していますか」と質問している[43]。

　表3-9 は記者の批判報道に対する重視度と「禁令」に対する記者の態度のクロス集計の結果を示している。全体の比率から見れば，メディアの「批判と監視機能」をとても重視している記者は，「禁令」への態度を示す回答率が一番高い。その内訳は，高い順に「なるべく禁令が届く前に報道する」(37.0%)，「報道のタブーとされる一部の禁令に従うしかない」(34.8%)，

表 **3-9**　記者の批判報道に対する重視度と「禁令」に対する態度のクロス集計

記者の批判報道に対する重視度	とても重視する		普通に重視する		重視しない		有効回答数
「禁令」に対する態度	N	%	N	%	N	%	N
絶対禁令に従う	7	15.2[4]	5	10.9	1	2.2	46
禁令の隙間を狙う	3	6.5	2	4.3	1	2.2	46
なるべく禁令が届く前に報道する	17	37.0	5	10.9	0	0.0	46
社内上司の指示に従う	8	17.4	10	21.7	0	0.0	46
リスクを冒しながら時々禁令に挑戦する	1	2.2	1	2.2	0	0.0	46
報道のタブーとされる一部の禁令に従うしかない	16	34.8	6	13.0	0	0.0	46
せれほど重要ではない禁令を無視する	6	13.0	3	6.5	0	0.0	46

(注) 1) 全体比率を見るため、15.2%=7/46 となる。
(出所) 『南方日報』グループ記者へのアンケート調査に基づき、筆者作成。

「社内上司の指示に従う」(17.4%)，「絶対に禁令に従う」(15.2%)，「それほど重要ではない禁令を無視する」(13.0%)，「禁令の隙間を狙う」(5.3%)，「リスクを冒しながら時々禁令に挑戦する」(2.2%) となっている。

この結果より，メディアの批判機能をとても重視する記者は，「なるべく禁令が届く前に報道する」と答えた割合が一番高いことによって，党の報道禁令に挑戦する意欲を強く示していると言えるだろう。一方，記者は党の報道禁令に対して慎重な態度を示していることもわかる。表3-9に示したように，記者はメディアの批判機能をとても重視していても，「報道のタブーとされる一部の禁令に従うしかない」，「社内上司の指示に従う」，「絶対に禁令に従う」という態度も多くとっていることが分かった。

以上より，メディアの「批判と監視」機能をとても重視する記者でさえも，党の報道禁令に挑戦する意欲を強く示す一方，慎重な姿勢も示していることがうかがえる。

(5)記者の批判報道に対する重視度と突発的事件に対する報道の活動の
　　クロス集計

最後に，記者は突発的事件の中の人為的不正に対してどのように報道活動を行うのかを考察するため，次のように質問した。
「2008年5月に発生した四川大地震による犠牲者の多くは学校の生徒であった。これは学校建築の耐震基準の甘さと手抜き工事の横行によるものであると言われている。報道の中でこうした突発的事件の中の人為的不正をどの程度批判する必要があるか」。

表3-10は記者の批判報道に対する重視度と突発的事件に対する報道の活動のクロス集計の結果を示している。全体の比率から見れば，メディアの「批判と監視」機能をとても重視する記者は，「普通に重視する」と「重視しない」と答えた記者に比して突発的事件の中の人為的不正を批判する意識を最も強く示していることが分かる。それは，「非常に必要である」と「ある程度必要である」という肯定的な回答率が65.6%と最も高い割合であることによって反映されている。

上述の結果より，メディアの「批判と監視」機能をとても重視する記者

表3-10　記者の批判報道に対する重視度と突発的事件に対する報道の活動のクロス集計

記者の批判報道に対する重視度	とても重視する		普通に重視する		重視しない		有効回答数
突発的事件に対する報道の活動	N	%	N	%	N	%	N
非常に重要である	35	57.4[1]	12	19.7	3	4.9	50
ある程度重要である	5	8.2	5	8.2	1	1.6	11
比較的少ない	0	0.0	0	0.0	0	0.0	0
必要なし	0	0.0	0	0.0	0	0.0	0

(注) 1) 全体比率を見るため、57.4%=35/61 となる。
(出所)『南方日報』グループ記者へのアンケート調査に基づき、筆者作成。

は，突発的事件の中の人為的不正を批判する意識を一番高く示すことが分かった。

4　批判報道の展開における記者の報道戦術

本項では『南方日報』グループの記者を対象にインタビューした記録に基づき，批判報道の展開をめぐる報道活動の中で記者は党の報道禁令に挑戦するために用いる報道戦術について考察する。

党がメディア報道を統制するために最も使う手段は，党中央宣伝部及び各省の党委宣伝部が全国の新聞社に「禁令」を通達するというものである。筆者は『南方日報』グループで現地調査を行った期間中にほぼ毎日，党中央宣伝部及び広東省宣伝部が下した「禁令」を見かけたことがとても印象深かった。これらの「禁令」は何について，どの程度を超えたら報道してはいけないという様々な注意事項を細かく規定していた[44]。

一方，同グループの記者は筆者によるインタビューの中で，党の報道禁令に対する強い挑戦の意欲を示した。例えば，『南方日報』の評論部の記者は「我々は限られた報道空間の中でできる限りのことをすべて挑戦している。そうしないと，宣伝部の禁令に従ってしまい，これもあれも報じてはいけなくなってしまう。こうなると，我々は何もできなくなる」と述べた（『南方日報』評論部記者，2008 年 12 月 25 日）。また同記者は四川大地震をめぐる取材の経緯について[45]，「地震発生の当日，党宣伝部が下した『すべての報道機関は地震現場の取材を控えよう，地震の報道を掲載する際

に，新華社の配信記事を転載すべきだ』という「禁令」がすぐ社内に届いた。しかし我々はそれを無視した。当日の午後 2 時過ぎに地震が発生したことを私たちはインターネットから知り，当日の夕方にはすでに現場に赴いた。その中の多くの記者は社内の許可を得ずに，被災地で自主取材を行った」と党の報道禁令への反発姿勢を示した（『南方日報』評論部記者，2008 年 12 月 25 日）。さらに，『南方週末』の編集者は，四川大地震の中の学校建築の手抜きなどの人為的不正を批判した報道の作成の経緯について，「地震報道は救助の状況を伝えるだけでは足りない。地震発生の約 1 週間後，社内の編集者会議では報道の中で学校建築が倒壊したことにより，学校生徒の多くが犠牲者になったことへの反省を行うべきであると決めた。私たちは生徒の多くが犠牲者となった 4 つの学校の事例を選択し，1980 年代末までに遡って学校を建てるための経費の使い道を詳しく調査した結果に基づき，この報道を作成した」と述べた（『南方週末』編集者，2008 年 12 月 26 日）。

　他方，記者は無謀に党の報道禁令に挑戦しているわけではない。インタビューの中で彼らは日常の報道活動の中で党の報道禁令に挑戦するために，報道戦術を活用していることが分かる。具体的な戦術は以下のとおりである。

(1)「禁令」に先行して記事を掲載する戦術
『南方日報』の調査報道担当，14 年の記者経験を持つベテラン記者に対するインタビューの中で，当記者は次のように述べた。

「我々は一般的にどの報道に対して党委宣伝部が禁令を下すのかを自己判断している。私の長年の記者経験によれば，社会の広範な関心を集める事件の報道に対して禁令が下される可能性が高い。一般的にこのような事件の報道に対して党の報道禁令が下されることを予測するならば，遅くとも当事件発生後の 2 日以内に記事を載せなくてはいけない。つまり「禁令」が社内に届く前にできる限り早く報道を行う。」

「現在，党機関紙（筆者注：『南方日報』）は『速くて，深い』という報道理念を唱えているため，党機関紙にもかかわらず「都市報」や週末紙と同じように党の禁令との時間的競争を行い，禁令に先んじて報道を行わなけ

ればならない。禁令に先行して掲載された報道に対して党の報道禁令は社内に届いても効かなくなる。これは禁令との競争ゲームのようなものである。」（2008年12月22日の『南方日報』調査報道記者へのインタビューより）。

(2)「禁令」の隙間を狙う戦術

『南方週末』の編集者がインタビューの中で「禁令」の隙間を狙うという報道戦術について以下のように述べた。

「党の報道禁令を原則として守らなければならないが，しかし禁令の中の隙間を狙うことが可能である。その隙間をどのように，またどの程度狙えるのかが私たち自身の判断に委ねるしかない。例を挙げると，禁令には「大々的に報道してはいけない」と書いてあったら，私たちは「報道することが許される。ただ少なく報道したら，トップ紙面で載せないなら，大丈夫である」と理解する。また，「禁令」には，ある事件に対してこうして報道してはいけないという詳細な事項を明記したら，私たちは「禁令の中で明記していない別の報道の視角や方向性を持ってこの事件を報道する」と判断する。」（2008年12月25日の『南方週末』編集者へのインタビューより）。

(3)ペンネームを変える戦術

さらに，『南方日報』グループは，人事異動や更迭，免職などの懲罰処分を党から受けたベテラン記者を守るために，ペンネームを変えるという戦術を利用していることが慣例である。要するに記者が，おもて向きには免職されても実際に新聞社に残っているという戦術である[46]。これは『南方都市報』評論部の記者へのインタビューによって裏付けられる。

「四川大地震の中で多くの学校生徒が犠牲者になったことに対して，『南方週末』は学校建築の手抜き工事の横行，耐震基準の甘さ，教育体制の欠陥などに対する批判報道を大きく取り上げた。この批判報道の掲載により，『南方週末』は四川省政府からの報復を受け，中央宣伝部から記者の免職処分を下された。にもかかわらず実際にこの記者はいまだに『南方週末』社に勤めている。ただし，この記者は以前に使ったペンネームや実の名前で署名した記事を二度と紙面に載せられなく，これから新しいペンネーム

で記事を書き続けるしかない。」（2008年12月23日の『南方都市報』評論部記者へのインタビューより）。

むすび　中国メディアによる批判報道の展開の経緯

　本章では改革開放以降，中国メディアによる批判報道は一体どのような経緯で展開してきたのか，また批判報道をめぐる党の認識とメディア側による独自の展開の間にどのような差異が生じたのかを明らかにするために，メディアによる批判報道の展開とメディアの宣伝機能の打破，同機能の衰退及び同機能からの脱却という連動図式を歴史的に考察を行った。さらに，記者の批判報道をめぐる認識及び日常の報道活動についても考察を行った。前節の分析結果を踏まえ，中国メディアによる批判報道の展開の実態について，以下のようにまとめる。

　第1に，批判報道を行う批判主体は，党機関紙の「輿論監督」版から，「都市報」を経て，「民生ニュース」へと変化した。具体的に党機関紙の「輿論監督」版は，改革開放以降，単一の党の宣伝道具としての役割を打破するための報道改革の中で発行されたものである。「都市報」は1990年代半ば以降，急速なメディア市場発展の中で登場し，親新聞である党機関紙の収入を補う役割を期待されため，党の宣伝機能を中心に果たす義務はなかった。そのため，「都市報」は自らを一般市民や地域住民向けの「市民紙」として位置づけていた。「民生ニュース」は2003年より爆発的な発展期を迎えた中，従来の党の活動に対する宣伝本位の報道価値からの脱却を図り，一般民衆の生き様や暮らしの状態の反映に報道の焦点を当て，民衆本位の報道価値を示している。

　第2に，批判内容にも変化が起きた。具体的には，党機関紙の「輿論監督」版の批判内容は党内幹部の官僚主義，特権現象に対するものが中心であった。これは党の第13回大会（1987年）において言及された批判報道の役割に対する党の期待と一致していたため，この時期の批判報道が政治性の強い報道価値を反映している。また「都市報」は創刊後，社会ニュースの掲載を主要な報道スタイルとして確立し，社会転換期の中の経済領域，社会

領域における様々な不正や社会問題に対して積極的に批判を行った。この時期の批判報道には社会性の強い報道価値が示されていることがうかがえる。さらに「民生ニュース」は「小民生」から「大民生」へという報道理念の変化により，社会資源分配の不平等，教育の不公正，医療費の高額問題，食品安全問題，社会保障の不備などの公共利益に結び付く各問題を中心に批判を行っている。この時期の批判報道は公共性の強い価値観を反映している。

第3に，批判手段の変化にも以下の経緯があった。まず，党機関紙の「輿論監督」版は，「喜ばしいことを報道し，悲しいことを報道しない」，「中下級幹部を批判し，高級幹部を批判しない」という従来の2つの報道「禁区」を突破して批判報道を行った。またこの時期の批判報道の中では，現場取材及び報道の客観性を求める記者のプロフェッショナルな報道意識の目覚めも見られた。次に，「都市報」は，真相の追究と自主取材が求められる調査報道の掲載を批判手段として大々的に取り入れた。また党機関紙のような政治的優位性を持たない「都市報」は，1990年代末から「主流化」を目指す報道改革の中，党政幹部の不正及び社会の重大な事件，突発的事件に対する監視の自主性が高まっている。さらに，「民生ニュース」は一般民衆の利益表出権利や監視権利を保障するために，読者や視聴者の電話やメール，投稿の受付け，及びインターネットのチャットなどの様々な手段を利用し，公的言説空間を積極的に設置している。

第4に，本調査は，記者の批判報道への認識及び日常の報道活動を考察した結果，以下のことが明らかになった。

まず，批判報道をめぐる記者の認識に関して，記者がメディアの「批判と監視」機能を「党政策の宣伝及び輿論誘導」機能より大いに重要視していることが分かった。また記者の批判報道への期待度がとても高い一方，批判報道への満足度が低いことも分かった。さらにメディアの「批判と監視」機能をとても重視する記者は，社会的責任の意識を強く持っていることがうかがえる。

次に，日常の報道活動においては，メディアの「批判と監視」機能をとても重視する記者は，以下の特徴を持つ。まず，フォーマルなルートより

第3章　中国メディアによる批判報道の展開の経緯

インフォーマルなルートからの情報の利用が大いに重視されていることが明らかになった。また個人による自主取材も大いに行われていることが分かる。続いて，客観的，中立的な報道立場に立ちより多くの意見や立場を代弁する報道意識が最も強い。さらに，突発的事件の中の人為的不正を批判する意識も最も高いことが分かった。しかしながら，メディアの「批判と監視」機能をとても重視する記者でさえも，党の報道禁令に挑戦する意欲を強く示している一方，慎重な姿勢も崩さないことも分かった。

　他方，記者は批判報道を掲載する際に無謀に党の「禁令」に挑戦しているわけではない。記者は(1)党の「禁令」に先行して報道を行う，(2)「禁令」の隙間を狙う，(3)ペンネームを変えるという3つの報道戦術を利用していることが明らかになった。

　以上のように，中国メディアによる批判報道の展開は，メディアの宣伝機能の打破，同機能の衰退及び同機能からの脱却と連動し，党の宣伝メディアという基本的位置付けから自立していくものであると結論付けられる。第2章では，党は常に，批判報道の展開に対して，党の宣伝メディアという基本的機能を優先すべきであると要求していることが明らかになった。これと本章の分析結果に基づき，批判報道をめぐる党の認識とメディア側による展開の間に差異が生じていることが分かった。このような差異が存在しているこそ，批判報道の展開をめぐり、党とメディア側の間に複雑な権力関係が生じたのである。次章以降，2者の間に如何に抵抗し、また交渉しているのかとの権力構図を明確化していく。

注

1) 中国の経済体制改革の最初の試みは「経済特区」の設置であった。それをもじって，中国の報道改革の最初の試みは党機関紙が紙面の中の「特区」と呼ばれる「週末報」，「輿論監督」版などを発行したことである。こうした「特区」と呼ばれる紙面はある程度の自主的編集権を持つ。
2) 鄧紹根（2009），「『輿論監督』的歴史解読」『新聞与写作』第3期，70-72ページ。
3) 宋志耀（1986），「新聞観念必須更新首都新聞学会挙行学術討論会」『新聞愛好者』第11期，7ページ。
4) 李赤（1987），「首都新聞学会連続召開学術討論会認真学習十三大文件進一歩探索新聞改革」『新聞記者』第12期，4—7ページ。
5) 魏文秀（1988），「南方日報深化改革形勢喜人」『新聞愛好者』第9期，18ページ。

103

6)「通海大地震 30 年後解密」『中国青年報』, 2000 年 1 月 12 日付きの記事。

7) 唐亮前掲書, 63 ページ。

8) 政務院 (1950),「関於生産救災報道的指示」『新華社文件資料選編 1980』新華社新聞研究所編, 北京：新華出版社, 44-45 ページ。

9) 靖鳴 (2008),「『党報不得批評同級党委』指示的来歴―1953 年広西『宜山農民報』事件始末」『炎黄春秋』第 7 期, 32-38 ページ。

10) 黄斉国 (1988),「火紅的行動：大興安嶺火災采訪追記」『新聞与写作』第 9 期, 10-11 ページ。

11) 魏亜南 (1987),「煙熏火燎二十天―大興安嶺特大森林火災采訪扎記」『新聞戦線』第 8 期, 4-6 ページ。

12) 雷収麦・李偉中・叶研・賈永 (1987),「従災害報道到更深層次的思考」『新聞』第 8 期, 7-9 ページ。

13) 黄昇民・周艶編 (2003),『中国伝媒市場大変革』北京：中信出版社, 189-190 ページ。

14) 羅建華 (2000),「点撃報界『新概念』」『新聞記者』第 11 期, 26-31 ページ。

15) 尹韻公 (2005),『聚焦華西都市報』北京：中国社会科学出版社, 5 ページ。

16) 張春林 (2004),「従都市報的転型看社会新聞的流変」『重慶工商大学学報 (社会科学版)』第 21 巻第 1 期, 157-160 ページ。薬品の製造, 販売の悪質な不正行為を暴露した。

17) 段勃 (2005),『調査性報道研究』華中科術大学 2005 年度修士学位論文, 6 ページ。

18) 庞慧敏 (2001),「敢為人民鼓与呼：南丹鉱難驚天黒幕是如何掲露的？」『新聞三昧』第 9 期, 4-6 ページ。

19) 王克勤 (2003),「一個有良知的記者能走多遠？采写『北京出租車業 . 断黒幕』的前前後後」『新聞三昧』第 3 期, 6-8 ページ。

20) 一部の研究者は党機関紙の伝統的主流的地位を区別するために, 1990 年代末から 2000 年代初期にかけて「都市報」が行った改革を「新主流化」改革と呼ぶ。

21)「興論之鋒初亮剣張金柱之案及其報道」網易新聞 (2013 年 1 月 22 日最終アクセス, http://news.163.com/special/0001253K/decade02061228.html よりダウンロード)。

22) 突発的事件に関して, 2007 年 11 月 1 日より実施された「中華人民共和国突発事件応対法」によれば,「突然に発生し, 社会に厳重な危害を与え, 緊急な処理措置を取らせるを得ない自然災害, 事故災難, 公共衛生事件及び社会安全事件を指している」と定義された。具体的に自然災害, 事故災難, 公共衛生事件, 社会安全事件 4 つに分類されている。

23) 汪凱 (2005),『転型中国：媒体, 民意与公共政策』上海：復旦大学出版社, 24-25 ページ。

24) 李舒・胡正栄 (2004),「『民生新聞』現象探析」『中国広播電視学刊』第 6 期, 33-36 ページ。

25) 吉強 (2005),「民生新聞与党報創新」『当代伝播』第 1 期, 78-79 ページ。

26) 董王芳 (2007),『民生新聞研究』山西大学 2007 年度修士学位論文, 13-16 ページ。

27) 叶沖 (2007),『電視民生新聞与興論監督』上海社会科学院 2007 年度修士学位論文, 9 ページ。

28) 夏氷 (2008),『南方週末民生新聞報道風格研究』河南大学 2008 年度修士学位論文, 20-21 ページ。

29) 同上，30 ページ。

30) 馬淼・李螢（2010），「浅論民生新聞与輿論監督」『新聞世界』第 7 期，62-63 ページ。

31) 王超慧・王崇飛・潘徳新（2007），「用『大民生』理念提昇民生新聞品質」『新聞伝播』第 5 期，50 ページ。

32) 同上。

33) 李亜林（2006），「『経視直播』熱原因探析」『新聞前哨』第 4 期，46-47 ページ。

34)「三農」とは農村，農業，農民を指し，三農問題とは，農村，農業，農民の問題を特に示し，経済格差や流動人口等を包括した中国の社会問題となっている。「農民問題」：三農問題の中核となる問題，農民の収入が低く，増収は困難であり，都市―農村間の貧富の差は拡大し，農民は社会保障の権利を実質得ていないことを示している。「農村問題」：農村の状態が立ち遅れ，経済が発展しないことに集中して示している。「農業問題」：農民が農業で金を稼げず，産業化のレベルが低いことを示している。

35)「留守児童」というのは，農村で両親とも出稼ぎに行き，祖父母や親戚のもとに預けられたまま育つ子供のことである。

36) 王長廣（2004），『南方週末三農報道研究』暨南大学 2004 年度修士学位論文，17-49 ページ。

37) 毎年 3 月に中国で最も重要な全国的政治イベントとなる立法機関の全国人民代表大会と諮問機関の全国政治協商会議が行われる。「両会」では議案の審議採択と政策提言がなされ，その年の主要政策が決められる。

38) 盧綱（2010），「『大民生』新跨越―評湖北経視民生節目転型」『媒体時代』第 12 期，55 ページ。

39) 共産党や民主党派などに参加しない一般人のことである。個人の戸籍記録や履歴書などに「政治身分（中国語：政治面貌）」欄がよく出る。

40)「入社のきっかけが何である」との質問を設けたのは第 2 回アンケート調査のみであった。そのため，この質問に対する有効回答数が 48 であった。

41) この質問を設けたのは第 2 回調査のみであった。そのため，有効サンプル数が 50 個になる。

42) 中央宣伝部及び各級の宣伝部が報道してはいけないことを列挙した「禁令」と呼ばれる文書，メール，口頭連絡などが毎日，全国各地のメディア機関に下す検閲制度の 1 種である。

43) この質問を設けたのは第 2 回調査のみであった。そのため，有効サンプル数が 50 個になる。

44) 現場の記者によると，「禁令」の外への持ち出しや詳細な内容の外への漏らしは絶対に禁止されている。筆者も現場の記者に「禁令」をただ読んでもよいが，メモを取ったり，コピーをしたりなどが一切許されないと何度でも警告された。

45) 筆者は 2008 年 12 月に『南方日報』グループで調査を行った際に，同年 5 月に発生した四川大地震への記者の取材経緯，現場での見聞及び多くの学生生徒が犠牲者になった原因に学校建築の手抜き工事があるなどをめぐり，記者の報道意識についても聞き取り調査を行った。

46) これも張（2008）による『南方日報』グループの副総編集長・江芸平へのインタビューによって裏付けられる。張志安（2008），「堅守内心忠誠，這是職業化的底色」『青年記者』第 1 期，34-37 ページ。

第4章　中国共産党の不正に対する批判報道

―― 『南方週末』を事例に

はじめに

　改革開放以降，中国メディアは党の不正に対し積極的に批判を行ってきた。1979 年の「渤海 2 号」・石油採掘船沈没事故及び 1987 年の黒龍江省森林火災の原因をめぐり，メディアは党と政府幹部の官僚主義，人命と安全の重視の欠如について厳しく批判した。1990 年代に入り，メディアは市場経済の急成長に伴う党と政府幹部の腐敗，汚職問題を大々的に取り上げていた。2003 年以降，メディアは「孫志剛事件」，「サーズ事件」の報道を掲載したことをきっかけに，批判の矛先を中央政府に向けるようになった。

　とはいえ，中国メディアが党の不正を批判することは決して容易ではない。しかし一方，メディアは党の不正を批判する際に，党から様々な規制を受けたにもかかわらず，党の圧力に屈さず，しばしば党の報道方針に抵抗している。例を挙げると，2011 年 7 月 23 日に浙江省温州市で発生した高速列車の衝突事故をめぐる党の報道規制に対して，メディアが抵抗姿勢を見せた。7 月 24 日に党の宣伝部が下した「事故報道は新華社の配信記事のみを使用し，独自取材に基づく報道をしないよう」という「禁令」[1] に対して，メディアが反発し，生々しい事故現場の状況などを独自取材で堂々と報じた。北京の『新京報』，上海の『東方早報』及び事故発生地である浙江省の『銭江晩報』は，7 月 25 日に事故現場の様子，原因究明の呼びかけなどを内容とする 10 ページ前後の特別紙面を掲載した（『新京報』・『東方早報』・『銭江晩報』2011 年 7 月 25 日）。『人民日報』傘下の新聞紙・『京華時報』も特集ページを作り，政府の情報公開の不十分さを批判する評論記

107

事を載せた（『京華時報』，2011 年 7 月 27 日）。こうしたメディアの抵抗ぶりに対し，党は 7 月 29 日に「事態の迅速な収束のため，国家関係部門からの発表の報道のみを許可し，全ての独自報道と論評記事の掲載を禁止する」と各紙に通達し[2]，更なる強硬な態度を見せた。それに対しても，『新京報』，『21 世紀経済報道』は 7 月 31 日付の記事において，2005 年 4 月に発生した JR 福知山鉄道脱線事故をめぐる日本側の対応を詳しく検証し，間接的に鉄道省の対応を批判するという新手法を用いた（『新京報』・『21 世紀経済報道』2011 年 7 月 31 日）。

　以上のことを踏まえ，本章では『南方週末』を事例に，党の不正に対する同紙の批判報道はどのように行われているのかについて考察する。具体的には『南方週末』は党の不正に対する批判報道の中で，どのように党の報道方針に抵抗しているのか，また党の不正に対してどのように批判を行っているのか，なぜ党の報道方針に抵抗できているのかという 3 点を明らかにしたい。これらに答えるために，本章では党の報道方針に抵抗する同紙の批判報道の実態及び報道戦術，同紙による党に対する批判の実態について考察する。

『南方週末』紙を分析の事例として選んだ理由は，序章でも述べたように，同紙が党の不正に対する批判を中国メディアの中で最も大胆に行い，中国メディア界を先導する役割を担っていると広く認識されている点にある。国内の学者・張小麗は，同紙の各年の第 1 面ヘッドライン記事に対する内容分析を通じて，党政幹部による権力の濫用や官僚主義，腐敗汚職などを批判する記事が占める割合は 1997 年に 45.5％から，1998 年に 36.4％へ，さらに 1999 年には 83.3％までに増加したという分析結果を得た。

　本章では以下の方法で議論を展開する。まず，宣伝メディアとしての役割を発揮しなければならないという党の報道方針への抵抗としての批判報道の実態を明らかにすることである。具体的には『南方週末』は批判報道という手段を用いて，党の報道方針に抵抗している実態及びその抵抗のための戦術，同紙による党批判の実態について考察する。これまでの中国メディアを分析対象とする研究は，改革開放以降のメディア機能の変化，報道内容の自立性の向上を認めているものの（Lee, 1994; He, 1998; Zhao, 1998; 西，

2008），「宣伝メディア」としての役割を発揮しなければならないという党の方針への中国メディアの抵抗や反発の動きといった新たな変化について，十分に検討してきたとは言えない。次に，『南方週末』の党に対する批判の実態を解明することである。これまでの『南方週末』紙に関する先行研究は，批判の対象，内容，領域，地域などの分析指標を設け内容分析を行ったものが多い（張，2004；Cho, 2007; 王，2008）。これらの研究は様々な分析指標を用い，批判報道の量的変化，批判対象，批判内容などの分布を分析し，同紙の批判報道の全体像を明らかにしたものの，党の活動を批判の対象とした同紙の批判報道に重点を置いた分析が少ない。そのため，同紙による党に向けた批判報道の実態の解明に成功しているとは必ずしも言えない。そこで，本章は先行研究と同様の記事の内容分析手法を採りながら，記事の中の批判対象を党政幹部，非党政幹部に分類し批判対象ごとの差異に注目し，その差異から党に対する同紙の批判の実態を把握する。

　本章の構成は以下のとおりである。第1節では，記事の抽出及びコーディングの方法を紹介する。第2節では，宣伝メディアとしての役割を発揮しなければならないという党の報道方針に抵抗する批判報道及び党に対するメディア批判の実態を，明らかにする。第3節では，『南方週末』紙の報道戦術について考察する。第4節では，前節の分析結果を要約するとともに，同紙の批判報道の限界についても検討する。

第1節　記事の抽出及びコーディング方法

1　記事の抽出方法

　分析対象とする記事は，『南方週末』紙の1997年から2010年までの各号の第1面に掲載されたヘッドライン記事である。

　分析の対象期間を1997年からとしたのは，『南方週末』は1996年に行った紙面改革をきっかけに，1997年から同紙は批判報道を主要な報道スタイルとしたからである。

　また第1面のヘッドライン記事を対象にしたのは，同記事は新聞の報道価値や報道理念を最も反映しているからである。先行研究によれば，新聞

紙面の構成を判断する編集部は，ニュースの重要性，読者へのインパクト及び事件関係者の重要性などといった報道価値を総合的に判断して，何を第1面のヘッドライン記事として掲載するのかを判断するからである（Croteau, Hoynes, 2000: 126）。

以上の2つの抽出基準に則り，本章は『南方週末』の1997年から2010年にかけての各号の第1面ヘッドライン記事の中から，各年の年末特別号を分析対象から除外した，合計729個の記事を抽出した（表4-1参照）。

表 **4-1** 『南方週末』の年別の第1面ヘッドライン記事数（単位：本）

年別	1997	1998	1999	2000	2001	2002	2003	
記事数	52	52	53	52	52	52	51	
年別	2004	2005	2006	2007	2008	2009	2010	合計
記事数	53	52	52	52	52	52	52	729

（出所）『南方週末』の各年の第1面トップ記事数に基づき，筆者作成。

2　コーディング方法

コーディング作業は，オーストラリアのQSR会社によって2010年に発売されたNVIVO9という定性分析のソフトを利用し，行った。本ソフトは，データをテキスト分析，可視化機能などの多機能により体系的に分析を行い，手作業では見落としやすいわずかな関連を明らかにする特徴を持つ。そこで，本章ではNVIVO9が備えた単語頻度の検索，テキストマイニングの関連付けなどの解析機能を利用し，データをより一層綿密に分析することを目指す。

具体的なコーディング方法は以下のとおりである。

(1)記事のカテゴリー化

本章では記事の内容を分析し3つのカテゴリーに分類した。なお1記事あたり1カテゴリーを付与した。

①「批判記事」

先行研究は，批判報道記事とは中国メディアの輿論監督機能に基づく報道記事であると概念整理し，その内容別に以下のように分類している。「党と国家の路線，方針及び政策の執行状況に対する監督」，「国家法律に違反

した行為に対する監督」，「党の紀律，政府の規定に違反した行為に対する監督」，「公権力の濫用，腐敗，賄賂などの行為に対する監督」，「人民大衆の利益を損害した行為に対する監督」，「社会の各不正現象，道徳やモラルに違反した行為に対する監督」[3] である。この整理を踏まえて本章は，「党政幹部の不正に対する批判」記事と「社会の不正と社会問題の暴露，批判」を内容とする記事を「批判記事」と定義した。

　党政幹部の不正に対する「批判記事」の例としては，一般民衆の自殺を招いた地元の司法機関の不正な判決を批判したものがある（『南方週末』1997 年 5 月 9 日）。この記事は，無免許運転による交通事故の被害者であったにもかかわらず，地元の基層人民法院，そして中級人民法院，高級人民法院における不正な審査の結果，多額の賠償の支払いという判決を言い渡された陝西省の農民・高崇徳が直面した司法の不正を批判したものである。高はこの判決は不当であるとして繰り返し各級の司法機関に異議を申し立てたが，受理されなかったことに絶望し，最終的に自殺という抗議を選択した。この「批判記事」はこの高が自殺を選ぶまでを詳細に報じたとともに，「地元の県，市，省級の司法機関が下した判決はいずれも誤りであった」と指摘した。

「社会の不正と社会問題の暴露，批判」を内容とする「批判記事」の例としては，『南方週末』（1997 年 11 月 21 日）第 1 面ヘッドライン記事「1997 年の中国第一犯罪事件」がある。同記事は 1997 年に，中国社会を震撼させた新疆ウイグル自治区で発生した連続強盗，殺人の凶悪事件を報じたものであった。

　②「宣伝記事」
「宣伝記事」とは，天安門事件以降，党が提起し続けている「プラス宣伝を主とする方針」（「正面宣伝方針為主」）に則った内容の記事のことである。1989 年に党中央政治局委員（当時）としてイデオロギー活動を主管していた李瑞環は「肯定的な内容で宣伝を主とする方針を堅持することとは，党の路線，方針と政策を正確に，迅速に宣伝し，事実に基づいて社会現実の中の主流を反映し，人民大衆による創造の業績を宣伝する，ということで

ある」[4]と述べた。この方針を踏まえて，本章は，党の理論や綱領，路線及び政策，党指導者の活動，発言，党の偉業，社会領域の業績などに関する政治宣伝の意味合いを持つ記事を，すべて「宣伝記事」カテゴリーに分類した。

党政幹部の活動の「宣伝記事」の例としては，河北省保定市易県県長・劉建軍の壮絶な人生を描き，彼の公正さ，人民への献身的な奉仕の精神を称賛したものがある（『南方週末』1998年1月2日）。

社会の良い気風や社会道徳の「宣伝記事」の例としては，「28.78億元の寄付金はどこからきたのか」と題した記事がある（『南方週末』1998年9月11日）。同記事は，1998年夏に長江流域で発生した大規模な洪水で被災者への復興支援を行うために，社会の各領域から28.78億元の寄付金を集めたことを報じた。記事は，老人から小学生までの多くの人々が奮って寄付する感動の物語をいくつか詳細に報じ，社会主義の団結と友愛の道徳を称賛するものであった。

③「一般記事」

社会の中の一般的な人や出来事に対して，客観的に，中立的に報じている記事が「一般記事」である。

例としては，1996年7月に開催された第26回オリンピック大会で体操の金メダリストである李東華がチャンピオンとなるまでの険しい道のりを描いたものがある（『南方週末』1997年1月3日）。

(2)「批判記事」に対するコーディング

「批判記事」のコーディング作業を行うためのコード及びその下位カテゴリーは，以下の表4-2に示した。

表4-2に示したコード及び下位カテゴリーに基づいて「批判記事」を分類した。その方法について，読者の理解を深めるために以下，記事中の文章を事例としてどのように分類するかを示す。

例1：「批判対象」は「2. 省レベルの党政幹部」

「1997年9月，陝西省民政庁の元庁長靳建輝，元副庁長鄭応龍，蒋天才

第 4 章　中国共産党の不正に対する批判報道―『南方週末』を事例に

表 4-2　「批判記事」をコーディングするコード一覧

コード	下位カテゴリー
批判対象	1 中央レベルの党政幹部
	2 省レベルの党政幹部
	3 市レベルの党政幹部
	4 県レベルの党政幹部
	5 郷（鎮）レベルの党政幹部
	6 農村基層レベルの党政幹部
	7 事業単位及び党政幹部
	8 全国人民代表
	9 国有企業及び幹部
	10 私営・外資系企業（主）
	11 一般人
	12 メディア関係者
批判内容	1 党政幹部の腐敗，賄賂
	2 党政幹部の官僚主義
	3 党政幹部の権力濫用
	4 党政幹部の他の不正行為
	5 社会の不正行為
	6 他のマイナス現象
批判手段	1 中央レベルの党政機関による取り締まり
	2 省レベルの党政機関による取り締まり
	3 市レベルの党政機関による取り締まり
	4 市以下レベルの党政機関による取り締まり
	5 一般民衆による摘発
	6 学者と専門家による告訴
	7 弁護士による摘発
	8 匿名の摘発
	9 メディアによる調査
被代弁者	1 行政機関の党政幹部
	2 人民代表
	3 事業単位及び幹部
	4 一般民衆
	5 弁護士
	6 学者と専門家
	7 業界協会
	8 ネットユーザ
	9 メディア関係者
記事のソース	1 自社の記事
	2 他社記者による記事
	3 『人民日報』・新華社の記事
不正の原因	1 党及び国家の政策と制度の不備
	2 党政機関への監視不全
	3 国家法律の不備
	4 政治・経済体制改革の不全
	5 貧困などの社会的要因
	6 その他

提言	1 党及び国家の政策と制度の改善
	2 国家法律の改善
	3 政治・経済体制改革
	4 社会環境の改善
	5 その他
引用文書	1 党と政府諸会議の決議
	2 党と政府の政策条例
	3 政府機関の統計資料
	4 国家法律
	5 『人民日報』と新華社の記事
	6 他の党機関紙の記事
	7 専門資料
	8 他の市民紙と雑誌の記事

(出所) 張小麗 (2004), 李 (2005), Cho, LiFung (2007) 及び王毓莉 (2008) に基づき, 筆者作成。

は汚職, 収賄の罪で審判を受けた」。(『南方週末』1997 年 11 月 14 日)

例 2：「批判内容」は「3. 党政幹部の権力濫用」

「楊錦生は環保局副局長に任命されて以来, 私欲に走るとともに, 職権の濫用をさらにエスカレートさせていた」。(『南方週末』1997 年 12 月 5 日)

例 3：「批判手段」は「1. 中央レベルの党政機関による取り締まり」及び「2. 省レベルの党政機関による取り締まり」

「1994 年 5 月 24 日から 6 月 18 日にかけて, また 7 月中旬から 7 月末にかけて, 党中央規律検査委員会及び省紀律検査委員会が 2 回に渡って, 上坡村の問題について調査を行った」。(『南方週末』1998 年 8 月 7 日)。

例 4：「被代弁者」は「4. 一般民衆」

「工人たち（筆者注：国営企業で働く労働者）は, 『我々は人間としての基本的な尊厳すらも享受できていない』と怒りを爆発させた」。(『南方週末』1997 年 8 月 1 日)

例 5：「記事のソース」は「1. 自社記事」

「本紙の北京支社の記者が事件の真相について調査を実施した」。(『南方週末』1997 年 3 月 28 日)

例 6：「不正の原因」は「1. 党及び国家の政策と制度の不備」

「社会保障の専門家北京大学社会学教授夏学鑾は『この問題を, 個人の力によって解決することは不可能である。これは社会保障制度に関わる問題である。社会保障が本来, 政府によって行われるべきものである』と述べ

た」。(『南方週末』1997 年 4 月 18 日)

例 7：「提言」は「1．党及び国家の政策と制度の改善」

「社会保障の専門家北京大学社会学教授夏学鑾は『過去の公費医療を中心とした社会保障制度が機能しなくなったため，<u>政府負担，企業負担，個人負担の新しい医療保険制度をなるべく一日も早く設立すべきである</u>』と呼びかけた」。(『南方週末』1997 年 4 月 18 日)

例 8：「引用文書」は「1．党及び政府諸会議の決議」

<u>「中国共産党中央第 14 回 4 中全会において，農村基層組織（筆者注：党政機関の末端レベルの組織）に対する整理の決定が採決された」</u>。(『南方週末』1997 年 6 月 13 日)

第 2 節　党の宣伝メディアの役割に抵抗する手段としての批判報道

本節は，メディアが批判報道という手法を使って，どのようにして党の宣伝メディアという位置づけからの脱却を図り，党と政府への批判をどのように行っているのかを概観する。

1　抵抗手段としての批判報道

第 2 章で分析したように，党は常に批判報道の掲載より，党の宣伝メディアという役割を優先しなければならないとメディアに要求している。

では，メディアは，こうした党の要求にどのように抵抗しているのかを明らかにするために，表 4-2 に示した記事カテゴリー化の方法に則って，「批判記事」及び「宣伝記事」それぞれの比率を比較してみる。比較した結果により，メディアはどちらの報道を重視しているのかを明らかにする。

表 4-3 に示した記事分類の結果をみると，「批判記事」の割合が一番高く，全体の 52.3％を占める。一方，「宣伝記事」の割合が一番低く，わずか 12.2％である。それ以外の「一般記事」の割合も「宣伝記事」を上回り，35.5％である。また，図 4-1 に示した記事数の年別推移の結果をみると，各年における「批判記事」数が，「宣伝記事」を大きく上回ることも示されている。この結果より，『南方週末』の紙面は，党の「宣伝報道」

表 4-3 『南方週末』の記事の分類

記事のカテゴリー	N	%
「宣伝記事」	89	12.2
「批判記事」	381	52.3
「一般記事」	259	35.5
合計	729	100

（出所）記事に対するコーディング作業に基づき，筆者作成。

も掲載しているものの，それよりも多くの批判報道を掲載していることから，批判報道の多さによって「宣伝報道」的な性格を打ち消そうと試みていると推測できる。すなわち，同紙は，「批判記事」の数を拠り処にして，党の活動を宣伝するためのメディアという存在からの脱却を試みようとしているのである。

「批判記事」数の年別推移を見てみよう。図 4-1 で示したように，「批判記事」数が全体的に減少する傾向にある。ピーク時の 1998 年にその数が 37 本であったが，それ以降次第に減少し，さらに 2005 年より 20 本台まで下がっている。この点から，『南方週末』の編集部にとって「批判記事」を掲載することは年々難しくなっているといえるだろう。それは同紙がたびたび党から統制処分を受けたことと大きく関係していると考えられる。2000 年 1 月，党中央宣伝部は，『南方週末』の一貫した批判報道の掲載を中心とする報道スタイルに不満を持ち，当時の編集長・江芸平氏の更迭処分を命じた。引き続き，その 4 か月後，中央宣伝部は副編集長・銭剛氏に

図 4-1 『南方週末』の記事数の年別推移（単位：本）

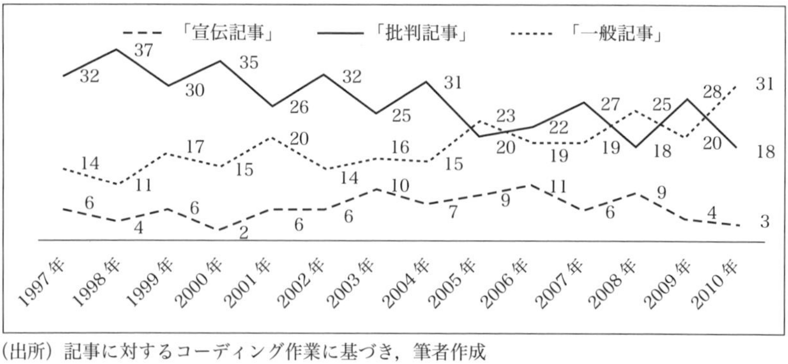

（出所）記事に対するコーディング作業に基づき，筆者作成

第 4 章　中国共産党の不正に対する批判報道―『南方週末』を事例に

も更迭処分を与えた。2001 年,『南方週末』は社会から大きな注目を集め
た「張君暴力団事件」の背景に深刻な社会貧富の格差,農村の貧困問題が
あると指摘したため (『南方週末』2001 年 4 月 19 日),中央宣伝部の逆鱗に触
れた。中央宣伝部は,編集長,副編集長,ベテラン記者 10 数人に同紙史
上の最大規模の更迭,免職処分を与えた。

2　党に対するメディアの批判

　本項では,メディアの党に対する批判がどのように行われているのかを
考察する。以下の分析にあたっては,表 4-1 に示した基準に基づいて「批
判記事」をコーディングし,批判対象ごと (党政幹部, 非党政幹部) の差異
に注目する。

(1)批判対象の分類

　表 4-4 は「批判記事」の中の批判対象の分類状況を示している。まず,
党政幹部,非党政幹部に大別してみると,前者の割合が 94.8%,後者の割

表 4-4　批判対象の分類

	批判対象の分類	N	%
党政幹部	中央レベル	9	2.4
	省レベル	42	11.0
	市レベル	115	30.2
	県レベル	58	15.2
	郷・鎮レベル	47	12.3
	農村基層レベル	19	5.0
	事業単位及び幹部	30	7.9
	全国人民代表	3	0.8
	国有企業及び幹部	38	10.0
	小計	361	94.8
非党政幹部	私営・外資系企業 (主)	36	9.5
	一般人	122	32.0
	メディア関係者	13	3.4
	小計	171	44.9
	合計[1]	532[2]	140[3]

(注) 1)「合計」値は「小計」値を除外したものである。
　　 2) 同一記事のなかに複数の批判対象者がいるため,総数が批判記事総数 (n = 381) を上
　　　 回る。
　　 3) 複数加算のため,100% にならない。
(出所)「批判記事」に対するコーディング作業に基づき,筆者作成。

合が44.9％である。これにより，批判対象は党政幹部に集中していることが分かった。また批判対象となっている党政幹部の内訳を見ると，市レベル（30.2％），県レベル（15.2％），郷・鎮レベル（12.3％），省レベル（11.0％），国有企業及び幹部（10.0％），事業単位及び幹部（7.9％），農村基層レベル（5.0％），中央レベル（2.4％），全国人民代表（0.8％）の順となった。

一方，図4-2で示したように，党政幹部を批判対象とする「批判記事」数は減少傾向にある。ピーク時の1999年にその数は41本に達したが，それ以降次第に減少し，さらに2004年以降その減少がより一層顕著である。これより，『南方週末』の批判報道の掲載が困難となってゆくのに伴い，同紙が党政幹部を批判することも年々難しくなっていることを確認できるだろう。

図4-2 「党政幹部」を批判対象とする「批判記事」数の年別推移（単位：本）

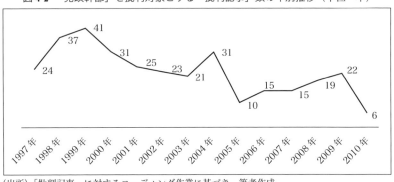

（出所）「批判記事」に対するコーディング作業に基づき，筆者作成。

(2)批判内容の分類

表4-5は，「批判記事」の中の批判内容の内訳を示している。まず，党政幹部の不正，非党政幹部の不正に大別してみると，前者の割合は90.4％，後者の割合は66.5％である。これにより，批判内容は党政幹部の不正に対するものが中心であることが分かった。また党政幹部の不正を批判内容とする割合は高い順に，他の不正行為（32.3％），腐敗と汚職（26.0％），権力濫用（22.1％），官僚主義（10.0％）となった。

一方，図4-3は，党政幹部の不正を批判内容とする「批判記事」数が減

第 4 章　中国共産党の不正に対する批判報道―『南方週末』を事例に

表 4-5　批判内容の分類

批判内容の分類		N	％
党政幹部の不正	党政幹部の腐敗・賄賂	99	26.0
	党政幹部の官僚主義	38	10.0
	党政幹部の権力濫用	84	22.1
	党政幹部の他の不正行為	123	32.3
	小計	344	90.4
非党政幹部の不正	社会の不正行為	161	42.3
	他のマイナス現象	92	24.2
	小計	253	66.5
	合計[1]	597[2]	157[3]

(注) 1)「合計」値は「小計」値を除外したものである。
　　2) 同一記事の中に複数の批判内容が含まれていることがあるため,総数が批判記事総数 (n = 381) を上回る。
　　3) 複数加算のため，100％にならない。
(出所)「批判記事」に対するコーディング作業に基づき，筆者作成。

図 4-3　「党政幹部の不正」を批判内容とする「批判記事」数の年別推移（単位：本）

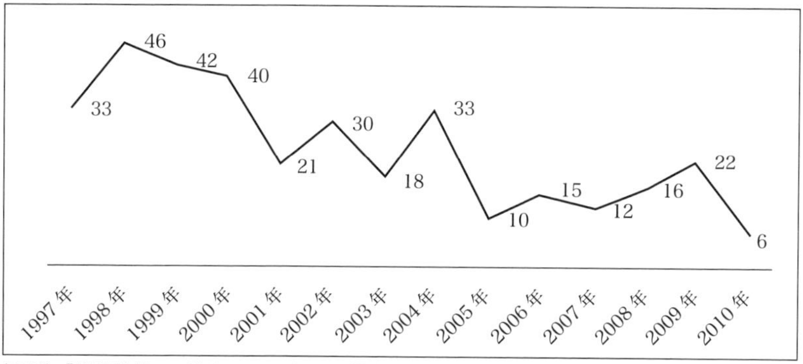

(出所)「批判記事」に対するコーディング作業に基づき，筆者作成。

少傾向にあることを語っている。ピーク時の 1998 年にその数が 46 本に達したが，それ以降次第に減少し，さらに 2005 年にわずか 10 本までに減少した。これより，同紙は党政幹部を批判対象とするのと同じく，党政幹部の不正を批判内容とすることもますます困難となったことが明らかとなった。

(3)批判手段の分類

表 4-6 には「批判記事」の中の批判手段の分類状況が示されている。党

表 4-6　批判手段の分類

批判手段の分類		N	%
党政機関による 取り締まり	中央レベルの党政機関による	60	15.8
	省レベルの党政機関による	69	18.1
	市レベルの党政機関による	37	9.7
	市以下レベルの党政機関による	6	1.6
	小計	172	45.2
非党政機関による 摘発	一般民衆による摘発	122	32.0
	学者と専門家による告訴	3	0.8
	弁護士による摘発	3	0.8
	匿名の摘発	14	3.7
	メディアによる調査	135	35.4
	小計	277	72.7
	合計 [1]	449 [2]	118 [3]

(注) 1)「合計」値は「小計」値を除外したものである。
　　 2) 同一記事の中に複数の批判手段が登場することがあるため，総数が批判記事総数（n = 381）を上回る。
　　 3) 複数加算のため，100% にならない。
(出所)「批判記事」に対するコーディング作業に基づき，筆者作成。

政機関による取り締まりが 45.2%，非党政機関による摘発が 72.7% を占めている。記事の中での批判手段は非党政機関による摘発の方が多い。また非党政機関による摘発の内訳を見ると，メディアによる調査（35.4%），一般民衆による摘発（32.0%），匿名の摘発（3.7%），学者と専門家による告訴（0.8%），弁護士による摘発（0.8%）の順である。

　次に，批判対象と批判手段のクロス集計を行っている。表 4-7 に示したように，比率がもっとも高いのは党政幹部に対する非党政機関による摘発で 35.5% を占めた。非党政幹部に対する非党政機関による摘発は 24.4% である。『南方週末』が党を批判する際に，自社による調査や一般民衆による摘発などの手段をよく利用していることが分かる。これは，同紙が，高

表 4-7　批判対象と批判手段のクロス集計

批判対象	党政機関による取り締まり		非党政機関による摘発		有効標本数
	N	%	N	%	N
党政幹部	105	25.7 [1]	145	35.5	250
非党政幹部	59	14.4	100	24.4	159
合計					409

(注) 1) 全体の比率を見るため，25.7%=105/409 となる。
(出所)「批判記事」に対するコーディング作業に基づき，筆者作成。

第 4 章　中国共産党の不正に対する批判報道―『南方週末』を事例に

い報道の自主性を持つことを示している。

(4)被代弁者の分類

　被代弁者とは，「批判記事」がその意見や立場を代弁している側の人々を指す。表 4-8 に示した「批判記事」における被代弁者の分類によれば，まず党政幹部による批判意見と非党政幹部による批判意見とに大別してみると，前者が 44.4％，後者が 88.3％であった。非党政幹部による批判意見の内訳は，高い順に一般民衆（42.8％），学者と専門家（24.2％），メディア関係者（8.1％），弁護士（7.1％），ネットユーザー（5.3％），業界協会（0.8％）である。

表 4-8　被代弁者の分類

被代弁者の分類		N	％
党政幹部による批判意見	行政機関の党政幹部	151	39.6
	人民代表	14	3.7
	事業単位及び幹部	4	1.1
	小計	169	44.4
非党政幹部による批判意見	一般民衆	163	42.8
	弁護士	27	7.1
	学者と専門家	92	24.2
	業界協会	3	0.8
	ネットユーザ	20	5.3
	メディア関係者	31	8.1
	小計	336	88.3
合計 [1]		505 [2]	133 [3]

(注) 1)「合計」値は「小計」値を除外したものである。
　　 2) 同一記事の中に複数の被代弁者が登場することがあるので，総数が批判記事総数（n = 381）を上回る。
　　 3) 複数加算のため，100％にならない。
(出所)「批判記事」に対するコーディング作業に基づき，筆者作成。

　次に，表 4-9 には批判対象と被代弁者のクロス集計の結果が示されている。党政幹部の不正に対する非党政幹部による批判意見を代弁するパターンの記事の割合が 37.0％で最も高い。非党政幹部の不正に対する非党政幹部の批判意見を代弁するケースは 24.0％である。党政幹部を一般民衆，学者や専門家，弁護士など非党政幹部による批判意見を代弁するケースが最も多い。

表 4-9　批判対象と被代弁者のクロス集計

批判対象	党政幹部による批判意見		非党政幹部による批判意見		有効標本数
	N	%	N	%	N
党政幹部	108	26.5[1)]	151	37.0	259
非党政幹部	51	12.5	98	24.0	149
合計					408

(注) 1) 全体の比率を見るため，26.5%=108/408 となる。
(出所)「批判記事」に対するコーディング作業に基づき，筆者作成。

(5)記事ソースの分類

　表 4-10 は「批判記事」ソースの分類状況を示している。その中，自社記事の掲載率が89.8％と突出して高い。それに対し，最も低いのは『人民日報』・新華社の記事の転載率であり，わずか0.5％である。これより，『南方週末』は独自の取材，自主報道の面において高い自主性を持つことが分かった。

表 4-10　記事ソースの分類

	記事ソースの分類	N	%
自社の記事	自社の記事	342	89.8
他社の記事	他社記者による記事	37	9.7
	『人民日報』・新華社の記事	2	0.5
	小計	39	10.2
	合計 [1)]	381	100

(注) 1)「合計」値は「小計」値を除外したものである。
(出所)「批判記事」に対するコーディング作業に基づき，筆者作成。

　続いて，表 4-11 は批判対象と記事ソースのクロス集計の結果を示している。党政幹部を批判対象とする自社記事の掲載率が最も高いことが分かった。その割合が50.8％であるのに対し，非党政幹部を批判対象とする

表 4-11　批判対象と記事ソースのクロス集計

批判対象	自社の記事		他社の記事		有効標本数
	N	%	N	%	N
党政幹部	189	50.8[1)]	25	6.7	214
非党政幹部	140	37.6	18	4.8	158
合計					372

(注) 1) 全体の比率を見るため，50.8%=189/372 となる。
(出所)「批判記事」に対するコーディング作業に基づき，筆者作成。

第 4 章　中国共産党の不正に対する批判報道―『南方週末』を事例に

自社記事の掲載率が 37.6％にとどまっている。すなわち，『南方週末』は党政幹部を批判する際に，独自の取材に基づく自社記事の掲載を最も重視していることが分かった。

⑹不正の原因の分類

　表 4-12 に示したように，「批判記事」のうち不正の原因が示されているものは 61％で，うち党や政府に原因があるとするものが 42.3％，党や政府以外に原因があるとするものが 18.4％である。党や政府に原因があるとするものの内訳を見ると，党及び国家の政策と制度の不備（19.4％），政治・経済体制改革の不全（10.5％），国家法律の不備（7.9％），党政機関への監視不全（4.5％）の順であった。

表 4-12　不正の原因の分類

	不正の原因の分類	N	％
党・政府の原因	党及び国家の政策と制度の不備	74	19.4
	党政機関への監視不全	17	4.5
	国家法律の不備	30	7.9
	政治・経済体制改革の不全	40	10.5
	小計	161	42.3
党・政府以外の原因	貧困などの社会的要因	35	9.2
	そのほか	35	9.2
	小計	70	18.4
	合計[1]	231[2]	61[3]

（注）1)「合計」値は「小計」値を除外したものである。
　　　2) 同一記事の中に複数の不正の原因を指摘する記事がある一方，不正の原因を指摘していない記事もあるため，合計は批判記事総数（n=381）と合致しない。
　　　3) 複数加算及び不正の原因を指摘していない記事もあるため，100％にならない。
（出所）「批判記事」に対するコーディング作業に基づき，筆者作成。

　続いて，批判対象と不正の原因のクロス集計を行っている（表 4-13 参照）。

表 4-13　批判対象と不正の原因のクロス集計

批判対象	党と政府の原因		党と政府以外の原因		有効標本数
	N	％	N	％	N
党政幹部	67	38.7[1]	28	16.2	95
非党政幹部	42	24.3	36	20.8	78
合計					173

（注）1) 全体の比率を見るため，38.7％=67/173 となる。
（出所）「批判記事」に対するコーディング作業に基づき，筆者作成。

党政幹部の不正を指摘し，その原因も党や政府にあるというパターンの記事の割合が最も高く，38.7％を占めている。一方，非党政幹部の不正を指摘し，その原因が党や政府にあるとするものは24.3％である。

3 小 括

本節では，『南方週末』を事例として同紙の批判報道の分析から，以下の結果を得た。

まず，表4-3に示した記事の全体分布及び図4-1に示した各年別の記事分布の結果より，批判報道の数は党の「宣伝報道」を終始上回っている。『南方週末』紙は党の活動の宣伝記事を報道するよりも，批判報道を積極的に掲載しようとしているのである。同紙は批判報道を数多く掲載することによって，党が期待している「宣伝報道」を行うメディアとしての役割に抵抗していると言えるのではないだろうか。一方，「批判記事」数が全体的に減少している。批判報道記事の掲載が次第に困難になっているものと思われる。

次に，『南方週末』による党批判は，以下の特徴を持つ。批判の対象と内容は党政幹部とその不正に集中していることが分かった。党政幹部を批判対象とする際には，一般民衆による摘発と告訴やメディアによる調査などの手段が最も利用されている。また，一般民衆や学者，専門家などによる批判意見を代弁するケースが多い。続いて，独自取材に基づく自社記事の掲載が最も重要視されている。さらに，党や政府の政策の欠陥などが不正の原因として最も多く指摘されている。ただ，党政幹部に対する同紙の批判も批判報道の掲載の減少に伴い，弱体化している。

第3節　批判報道の戦術

では，批判報道の掲載が困難になりつつも，『南方週末』は，なぜ宣伝メディアとしての役割を発揮しなければならないという党の要求に抵抗し続けることができているのか。本節では批判報道の報道戦術を考察する。『南方週末』は，こうした戦術に，一体どのような意義を見出しているの

第4章　中国共産党の不正に対する批判報道—『南方週末』を事例に

だろうか。

1　党への提言

図4-4で示したように，2000年より『南方週末』が「批判記事」の中に提言を盛りこむことが多くなっている。2000年には提言のある「批判記事」数が11本に急増し，さらに2007年に16本に増加した。この結果と前述の図4-1，4-2，4-3を合わせて考えると，『南方週末』は2000年より批判報道の掲載が困難となっている中で，批判とともに提言を示すことを一つの戦術として位置付けていると考えられる。

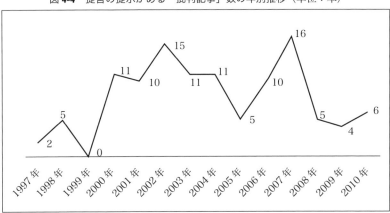

図4-4　提言の提示がある「批判記事」数の年別推移（単位：本）

（出所）「批判記事」に対するコーディング作業に基づき，筆者作成。

この戦術は，党がメディアに提起した「建設的な世論監督機能」という方針に応えた結果，編み出されたものであると言えるだろう。2005年に国家ラジオ・映画・テレビ総局が「ラジオやテレビの世論監督の確実な強化と改善の要求に関する通知」の中で，「メディアは問題を暴露する同時に，建設的な役割を重視し，党と人民，業務の改善，問題の解決，社会安定の維持，政治活動の大局への奉仕という立場から党と政府の仕事に緊密に歩調を合わせ，民意を積極的な方向に誘導しなければならない」[5]と通達した。つまり，党は，メディアが党及び社会の不正を批判すると同時に，党の工作に助言・改善意見を提示するという建設的な姿勢を示すべきだと要

求した。『南方週末』紙も批判報道の中で党に対する提言を行うという建設的な姿勢を示すことによって，批判報道を掲載することによる政治的リスクの軽減を目指したと考えられるだろう。

　次に，提言の具体的な内容を見てみよう。表4-14は提言の分類状況を示している。党・政府への提言，それ以外の提言とに大別すると，前者は22.6％，後者は6.6％であった。党・政府への提言が相対的に重視されていることが分かる。また，党・政府への提言の内訳を見ると，党及び国家の政策と制度の改善（12.6％），国家法律の改善（6.0％），政治・経済体制改革（4.0％）の順であった。

表4-14　提言の分類

	提言の分類	N	％
党・政府への提言	党及び国家の政策と制度の改善	48	12.6
	国家法律の改善	23	6.0
	政治・経済体制改革	15	4.0
	小計	86	22.6
それ以外の提言	社会環境の改善	4	1.1
	そのほか	21	5.5
	小計	25	6.6
	合計 [1]	111 [2]	29 [3]

（注）1）「合計」値は「小計」値を除外したものである。
　　　2）同一記事の中に複数の提言がある一方で，提言のない記事もあるため，合計は批判記事の総数とは合致しない。
　　　3）複数加算及び提言のない記事もあるため，100％にならない。
（出所）「批判記事」に対するコーディング作業に基づき，筆者作成。

　引き続き，批判対象と提言のクロス集計を見てみる（表4-15参照）。党政幹部を批判対象とする場合に，提言を示した記事の割合が12.3％であるのに対し，非党政幹部を批判対象とする場合に，提言を示した記事の割合がわずか7.9％である。つまり，党政幹部を批判する場合に，提言を示すことが重視されていることが分かった。続いて，批判対象と党・政府への提言，それ以外の提言とのクロス集計の結果を見ると，党政幹部を批判対象とする場合に，党・政府に提言するというパターンが最も多いことが分かった。その比率は48.1％に達し，非党政幹部を批判対象とする場合の比率（22.8％）に比して高い。すなわち，『南方週末』は党政幹部を批判する際に，党と政府に提言を行うという戦術を利用していることが明らかとなっ

第 4 章　中国共産党の不正に対する批判報道―『南方週末』を事例に

表 4-15　批判対象と提言のクロス集計

批判対象	提言の示し		有効標本数
	N	%	N
党政幹部	47	12.3[1]	77
非党政幹部	30	7.9	
批判対象	党・政府への提言		それ以外の提言		有効標本数
	N	%	N	%	N
党政幹部	38	48.1[2]	9	11.4	47
非党政幹部	18	22.8	14	17.7	32
合計					79

（注）1）N=381 を処理したため，12.3%=47/381 となる。
　　　2）全体の比率を見るため，48.1% = 38/79 となる。
（出所）「批判記事」に対するコーディング作業に基づき，筆者作成。

た。こうした戦術によって，2000 年以降党に対する批判がますます厳し
くなっている状況の中,『南方週末』紙は党・政府を批判することの政治
的リスクの軽減を図っていると考えられる。

2　党・政府の公式文書の引用

「批判記事」の中で文書を引用することがもう 1 つの戦術としてよく利用
されている。表 4-16 に示したように，「批判記事」のうち，何らかの文書
が引用されている割合は 73％に達している。さらに，引用した文書の内

表 4-16　引用文書の分類

引用文書の分類		N	%
党・政府の公式文書	党及び政府諸会議の決議	37	9.7
	党及び政府の政策条例	79	20.7
	党政機関の統計資料	36	9.5
	国家法律	48	12.6
	『人民日報』・新華社の記事	26	6.8
	他の党機関紙の記事	35	9.2
	小計	261	68.5
それ以外の文書	専門資料	6	1.6
	他の市民紙と雑誌の記事	9	2.4
	小計	15	4.0
	合計[1]	276[2]	73[3]

（注）1）「合計」値は「小計」値を除外したものである。
　　　2）同一記事の中に複数種類の資料を引用される場合がある一方，引用文書のない記事も
　　　あるため，合計は批判記事総数と合致しない。
　　　3）複数加算及び文書の引用を行わない記事もあるため，100％にならない。
（出所）「批判記事」に対するコーディング作業に基づき，筆者作成。

訳を見ると，党・政府の公式文書と，それ以外の文書とに大別して比較すると，党・政府の公式文書の割合が68.5％という高い数値を示しているのに対し，それ以外の文書の割合がわずか4.0％である。つまり，「批判記事」の中で党・政府の公式文書を引用することがより重視されている傾向は顕著であることが分かった。『南方週末』紙としては，批判報道の中で党と政府の意思の反映である党・政府の公式文書を引用することで，批判報道を掲載する政治的正当性を獲得しようとしているのだと考えられる。

　よく引用されている党・政府の公式文書の内訳をみると，党及び政府の政策条例（20.7％），国家法律（12.6％），党及び政府諸会議の決議（9.7％），党政機関の統計資料（9.5％），他の党機関紙の記事（9.2％），『人民日報』と新華社の記事（6.8％）の順となる。

　続いて，表4-17は批判対象と引用文書のクロス集計の結果を示している。まず，批判対象と引用文書の有無とのクロス集計の結果を見ると，党政幹部を批判対象とする際には，文書が引用されるケースが一番高いことが分かった。その割合が28.3％であるのに対し，非党政幹部を批判対象とする際の割合が15.5％にとどまっている。すなわち，党政幹部を批判する際に，文書を引用することが重視されていることが明らかになった。次に，批判対象と党・政府の文書，それ以外の文書とをクロス集計して見ると，党政幹部を批判対象とする場合には党・政府の公式文書が引用されるケースが58.0％と最も多く，非党政幹部が批判対象となる場合（30.4％）よりも

表4-17　批判対象と引用文書のクロス集計

批判対象	引用文書のあり		有効標本数		
	N	％	N		
党政幹部	108	28.3[1]	167		
非党政幹部	59	15.5			
批判対象	党・政府の文書		それ以外の文書		有効標本数
	N	％	N	％	N
党政幹部	105	58.0[2]	11	6.1	116
非党政幹部	55	30.4	10	5.5	65
合計					181

（注）1）N=381を処理したため，28.3％=108/381となる。
　　　2）全体の比率を見るため，58.0％=105/181となる。
（出所）「批判記事」に対するコーディング作業に基づき，筆者作成。

128

比率がかなり高い。つまり,『南方週末』は党政幹部を批判する際には,党・政府の公式文書をよく引用していることが明らかとなった。この結果より,『南方週末』としては党政幹部を批判する際には党・政府の公式文書を使うことが多く,これには政治的正当性の獲得を図る狙いがあるとみられる。

3 小 括

本節では,宣伝メディアとしての役割を発揮しなければならないという党の要求が強まる中で『南方週末』が批判報道を続ける戦術について考察した。以上の分析結果から次の2点がわかった。

第1に,批判報道の中で党・政府への提言を提示することが戦術的に行われている。この戦術は提言という建設的な姿勢を見せることにより,批判報道を掲載する政治的リスクの軽減を図るものだと考えられる。党政幹部を批判対象とする際にも党・政府の政策に対する改善意見などの提言を重視している。

第2に,批判報道の中で党・政府の公式文書を引用することがもう一つの戦術として利用されていることが明らかとなった。これは,『南方週末』紙が党・政府の公式文書を引用することにより,批判報道の掲載に対する政治的正当性を獲得するための戦術であると考えられる。とりわけ,党政幹部を批判する場合に,党・政府の公式文書を引用することが多い。

むすび 批判報道の実態及びその限界

本章では『南方週末』を事例として,中国メディアは批判報道という手段を使い,党の報道方針に抵抗する実態及び抵抗を続けるために用いる報道戦術について考察した。以下の分析結果が得られた。

まず『南方週末』の報道に関する分析を通じて,中国メディアによる批判報道とは党がメディアに要求している宣伝機能に対する抵抗を意味するものであることを示した。『南方週末』紙では党・政府の活動を宣伝する記事よりも党・政府の不正を批判する報道を多く掲載している。

次に同紙の批判報道は党の不正を批判するものが中心である。しかしな

がら，1990年代後半と比べ，2000年代には批判報道の掲載が困難になっており，同紙による党批判の圧力は次第に弱体化している。

それにもかかわらず，『南方週末』は批判報道を続けるために新しい戦術を使っている。すなわち，「党・政府への提言」と「党・政府の公式文書の引用」を頻繁に行うことで，批判報道を掲載する際の政治的リスクを軽減し，批判報道を行うことの政治的正当性を獲得しようとしていると考えられる。

最後に，中国メディアの批判報道の限界を示しておきたい。メディアは批判報道を行う際に，常に党を批判する危険ゾーンを察知しながら，慎重な姿勢を崩さない。これは筆者が広東省の『南方日報』新聞グループの記者に行ったインタビューによって裏付けられる。同記者は「我々は常に党の報道禁区に踏んでいる。公安・検察・司法などの党政機関を批判するのは，我々にとっては最も用心深いものである」と述べた[6]。

『南方週末』を事例とすると，同紙の批判対象のうち，省レベル以上の党政幹部の比率がとても低いことが分かった。前述の表4-4によれば，中央レベルの党政幹部（2.4%），省レベルの党政幹部（11.0%）両者を合計すると，全体のわずか13.4%に過ぎない。この結果は，『南方週末』が地位の高い党政幹部を批判することへの限界があることを示唆している。つまり，省レベル以上の党政幹部を批判することは，政治的リスクがとても大きいのである。

次に，表4-18は批判手段と党政幹部の地位のクロス集計の結果を示している。中央レベルの党政幹部・省レベルの党政幹部に対して，非党政機関による摘発の割合（0.8%・6.8%）は党政機関による取り締まりの割合（2.1%・

表4-18 批判手段と党政幹部の地位のクロス集計

批判対象	中央レベルの党政幹部		省レベルの党政幹部		市レベルの党政幹部		県レベルの党政幹部		郷，鎮レベルの党政幹部		農村基層レベルの党政幹部		有効標本数
	N	%	N	%	N	%	N	%	N	%	N	%	N
党政機関による取り締まり	8	2.1[1]	32	8.4	63	16.5	23	6.0	21	5.5	8	2.1	155
非党政機関による摘発	3	0.8	26	6.8	75	19.7	43	11.3	31	8.1	14	3.7	192

（注）1）N=381を処理したため，2.1%=8/381となる。
（出所）「批判記事」に対するコーディング作業に基づき，筆者作成。

130

8.4%）に比して低いことが分かった。すなわち，省レベル以上の党政幹部
を批判する際には，一般民衆による摘発・告訴などの手段で下から上への
批判を行うことが困難であることが明らかとなった。この結果は，『南方
週末』が省レベル以上の地位が高い党政幹部を批判する際に，一般民衆，
学者，専門家などによる摘発の手段で下から上への批判を行うことが困難
であることを示している。

　以上のように，本章では『南方週末』を事例として，中国メディアが批
判報道という手法を使って，宣伝メディアとしての役割を発揮しなければ
ならないという党の要求に抵抗している実態及び抵抗を続けるために用い
る報道戦術を解明した。次章では引き続き，『南方都市報』は突発的事件
をめぐる批判報道を行う際に，どのように党の要求に抵抗しているのか，
また，なぜ抵抗できているのかについて考察を行う。

注

1)「高速鉄道事故を受け，中国共産党宣伝部を無視した大衆メディア」（2012年
8月9日最終アクセス，http://news.searchina.ne.jp/disp.cgi?y=2011&d=0728&f=colu
mn_0728_009.shtml よりダウンロード）。

2)「高速鉄道事故『報道も評論もするな』，メディアが中国当局通達文『暴露』」（2012
年8月9日最終アクセス，http://www.j-cast.com/2011/08/01103134.html?p=all よりダ
ウンロード）。

3) 王強華・王栄泰・徐華西（2007：36）を参照。王強華・王栄泰・徐華西編著（2007），
『新聞輿論監督理論与実践』復旦大学出版社。

4) 李瑞環（1989），「堅持正面宣伝為主的方針」（2012年3月5日最終アクセス，
http://news.xinhuanet.com/ziliao/2005-02/21/content_2600300.htm よりダウンロード）。

5)「国家広電総局印発関於切実加強和改進広播電視輿論監督工作的要求
的通知」（2012年8月15日最終アクセス，http://www.sarft.gov.cn/articl
es/2005/05/10/20070919171216440790.html よりダウンロード）

6) 広東省の『南方日報』新聞グループの記者へのインタビューによる（2008年12月）。

郵便はがき

101-8796

537

料金受取人払郵便

神田局
承認

8956

差出有効期間
2018年9月
30日まで

切手を貼らずに
お出し下さい。

【 受 取 人 】

東京都千代田区外神田6-9-5

株式会社 明石書店 読者通信係 行

お買い上げ、ありがとうございました。
今後の出版物の参考といたしたく、ご記入、ご投函いただければ幸いに存じます。

ふりがな		年齢	性別
お名前			

ご住所 〒   -

TEL	( )	FAX	( )

メールアドレス	ご職業（または学校名）

＊図書目録のご希望	＊ジャンル別などのご案内（不定期）のご希望
□ある	□ある：ジャンル（ ）
□ない	□ない

書籍のタイトル

◆本書を何でお知りになりましたか?
　　　　□新聞・雑誌の広告…掲載紙誌名[　　　　　　　　　　　　　　　　　]
　　　　□書評・紹介記事……掲載紙誌名[　　　　　　　　　　　　　　　　　]
　　　　□店頭で　　　□知人のすすめ　　　□弊社からの案内　　　□弊社ホームページ
　　　　□ネット書店[　　　　　　　　　]　□その他[　　　　　　　　　　　]
◆本書についてのご意見・ご感想
　　■定　　　価　　　□安い（満足）　　□ほどほど　　　□高い（不満）
　　■カバーデザイン　　□良い　　　　　□ふつう　　　　□悪い・ふさわしくない
　　■内　　　容　　　□良い　　　　　□ふつう　　　　□期待はずれ
　　■その他お気づきの点、ご質問、ご感想など、ご自由にお書き下さい。

◆本書をお買い上げの書店
　　[　　　　　　　　　　　　市・区・町・村　　　　　　書店　　　　　　店]
◆今後どのような書籍をお望みですか?
　　今関心をお持ちのテーマ・人・ジャンル、また翻訳希望の本など、何でもお書き下さい。

◆ご購読紙　(1)朝日　(2)読売　(3)毎日　(4)日経　(5)その他[　　　　新聞]
◆定期ご購読の雑誌 [　　　　　　　　　　　　　　　　　　　　　　　]

ご協力ありがとうございました。
ご意見などを弊社ホームページなどでご紹介させていただくことがあります。　□諾　□否

◆ご 注 文 書◆　このハガキで弊社刊行物をご注文いただけます。
　　□ご指定の書店でお受取り……下欄に書店名と所在地域、わかれば電話番号をご記入下さい。
　　□代金引換郵便にてお受取り…送料+手数料として300円かかります（表記ご住所宛のみ）。

書名	
	冊

書名	
	冊

ご指定の書店・支店名	書店の所在地域	
	都・道 府・県	市・区 町・村
	書店の電話番号　（　　　　）	

第5章　突発的事件に対する批判報道

──『南方都市報』の炭鉱事故報道を事例に

はじめに

　本章の目的は，中国メディアが突発的事件に対する批判報道をどのように行っているのかを明らかにするところにある。

「突発的事件」に関して，2007年11月1日より実施された「中華人民共和国突発的事件応対法」により，「突然に発生し，社会に重大な損害を与え，緊急な処理措置を取らせざるを得ない自然災害，事故災難，公共衛生事件及び社会安全事件を指している」[1] と定義されている。具体的な例を挙げると，四川大地震[2]（自然災害），温州鉄道脱線事故[3]（事故災難），「三鹿」毒粉ミルク事件[4]（公共衛生事件），貴州甕安暴動事件[5]（社会安全事件）などの事件がある。

　近年，突発的事件が多発している原因には様々な党と政府幹部の不正及び社会問題がある。例えば，四川大地震により，小中学校の生徒の死亡者数が犠牲者全体の1割以上に占めた原因として，学校建築における耐震基準の甘さと手抜き工事の横行があると指摘されている[6]。また，温州鉄道脱線事故は，鉄道省の管理体制の欠陥及び人為的ミスに起因していると指摘されている[7]。「三鹿」毒粉ミルク事件の背景には，国家の食品安全管理体制の欠陥及び生産メーカーの不正行為があるとみられる[8]。さらに，貴州甕安暴動事件は，地元幹部の権力濫用，腐敗行為がもたらした地方政府と住民の間の長期対立によるものであると言われる[9]。

　突発的事件は社会的危機さえ引き起こす恐れがあり，人々の高い関心を集めているため，その報道は社会の世論を左右するケースもしばしばある。改革開放以前，突発的事件の報道は事件に対する党と政府の迅速な対応，党員幹部の英雄的ストーリーの宣伝内容がほとんどであった。メディアは

133

長い間災難，事故，犯罪及び社会問題などのマイナスニュースをプラス宣伝のように報道してきた。その目的は，党が社会の世論を完全にコントロールしようとすることにあった。改革開放以降，突発的事件報道は党と政府によって慎重に開放されつつある。しかし一方，突発的事件報道に対し，党は依然として党や政府の迅速な対応と救助活動を宣伝するという従来のメディア機能を強調している。党が公布した一連の条例や規定・「国内突発的事件の新聞報道工作のより一層の改善と強化に関する通知」（2003 年）「国内突発的事件ニュース公開工作の改善と強化に関する実施意見」，（2004年 2 月），「省（区・市）人民政府による突発公共事件の緊急対応指南」（2004年 5 月）の中 [10) で，突発的事件報道が「プラス宣伝を主とする」方針と「正しい世論の方向性」方針を堅持しなければならないと規定された。そこには党が自らにとって有利な世論環境を作る狙いがあると考えられる。

　一方，突発的事件報道の中で，一部のメディアは党や政府の救助活動を中心に宣伝するのではなく，党と政府幹部の不正や社会問題に対し，積極的に批判を行っている。例を挙げると，『南方週末』は 2008 年の四川大地震の中で犠牲者の 1 割以上が学校の生徒であった原因について，学校建築における耐震基準の甘さと手抜き工事の横行があったと批判した。『京華時報』は 2011 年の温州鉄道脱線事故に対し，鉄道省の管理体制の欠陥及び人為的ミスによるものだと追及した。これらの批判報道は社会の世論に大きな影響力を与えている。温州鉄道脱線事故後の翌日，「新浪微博」などのミニブログでは何百万ものユーザーが全国の有力紙の第一面記事をまとめて転載し，政府の対応を強く非難した。これは明らかに党がメディアに要求している宣伝機能に背反している。

　本章では，前章と同じように中国メディアによる党の報道方針や要求への抵抗の動きに注目し，突発的事件をめぐる批判報道はどのように行われているのかを明らかにする。具体的に，中国メディアは突発的事件報道の中で批判報道という手法を用い，党の宣伝報道を優先しなければならないという党の要求にどのように抵抗しているのか，なぜそれが可能となっているのか，という問いを明らかにしたい。そこで本章では，突発的事件報道の中で宣伝メディアという機能に抵抗する批判報道の実態及び報道戦術

第5章　突発的事件に対する批判報道―『南方都市報』の炭鉱事故報道を事例に

について考察を行う。

　本章では『南方都市報』を分析の事例として選択しているのは，序章で
も述べたように，同紙の批判報道が中国メディア界の先導役を担っている
と広く認識されているためである。同紙は事件をスクープし，批判報道を
掲載したことにより，他の報道機関が追うような形で一斉に報道し，全国
的な話題を作り上げたケースがしばしばあった。同紙のスクープした最も
有名な批判報道が政府の都市部収容・送還政策の廃止に影響を与えた「孫
志剛事件」報道である。また同紙が強い社会的責任の報道意識を持つ報道
機関の1つであると判断したからである。2002年11月に広東省で発生し
たSARSウイルス感染症により多くの死者，感染者が出た深刻な状況に関
して，『南方都市報』は地元政府による情報隠ぺいを打破し，翌年1月か
ら全国でいち早く感染の真相を報じた（『南方都市報』，2003年2月18日）。こ
の報道をきっかけに，他の報道機関から大きな関心を集め，4月上旬にな
るとサーズ事件が重大な突発的事件として取り扱われるようになった。4
月下旬から中央政府はようやく事態の深刻さを認めた。

　本章では以下の方法で議論を展開する。まず，これまでの突発的事件報
道に関する先行研究は，情報公開という視点から党と政府による突発的事
件の報道政策の変遷，突発的事件報道の変化及び政府とメディアの関係を
検討するものがほとんどであった[11]。これらの研究は突発的事件の報道
政策や報道様式の変容を明らかにしつつあるが，しかし突発的事件をめぐ
る批判報道を研究対象として十分に検討していない。そこで本章では突発
的事件報道の中で，党の宣伝報道を優先しなければならないという党の要
求への抵抗としての批判報道の実態を解明する。次に，突発的事件をめぐ
る批判報道がどのように党の宣伝メディアという機能に抵抗しているのか
を明らかにするために，本章は新聞記事の内容分析手法を採る。分析にあ
たって記事を「宣伝記事」と「批判記事」に分類し両者の差異に注目する。
その差異より批判報道の実態を把握する。

　本章の構成は以下のとおりである。第1節では記事の抽出及びコーディ
ングの方法を紹介する。第2節では突発的事件に対する批判報道は，党の
宣伝メディアという機能に抵抗する実態を明らかにする。第3節では党の

要求への抵抗としての批判報道の戦術を考察する。第4節では前節の分析結果を踏まえ，突発的事件に対する批判報道の限界についても検討する。

第1節　記事の抽出方法及びコーディング方法

1　記事の抽出方法

　本章では現在，中国の大きな社会問題となっている突発的事件の1つである炭鉱事故を分析する。その理由は，まず，事故の頻発性及び死者の多さで問題視されているからである。例えば，2002年以降毎年，炭鉱事故による死者数が約6,000人にのぼり，1カ月平均約500人に達している（『南方都市報』2006年11月28日）。2006年1月から6月にかけて全国で2,845件の炭鉱事故が発生し，死亡者数が4,746人にのぼり，1日平均13人に達した[12]。次に，炭鉱事故は地方政府と幹部の「官商癒着」，炭鉱主の利益優先による安全管理の粗末さなどの様々な不正が暴かれるからである。例えば，2001年，広西省南丹炭鉱事故の処理をめぐり，地元幹部は炭鉱主と結託し，事故の真相を隠ぺいした（『南方都市報』2004年2月21日）。また2005年の広東省大興炭鉱事故では，地方幹部と炭鉱主の裏取引行為が発覚した（『南方都市報』2005年8月16日）。

　記事の抽出にあたっては，香港慧科会社（Wise Cooperation）の新聞記事データベースを利用する。「炭鉱事故（中国語原文：煤鉱事故）」，「炭鉱災難（中国語原文：鉱難）」というキーワードで炭鉱事故記事を検索し，その結果から『南方都市報』が掲載した，炭鉱事故頻発の2004年から2010年までの炭鉱事故関連記事を抽出する。その結果，全部で850件のサンプルを抽出できた（表5-1）。

表5-1　『南方都市報』の年別の炭鉱事故関連記事数（単位：本）

年	2004	2005	2006	2007	2008	2009	2010	合計
記事数	101	256	87	106	75	89	136	850

（出所）『南方都市報』の各年の炭鉱事故関連記事数に基づき、筆者作成。

2　コーディング方法

　コーディング作業は，第4章と同様に，オーストラリアのQSR会社が2010年に発売したNVIVO9という定性分析のソフトを利用し行った。本章でもNVIVO9が備えた単語頻度の検索，テキストマイニングの関連付けなどの解析機能を利用し，データをより一層綿密に分析することを目指した。

　コーディング方法は以下の手順で進めていく。

　(1)記事のカテゴリー化

　本章では記事の内容を分析し，「批判記事」，「宣伝記事」及び「一般記事」3つのカテゴリーに分類した。なお1記事あたり1カテゴリーだけを付与した。それぞれの分類基準は以下のとおりである。

　①「批判記事」

　炭鉱事故に関わる党や政府及び幹部，炭鉱主の不正への暴露，批判を内容とする記事を「批判記事」カテゴリーに分類した。

　例としては，2001年7月17日に広西省南丹県で発生した炭鉱事故により81人の死者が出た真相を，県委書記・万瑞忠と県長・唐毓盛をはじめとする地元幹部が結託して上級の政府部門に対して隠ぺいした行為として暴露したものがある（『南方都市報』2004年2月21日）。同記事は，「万瑞忠らの地元幹部による情報隠ぺい行為が中国社会にきわめて大きな悪影響を与えた」と批判した。

　②「宣伝記事」

　2004年に党が公布した「国内の突発的事件の新聞報道工作の改善・強化に関する若干の規定」の中で，「メディア報道は党及び国家の事件への迅速な対応，人民大衆の生命や財産安全への高度な重視と関心に重点を置き，党と政府による救援活動及び社会各領域の人々による積極的な助け合い，反応，活動を中心とすべきである」[13)]と規定された。この条例により，党や政府及び幹部，軍人などによる炭鉱事故の救援活動，事故対応及び人々

の積極的な助け合いなどに関する政治宣伝の意味合いを持つ記事を，すべて「宣伝記事」カテゴリーに分類した。

　例としては，「27時間に及んで全生存者が救出された，事故は党中央及び国務院から大きな関心を集めた」と題した記事がある（『南方都市報』2004年8月30日）。同記事は「事故は党中央及び国務院の高度な関心を集めている。国務院総理・温家宝は広東省委書記・張徳江，省長・黄華華に，全力を尽くして必ずすべての生存者を救出しなければならないと指示した」と報じた。

　③「一般記事」

　事故による死傷の状況，犠牲者への追悼及び犠牲者家族の反応などを客観的に報じている記事が「一般記事」である。

　例としては，「死者147人，行方不明者1人」と題した記事がある（『南方都市報』の2004年11月11日）。本記事は，2004年10月20日に発生した河南省大平炭鉱事故による死傷状況，事故救助の進展を報じた。

　(2)記事の内容に対するコーディング

　上述の「批判記事」，「宣伝記事」及び「一般記事」それぞれの内容を分類するために，以下のコードを設けた。なお1記事につき，1内容だけと数える。具体的なコードは表5-2に示した。

　以下では，表5-2の中のコードについて，読者の理解を深めるために，の記事中の文章を事例としてどのように分類するかを示す。

　例：「宣伝記事」は「1．党及び政府による救助と対応」

「梅州市炭鉱ガス爆発により50人以上が生き埋めになった。温家宝，張徳江，黄華華が全力で生存者を救助すると指示した」（『南方都市報』2004年8月29日）

　例：「批判記事」は「1．党政幹部の不正及びそれへの取り締まり」

「沙河市炭鉱事故，4幹部が刑事責任を問われる」というタイトルの記事のなかで（『南方都市報』2004年12月23日），「沙河市安全監察局の4幹部が職務怠慢の原因で，刑事責任を問われる」と記された。

第 5 章　突発的事件に対する批判報道―『南方都市報』の炭鉱事故報道を事例に

表 5-2　記事内容の分類コード

記事カテゴリー	記事内容のコード
「宣伝記事」	1 党及び政府による救助と対応
	2 炭鉱安全生産と事故防止をめぐる党と政府の活動
	3 軍や警察による救助
「批判記事」	1 党政幹部の不正及びそれへの取り締まり
	2 事故処理及び犠牲者への対応の不備
	3 炭鉱安全管理の不備
	4 炭鉱管理政策と体制の欠陥
	5 炭鉱側の不正及びそれへの取り締まり
	6 他の不正及び取り締まり
「一般記事」	1 事故及び死傷状況
	2 犠牲者への追悼と賠償
	3 非人為的原因及び事故の影響
	4 生存者への救助
	5 遭難者家族の反応

（出所）炭鉱事故記事に対するコーディング作業に基づき、筆者作成。

　例：「一般記事」は「1. 事故及び死傷状況」
「雲南省六盤水炭鉱事故，死者 24 人，行方不明者 2 人」と題した記事の
なかで（『南方都市報』2004 年 2 月 12 日），「24 人が死亡し，2 人が行方不明に
なった」と記された。

　⑶記事の重要性に対するコーディング
　内容分析手法において記事の重要性は，記事の掲載面，記事の大きさ及
び記事の体裁などの物理的項目を通して把握することができる。そこで本
章では「批判記事」と「宣伝記事」の重要性の度合いを比較するために，
記事の掲載面，記事の大きさ，記事の体裁 3 つの指標を用いる（表 5-3）。
　記事の掲載面は，ニュースの生産過程において編集者らが記事のタイム
リー性，読者へのインパクト及びニュースバリューなどを判断基準として、
どの紙面でどの記事を掲載するのかを選定するための指標である。通常，
新聞の紙面の中で第 1 面は当日の最も重要な報道価値のある記事を掲載す
る。そのため，記事が掲載された紙面の位置が当記事の重要性を図る重要
な指標であると考えられる。そこで記事の重要性の度合いを計測するには，
記事の掲載面を「第 1 面〜第 5 面」，「第 6 面〜第 10 面」，「第 11 面〜第 15 面」，

表 5-3　記事の重要性の分類コード

コード	下位カテゴリー	
記事の掲載面	1	第 1 面～第 5 面
	2	第 6 面～第 10 面
	3	第 11 面～第 15 面
	4	第 16 面～第 20 面
	5	第 20 面以降
記事の大きさ	1	0 ～ 300 字
	2	301 ～ 1000 字
	3	1001 ～ 2000 字
	4	2000 字以上
記事の体裁	1	消息記事
	2	調査記事
	3	評論記事

(出所) 炭鉱事故記事に対するコーディング作業に基づき、筆者作成。

「第 16 面～第 20 面」，「第 20 面以降」，以上 5 つのコードに分ける。

　記事の大きさとは，要するに記事がどれほどの大きさの紙面で掲載されるかということである。本章では，記事の字数を記事の大きさを測る指標として用いる。記事の字数が多ければ多いほど，紙面での掲載面積が大きくなるため，記事の重要性がある程度反映されていると言える。そこで記事の重要性の度合いを数量的に測るために，記事の大きさに関して，「0 ～ 300 字」，「301 ～ 1000 字」，「1001 ～ 2000 字」，「2000 字以上」という 4 つのコードを設けた。

　記事の体裁とは，記事をどのような形で掲載するかということである。それは記事に対する編集者の重視度を反映させることによって，記事の重要度を測る重要な指標である。本章では記事の体裁を，「消息記事」，「調査記事」，「評論記事」という 3 つの種類に分類する。「消息記事」は最も基本的な記事体裁の 1 ジャンルとして，物事を迅速にかつ確実に伝える短い文章であり，記事のタイムリー性を重んじるため，編集者の重視度がやや低めである。そのため，「消息記事」の重要性はこの 3 種類の記事の中で最も低い。「本紙速報 (中国語原文：本報迅)」，「本紙消息 (中国語原文：本報消息)」，「新華社通信ニュースによる (中国語原文：据新華社電)」と書き記した記事を「消息記事」に分類する。「調査記事」はあるテーマや事件に対し，行政官庁，警察，検察などの公的機関からの情報に頼らず，取材する

側が主体性と継続性を持って様々なソースから情報を積み上げていくことによって新事実を突き止めていこうとするタイプの記事である。このような記事は記者や編集者の主体性と継続性を問われるため，編集者の重視度が最も高い。そのため，「調査記事」の重要性はこの3種類の記事の中で最も高いと位置づけられよう。「本社記者，現場，取材，調査，インタビュー（中国語原文：本報記者，現場，取材，調査，采訪）」と書き記した記事を「調査記事」に分類する。「評論記事」は最新の出来事，時事，政局に対する評論員，専門家及び読者の観点や意見を掲載するタイプの記事である。この記事は編集者の報道意識により，どのような観点や意見を伝えるのかを選定されているため，比較的に編集者の重視度が高いと言える。「社説，評論員文章，時事評論，読者による投書（中国語原文：社論，評論員文章，時事評論，読者来信）」と書き記した記事を「評論記事」に分類している。

(4)「調和のとれた社会価値」に対するコーディング

2002年より党中央は社会格差の是正及び利益分配の平等を目指す「調和のとれた社会」（中国語原文：「和諧社会」）を党のスローガンとして掲げた。「調和のとれた社会構築」の目標と任務について，2006年10月に開かれた党の第16回中央委員会第6次全体会議で採択された「党中央の社会主義的調和のとれた社会構築に関する若干の重大な問題決定」の中で，「社会主義的民主法制の更なる改善，法治の基本方略の全面実施，人民の権益の尊重と保障，地方と都市かつ地域の発展格差拡大の趨勢の転換，合理的な収入分配の基本形成，家庭財産の増加，社会保障メカニズムの構築など」[14]と定められた。これにより，「調和のとれた社会」というスローガンが2つの価値観を示しており，1つは「人民本位」という価値であり，もう1つは「公平・正義」という価値である。

そこで，本章では「調和のとれた社会価値」をコーディングするために，①「人間本位・民衆本位」，②「炭鉱労働者の生存権」，③「炭鉱労働者の貧困さ」，④「炭鉱労働者及び民衆の諸権利」，⑤「社会の公平」という5つのコードを作成した。記事の中で「人間本位，民衆本位，炭鉱労働者の生命権・人権・権利・貧困，公平・正義（中国語原文：以人為本，民本，鉱工

141

生命権・人権・権利・貧困，公平・正義)」という文面を書き記した記事をこの
カテゴリーに分類する。具体的なコードは表5-4に示している。

表5-4 「調和のとれた社会価値」の分類コード

	コード
「調和のとれた社会価値」	1「人間本位・民衆本位」
	2 炭鉱労働者の生命権
	3 炭鉱労働者の貧困さ
	4 炭鉱労働者及び民衆の諸権利
	5 社会の公平

(出所) 炭鉱事故記事に対するコーディング作業に基づき、筆者作成。

第2節　党の宣伝機能に抵抗する手段としての批判報道

　本節では，炭鉱事故報道の中で『南方都市報』を事例に，メディアは批
判報道という手法を使って，どのように党の宣伝報道を優先しなければな
らないという党の要求に抵抗しているのかを解明するために，記事の割合,
記事の内容及び記事の重要性3点から考察を行う。以下の分析にあたって,
「批判記事」と「宣伝記事」の差異に注目する。

1　記事の割合の分類
　前述の記事カテゴリー化の方法に則って，「批判記事」，「宣伝記事」及
び「一般記事」それぞれの比率を比較してみる。比較した結果により，メ
ディアはどちらの報道を重視しているのかを明らかにする。その結果は表
5-5に示している。
　まず，「批判記事」の割合が一番高く，全体の58％を占める。一方，「宣
伝記事」の割合が一番低く，わずか14.4％である。それ以外の「一般記事」
の割合も「宣伝記事」を上回り，27.6％である。この結果より，『南方都市報』
は突発的事件報道の中で，党の「宣伝報道」も掲載しているものの，それ
よりも多くの「批判報道」を掲載していることが分かった。すなわち，突
発的事件報道の中で同紙は，「批判記事」の多さによって党の宣伝メディ
アという存在からの脱却を試みようとしているのである。

142

第5章 突発的事件に対する批判報道―『南方都市報』の炭鉱事故報道を事例に

続いて，記事率の年別推移を見てみよう。表5-5に示したように，「批判記事」の割合は全体的に増加している傾向が顕著である。その比率が2004年に44.6%から，2006年に大幅に増加し，さらに2008年にピークの70.7%までに達した。こうした結果により，炭鉱事故に対する『南方都市報』の批判が年々強まる傾向にあるとうかがえる。その一方，「宣伝記事」の割合は2008年に一時的に9.3%までに下がっていたが，全体として10%台を維持することにより大きな変化を見せていない。

表5-5 記事の割合の分類

記事の カテゴリー	「宣伝記事」		「批判記事」		「一般記事」		有効 標本数
年別	N	%	N	%	N	%	N
2004年	13	12.9	45	44.6	43	42.6	101
2005年	46	18.0	125	48.8	85	33.2	256
2006年	15	17.2	58	66.7	14	16.1	87
2007年	11	10.4	72	67.9	23	21.7	106
2008年	27	9.3	53	70.7	15	20.0	75
2009年	10	11.2	59	66.3	20	22.5	89
2010年	20	14.7	81	59.6	35	25.7	136
合計	122	14.4[1]	493	58.0[2]	235	27.6[3]	850

（注）1)「宣伝記事」の合計率（122/850 = 14.4%）。
　　　2)「批判記事」の合計率（493/850=58.0%）。
　　　3)「一般記事」の合計率（235/850=27.6%）。
（出所）炭鉱事故記事に対するコーディング作業に基づき、筆者作成。

2 記事の内容の分類

本項では「批判記事」，「宣伝記事」及び「一般記事」それぞれの内容を分類しその比率を比較してみる。その結果からどのような報道内容の掲載が重視されているのかを明らかにする。

下記の表5-6は記事の内容の分類結果を示している。「党政幹部の不正及びそれへの取り締まり」を内容とする記事の割合が一番高く，全体の25.4%を占める。これにより，『南方都市報』は炭鉱事故に関わる党や政府と幹部の不正に対する批判を最も行っていることが分かった。そのほかの割合は高い順に，「炭鉱側の不正及びそれへの取り締まり」（14.9%），「他の不正及び取り締まり」（6.8%）などとなった。それに対し，「党及び政府による救助と対応」（8.4%），「炭鉱安全生産と事故防止をめぐる党と政府

表 5-6　記事の内容の分類

記事内容の分類		N	%
「宣伝記事」	党及び政府による救助と対応	71	8.4
	炭鉱安全生産と事故防止をめぐる党と政府の活動	48	5.6
	軍や警察による救助	3	0.4
	小計	122	14.4
「批判記事」	党政幹部の不正及びそれへの取り締まり	216	25.4
	事故処理及び犠牲者への対応の不備	15	1.8
	炭鉱安全管理の不備	28	3.3
	炭鉱管理政策と体制の欠陥	49	5.8
	炭鉱側の不正及びそれへの取り締まり	127	14.9
	他の不正及び取り締まり	58	6.8
	小計	493	58
「一般記事」	事故及び死傷状況	134	15.8
	犠牲者への追悼と賠償	11	1.3
	非人為的原因及び事故の影響	8	0.9
	生存者への救助	76	8.9
	遭難者家族の反応	6	0.71
	小計	235	27.6
	合計 [1]	850	100

（注）1)「合計」値は「小計」値を除外したものである。
（出所）炭鉱事故記事に対するコーディング作業に基づき、筆者作成。

の活動」(5.6%),「軍や警察による救助」(0.4%)3 項を内容とする「宣伝記事」率の合計がわずか全体の 14.4％である。この結果により,『南方都市報』は,炭鉱事故に関わる党の不正に対する批判報道の掲載を, 党の活動に対する宣伝報道より重視していることが分かった。これは党の要求に抵抗しているのは明らかである。

　さらに,「党政幹部の不正及びそれへの取り締まり」を内容とする記事率の年別推移を見てみたい。表 5-7 に示したように, その比率は全体として 2004 年に 14.9％から 2006 年に 27.6％, ピーク時の 2008 年に 30.7％へ

表 5-7　「党政幹部の不正及びそれへの取り締まり」を内容とする記事の年別推移

年	2004	2005	2006	2007	2008	2009	2010	合計
N	15	57	24	32	23	27	38	216
％	14.9	22.3	27.6	30.2	30.7	30.3	27.9	25.4[1]
有効標本数	101	256	87	106	75	89	136	850

（注）1)「党政幹部の不正及びそれへの取り締まり」を内容とする記事の合計率（216/850 ＝ 25.4％）。
（出所）炭鉱事故記事に対するコーディング作業に基づき、筆者作成。

第 5 章　突発的事件に対する批判報道―『南方都市報』の炭鉱事故報道を事例に

と増加する傾向にある。すなわち，炭鉱事故に関わる党の不正に対する『南方都市報』の批判は強まっている傾向にあることが分かった。

3　記事の重要性の分類

続いては「批判記事」と「宣伝記事」それぞれの重要性を比較するためには，記事の掲載面，記事の大きさ及び記事の体裁，3 つの指標を用いる。その結果からどの記事の重要度が最も高いのか明らかにする。

(1)記事の掲載面の分類

まず，記事の掲載面の分類結果を見てみよう。表 5-8 に示したように，炭鉱事故の記事を最も多く掲載している紙面が「第 16 面～第 20 面」であることが分かった。その割合が全体の 25.5％を占めている。他の掲載紙面の割合は高い順に，「第 11 面～第 15 面」(25.2％)，「第 1 面～第 5 面」(23.3％)，「第 20 面以降」(17.6％)，「第 6 面～第 10 面」(8.0％) となった。

表 5-8　記事の掲載面の分類

記事の掲載面の分類	N	％
第 1 面～第 5 面	198	23.3
第 6 面～第 10 面	68	8.0
第 11 面～第 15 面	214	25.2
第 16 面～第 20 面	217	25.5
第 20 面以降	150	17.6
合計	847[1]	99.6[2]

(注) 1) 掲載の面数をデータベースの中で明記していない 3 記事を除外したため、有効標本数が 847 個となった。

　　　2) 有効標本数が 847 個となったため、100％にならない。

(出所) 炭鉱事故記事に対するコーディング作業に基づき、筆者作成。

次に，記事のカテゴリーと記事の掲載面のクロス集計を行った (表 5-9)。最も重要度が高い記事を掲載する「第 1 面～第 5 面」において，「批判記事」の掲載率が最も高く，全体の 23.7％を占めている。一方，「宣伝記事」の掲載率がわずか全体の 3.4％である。すなわち，記事の重要度を最も高く反映させる「第 1 面～第 5 面」において，「批判記事」は「宣伝記事」より多く掲載されていることが分かった。また，他の紙面の順を見れば，「批

表5-9　記事のカテゴリーと記事の掲載面のクロス集計

記事の カテゴリー	第1面〜 第5面		第6面〜 第10面		第11面〜 第15面		第16面〜 第20面		第20面以降		有効標 本数
	N	%	N	%	N	%	N	%	N	%	N
「宣伝 記事」	21	3.4[1)	18	2.9	43	7.0	25	4.1	15	2.4	122
「批判 記事」	145	23.7	23	3.8	109	17.8	111	18.1	103	16.8	491
合計											613

（注）1）全体の比率を見るため、3.4％＝21/613 となる。
（出所）炭鉱事故記事に対するコーディング作業に基づき、筆者作成。

判記事」の掲載率が常に「宣伝記事」を上回ることが分かる。つまり，記事の掲載面の分類から「批判記事」の重要性は「宣伝記事」より高いことが明らかになった。

⑵記事の大きさの分類

　表5-10 に示した記事の大きさの分類結果によれば，「301〜1000字」を収める記事の割合が最も高く，全体の50.1％を占めている。他の記事の大きさの割合が高い順に，「1001〜2000字」(23.4％)，「0〜300字」(20.4％)，「2000字以上」(6.1％) となった。

表5-10　記事の大きさの分類

記事の大きさの分類	N	%
0〜300字	173	20.4
301〜1000字	426	50.1
1001〜2000字	199	23.4
2000字以上	52	6.1
合計	850	100

（出所）炭鉱事故記事に対するコーディング作業に基づき、筆者作成。

　表5-11 に示した記事のカテゴリーと記事の大きさのクロス集計の結果を見てみると，記事の重要度を最も高く反映させる「2000字以上」と「1001〜2000字」において，「批判記事」の割合は，6.3％と25.7％に占める一方，「宣伝記事」の割合はわずか0.3％と2.9％である。それ以外の「301〜1000字」において，「批判記事」の割合 (39.8％) は「宣伝記事」(12.4％) より高い。

第 5 章　突発的事件に対する批判報道―『南方都市報』の炭鉱事故報道を事例に

表 **5-11**　記事のカテゴリーと記事の大きさのクロス集計

記事のカテゴリー	0 ～ 300 字		301 ～ 1000 字		1001 ～ 2000 字		2000 字以上		有効標本数
	N	%	N	%	N	%	N	%	N
「宣伝記事」	26	4.2[1]	76	12.4	18	2.9	2	0.3	122
「批判記事」	51	8.3	245	39.8	158	25.7	39	6.3	493
合計									615

(注)　1)　全体の比率を見るため、4.2% = 26/615 となる。
(出所)　炭鉱事故記事に対するコーディング作業に基づき、筆者作成。

こうした結果により，記事の大きさの分類結果からも，「批判記事」の重要性は「宣伝記事」より高いと言える。

(3)記事の体裁の分類

　記事の体裁の分類結果は表 5-12 に示している。最も多く掲載されている記事の体裁が「消息記事」であり，その割合は全体の 66%を占めている。次に「評論記事」の割合も 22.7%に達している。最も少ないのは「調査記事」であり，その割合は 11.3%である。

表 **5-12**　記事体裁の分類

記事体裁の分類	N	%
消息記事	561	66.0
調査記事	96	11.3
評論記事	193	22.7
合計	850	100

(出所)　炭鉱事故記事に対するコーディング作業に基づき、筆者作成。

　続いて，記事のカテゴリーと記事の体裁のクロス集計を行った。表 5-13 に示したように，記事の重要度を最も高く反映させる「調査記事」において「批判記事」の割合（8.9%）は「宣伝記事」（1.1%）を上回っている。次に「評論記事」の中で「批判記事」の割合が 30.9%に達しているに対し，「宣伝記事」の割合がわずか 0.3%である。こうした結果より，記事の体裁から「批判記事」の重要性は「宣伝記事」より高いことが分かった。

表 5-13　記事カテゴリーと記事の体裁のクロス集計

記事のカテゴリー	消息記事		調査記事		評論記事		有効標本数
	N	%	N	%	N	%	N
「宣伝記事」	113	18.4[1]	7	1.1	2	0.3	122
「批判記事」	248	40.3	55	8.9	190	30.9	493
合計							615

(注) 1) 全体の比率を見るため、18.4%＝113/615 となる。
(出所) 炭鉱事故記事に対するコーディング作業に基づき、筆者作成。

4　小　括

　本節では，『南方都市報』の炭鉱事故報道を事例として，宣伝メディア
の役割への抵抗としての同紙の批判報道の分析から，以下の結果を得た。
　まず，記事の全体分布及び各年別の記事分布の結果より，批判報道の数
は「宣伝報道」を大きく上回っている。『南方都市報』紙は党の活動に対
する宣伝報道を掲載するよりも，批判報道を積極的に掲載していることが
分かった。同紙は突発的事件報道の中で，「批判記事」を数多く掲載する
ことによって，党の活動に対する宣伝報道を優先しなければならないとい
う党の要求に抵抗していると言えるのではないだろうか。また，記事率の
年別推移を見ると，批判報道の数が年々増加している傾向が顕著である。
　次に，記事の内容の分類から見れば，党政幹部の不正に対する批判の内
容が中心である一方，党の活動に対する宣伝の内容が最も少ない。この結
果より，『南方都市報』は炭鉱事故報道の中で，党の活動に対する宣伝報
道より党の不正に対する批判報道の掲載を優先していることが分かった。
これは明らかに党の要求に抵抗していると言えるだろう。また，同紙の炭
鉱事故に対する批判報道数の増加の傾向が顕著であるのに伴い，党に対す
る同紙の批判が強まっている傾向にあることが分かった。
　さらに，記事の重要性の分類から見れば，以下の3点から「批判記事」
の重要性が「宣伝記事」より高いという結果が得られた。第1に，記事の
掲載面の分類から，最も重要度の高い記事を掲載する「第1面〜第5面」
では掲載された「批判記事」の割合が「宣伝記事」を上回っているほか，
他の紙面での「批判記事」の掲載率も常に「宣伝記事」を上回っているこ
とが明らかになった。第2に，記事の大きさの分類から，記事の重要度を

第 5 章　突発的事件に対する批判報道―『南方都市報』の炭鉱事故報道を事例に

最も高く反映させる「2000字以上」と「1001 ～ 2000字」において，「批
判記事」の割合が「宣伝記事」を上回っていることが分かった。第 3 に，
記事の体裁の分類から，記事の重要度を最も高く反映させる「調査記事」
と「評論記事」において，「批判記事」の割合が「宣伝記事」を上回って
いることが明らかになった。これらの結果により，炭鉱事故報道の中で『南
方都市報』は批判報道を宣伝報道より大いに重要視していることが分かっ
た。これも明らかに，「宣伝報道」の重要性を強調する党の要求に抵抗し
ていると言えるのではないだろうか。

第 3 節　批判報道の報道戦術

　本節では，突発的事件報道の中で『南方都市報』はなぜ批判報道という
手法を利用し，党の宣伝報道を優先しなければならないという党の要求に
抵抗することができているのかという問いを明らかにするために，同紙の
批判報道の報道戦術について考察を行う。『南方都市報』はこうした戦術に，
一体どのような意義を見出しているのかを，解明する。

1　「専門家・読者の評論記事」の掲載
　上述の表 5-12 の結果から「批判記事」の中では「評論記事」の割合が
高くなっている。「評論記事」をさらに分類すると，「専門家・読者の評
論記事」(67.4%)，「自社の社説記事」(32.6%) という結果が得られた（表
5-14）。

表 5-14　「評論記事」の分類

「評論記事」の分類	N	%
自社の社説	63	32.6
専門家・読者の評論	130	67.4
合計	193	100

(出所) 炭鉱事故記事に対するコーディング作業に基づき、筆者作成。

　続いて，記事のカテゴリーと「評論記事」のクロス集計を行った。表
5-15 に示したように，「専門家・読者の評論」において「批判記事」の割

表 5-15　記事のカテゴリーと「評論記事」のクロス集計

記事のカテゴリー	自社の社説		専門家・読者の評論		有効標本数
	N	%	N	%	N
「宣伝記事」	2	1.0[1]	0	0.0	2
「批判記事」	61	31.8	129	67.2	190
合計					192

(注) 1) 全体の比率を見るため、1.0％＝2/192 となる。
(出所) 炭鉱事故記事に対するコーディング作業に基づき、筆者作成。

　合が最も高く 67.2％を占める一方，「宣伝記事」の割合が 0％である。以上の結果より，批判報道を掲載する際に「専門家・読者の評論」という体裁の記事を多く掲載するという傾向にある。

　なぜ，この戦術が使われているのか。その背景には，党が 2004 年以降，メディアによる監視の自主性が高い「調査記事」に対する規制を強めたことがあると考えられる。第 3 章では述べたように，「調査記事」が公的行政機関の情報に頼らず，新聞社側が自主的な取材をもとに新事実を突き止めるものであるため，警察や検察，政治家，大企業の不正と不祥事を暴露・批判する場合，よく使われている。例えば，日本のリクルート事件，アメリカのウオーターゲート事件を暴いたのは「調査記事」である。中国では，1990 年代から批判報道が盛んになった原因には，地方政府及び地方幹部の不正を中心に批判を行った「調査記事」の掲載があった。一方，「調査記事」は 2003 年のピーク期を経てから低迷期を迎えている。その背景には，報道の自主性を高めた一部のメディアが批判の矛先を中央政府に向けていることがある（Branigan, 2010; Tong, 2011）。2003 年の「サーズ事件」及び「孫志剛事件」を暴いた「調査記事」[15] の中で，多くのメディアが中央政府の SARS に対する対応の遅れ及び中央政府の都市部収容・送還政策の欠陥を批判した。党はこうしたメディアの自主的な動きに対し非常に警戒している (Tong, 2011)。2004 年 2 月に公布された「中国共産党党内監督条例 (試行)」において，メディアの批判機能に対する党のコントロールが強調された。また，2005 年 5 月に調査報道への制限を目的とする「興論監督工作の強化と改善に関する実施方法」の中で，党はメディアの自主取材の一手段である「異地監督」に対して禁止令を下した[16]。以上のことを背景

第5章　突発的事件に対する批判報道―『南方都市報』の炭鉱事故報道を事例に

に，「調査記事」の掲載が中国メディアにとってますます困難となっている。前述の表5-13にも示したように，「調査記事」の中で「批判記事」の割合が8.9％にとどまっている。

　こうした背景の中，「専門家・読者の評論記事」の掲載が新たな戦術として利用されるようになった。この戦術はメディアの批判機能に対する党の従来の認識に応えた結果，編み出されたものであると言えるだろう。党の従来の批判報道に対する認識には以下の2点がある。1点目は民衆こそが党と社会の不正に対する批判と監視の権利を持つことである。1989年11月に元党中央イデオロギー工作主管・李瑞環は「プラス宣伝を主とする方針を堅持する」と題した談話の中で，「メディアの批判機能（中国語：「興論監督機能」）は，実質上人民による監視であり，人民大衆が新聞などのメディア機関を通じて党と政府の工作，幹部に監視を行うものである。（中略）単なる新聞記者やメディア機関による監視と見なされるべきではない」[17]と述べた。2点目はメディアはあくまでも民衆の代弁者であることである。2005年3月に党は「興論監督工作のより一層の強化と改善に関する意見」を公布し，「メディアによる批判が人民大衆の意見と要求の反映に有利し，党，政府と人民大衆の関係強化にも有利する。（中略）メディアは党，政府の方針，政策執行状況に対する監視を強化し，人民大衆の党と政府工作への願望と意見を反映すべきである」[18]と規定した。こうした認識のもと，党は2003年以降，中国報道界で起きた知識人や専門家，読者による「時事評論ブーム」現象を認めざるを得なくなった。『南方都市報』を事例とすると，同紙は2003年4月に行われた紙面改革により専門家や読者の投書，評論を掲載するための「来論」欄を，「個論」欄，「街談」欄を相次いで新設した。

　以上のように，「専門家・読者の評論記事」の掲載という戦術によって，『南方都市報』紙は専門家や読者などの民衆の意見を代弁して，批判報道の掲載を行うことの政治的リスクの軽減を図っていると考えられるだろう。党もこの戦術の活用を認めざるを得なくなった。

　最後に，「専門家・読者の評論記事」と「批判記事」の内容のクロス集計を行った。表5-16に示したように，「専門家・読者の評論」において「党

151

表5-16 「評論記事」と「批判記事」の内容のクロス集計

評論記事	党政幹部の不正及びそれへの取り締まり		炭鉱側の不正及びそれへの取り締まり		事故処理と犠牲者への対応の不備		炭鉱安全管理の不備		炭鉱管理政策と体制の欠陥		他の不正及び取り締まり		有効標本数
	N	%	N	%	N	%	N	%	N	%	N	%	N
自社の社説	21	11.1[1]	5	2.6	4	2.1	7	3.7	16	8.4	8	4.2	61
専門家・読者の評論	43	22.6	6	3.2	11	5.8	10	5.3	30	15.8	29	15.3	129
合計													190

(注) 1) 全体の比率を見るため、11.1％＝21/190 となる。
(出所) 炭鉱事故記事に対するコーディング作業に基づき、筆者作成。

政幹部の不正及びそれへの取り締まり」を内容とする記事の割合は22.6％という最も高い数値を示している。この結果より，『南方都市報』は党の不正を批判する際に，「専門家・読者の評論記事」の掲載という戦術を利用していることが明らかになった。つまり，『南方都市報』が党の不正を批判する際に，専門家や読者の意見を代弁する手段としての「専門家・読者の評論記事」の掲載を行うことが多く，これには政治的リスクの軽減を図る狙いがあると見られる。

2 「調和のとれた社会価値」の提示

2002年より胡錦濤政権発足後，社会格差の是正及び利益分配の平等を目指す「調和のとれた社会」（中国語原文：「和諧社会」）を党のスローガンとして掲げていた。「調和のとれた社会」があげた価値観は主に2つがあり，1つは「人民本位」という価値であり，もう1つは「公平・正義」という価値である。「人民本位」は「調和のとれた社会構築」の基本原則として，「始終に広範の人民の根本利益の保障を党と国家のすべての工作の出発点及び帰着点とする。広範の人民の根本利益を実現，保障し，人民の要求を満足する。人民のための経済発展，人民に頼る経済発展，人民が共同に享受できる経済発展，及び人としての全面的な発展を促進する」[19]と言及された。つまり，「人民本位」という価値観は民衆の利益・権益の尊重及び保障を

第5章　突発的事件に対する批判報道―『南方都市報』の炭鉱事故報道を事例に

強調する。「公平・正義」は「調和のとれた社会構築」の基本条件として「人民の政治，経済，文化，社会各方面における権利と利益の均等，平等を保障する」[20]と言及された。つまり，「公平・正義」という価値観は民衆の権利・利益の平等を強調する。

表 5-17 に示したように，「調和のとれた社会価値」の提示がある記事は213 件あり，全体の 25.1％を占めていることが分かった。その内訳を見ると，比率の高い順に「炭鉱労働者の生存権」(15.9％)，「炭鉱労働者・民衆の諸権利」(4.6％)，「炭鉱労働者の貧困さ」(2.5％)，「人間本位・民衆本位」(1.1％)，「社会の公平」(1.1％) となる。

表 **5-17**　「調和のとれた社会価値」の分類

「調和のとれた社会価値」の分類	N	％
人間本位・民衆本位	9	1.1
炭鉱労働者の生存権	135	15.9
炭鉱労働者・民衆の諸権利	39	4.6
炭鉱労働者の貧困さ	21	2.5
社会の公平	9	1.1
合計	213[1]	25.1[2]

(注) 1) 同一の記事の中で複数の価値が提示された場合がある一方、提示されない記事もある。
2) 複数加算及び提示されない記事もあるため、100％にならない。
(出所) 炭鉱事故記事に対するコーディング作業に基づき、筆者作成。

続いて，記事のカテゴリーと「調和のとれた社会価値」のクロス集計を行った（表 5-18 参照）。「調和のとれた社会価値」の提示を行う「批判記事」の割合は，「宣伝記事」を大きく上回ることが分かった。これより，批判報道の中で「調和のとれた社会価値」の提示が多く行われていることが明

表 **5-18**　記事のカテゴリーと「調和のとれた社会価値」のクロス集計

記事のカテゴリー	人間本位・民衆本位		炭鉱労働者の生存権		炭鉱労働者・民衆の諸権利		炭鉱労働者の貧困さ		社会の公平		有効標本数
	N	％	N	％	N	％	N	％	N	％	N
「宣伝記事」	1	0.2[1]	16	2.6	1	0.2	0	0.0	0	0.0	18
「批判記事」	8	1.3[2]	114	18.5	38	6.2	18	2.9	9	1.5	187

(注) 1) 0.2％ =1/615 となる。615 は「宣伝記事」(n =122) と「批判記事」(n =493) の合計である。
2) 1.3％=8/615 となる。615 は「宣伝記事」(n =122) と「批判記事」(n =493) の合計である。
(出所) 炭鉱事故記事に対するコーディング作業に基づき、筆者作成。

らかになった。すなわち,『南方都市報』は批判報道を掲載する際に,「調和のとれた社会価値」を提示することを1つの戦術として活用していると言えよう。同紙としては,批判報道の中で党の意思を反映させる党のスローガンを提示することで,批判報道を掲載する政治的正当性を獲得しようとしていることだと考えられる。

　最後に,「批判記事」の内容と「調和のとれた社会価値」のクロス集計を行ってみると（表5-19参照）,「党政幹部の不正及びそれへの取り締まり」を内容とする「批判記事」の中で,「調和のとれた社会価値」の提示を行った割合が最も高く,全体の13.9％を占めている。これにより,党政幹部の不正に対する「批判記事」の中で,「調和のとれた社会価値」の提示が最も多く行われていることが分かった。つまり,『南方都市報』は党の不正を批判する際に,党のスローガンである「調和のとれた社会価値」を提示することが多い。これには政治的正当性の獲得を図る狙いがあると見られる。

表5-19　「調和のとれた社会価値」と「批判記事」の内容のクロス集計

「調和のとれた社会価値」	党政幹部の不正及びそれへの取り締まり		炭鉱側の不正及びそれへの取り締まり		事故処理と犠牲者への対応の不備		炭鉱安全管理の不備		炭鉱管理政策と体制の欠陥		他の不正及び取り締まり		有効標本数
	N	％	N	％	N	％	N	％	N	％	N	％	N
「人間本位・民衆本位」	4	0.8[1]	0	0.0	1	0.2	1	0.2	2	0.4	0	0.0	8
「炭鉱労働者の生存権」	47	9.5	16	3.2	9	1.8	12	2.4	15	3.0	15	3.0	114
「炭鉱労働者・民衆の諸権利」	11	2.2	1	0.2	2	0.4	3	0.6	12	2.4	9	1.8	38
「炭鉱労働者の貧困さ」	4	0.8	3	0.6	0	0.0	0	0.0	2	0.4	9	1.8	18
「社会の公平」	3	0.6	2	0.4	0	0.0	0	0.0	2	0.4	2	0.4	9

（注）1）0.8％=4/493となる。「批判記事」（n=493）である。
（出所）炭鉱事故記事に対するコーディング作業に基づき、筆者作成。

3　小　括

本節では,『南方都市報』は突発的事件報道の中で,党の宣伝メディア

第5章 突発的事件に対する批判報道―『南方都市報』の炭鉱事故報道を事例に

としての役割を優先しなければならないという党の要求への抵抗手段としての批判報道を行うために，用いる報道戦術について考察した。その分析結果から以下の2点が分かった。

第1に，批判報道の中で，「専門家・読者の評論記事」を掲載することが1つの戦術として利用されていることが分かった。党の不正を批判する際にも「専門家・読者の評論記事」の掲載が重視されていることが分かった。この戦術は，メディアによる監視の自主性が高い「調査記事」に対する党の統制が強まっている中，メディアが専門家や読者の意見を代弁して批判を行うことにより，批判報道を掲載する政治的リスクの軽減を図るものだと考えられる。

第2に，批判報道の中で，「調和のとれた社会価値」を提示することがもう1つの戦術として使われていることが明らかになった。とりわけ，党の不正を批判する際に，「調和のとれた社会価値」の提示が行われることが多い。これは，『南方都市報』が，党の意思を反映させるスローガンを提示することにより，批判報道を掲載する政治的正当性を獲得するための戦術であると考えられる。

むすび　突発的事件に対する批判報道の実態及び限界

改革開放以降，突発的事件の1つである炭鉱事故に関する死傷情報，詳細な原因などに関する報道は，長期に亘り党の報道方針によって厳しく統制されてきたが[21]，それを打破したのは，2001年7月の広西省南丹炭鉱事故の真相を隠ぺいした地方政府の行為を暴露した多くのメディアの報道である[22]。それをきっかけに，メディアは炭鉱事故をめぐる批判報道を盛んに掲載するようになった。

本章では『南方都市報』の炭鉱事故報道に関する分析を通じて，メディアは批判報道という手法を利用し，宣伝メディアとしての機能を優先しなければならないという党の要求に抵抗している実態及び報道戦術を明らかにした。以下のように結論付けられる。

まず，突発的事件をめぐる批判報道とは，党の宣伝メディアという役割

155

に対する抵抗を意味するものだと判明した。『南方都市報』紙は炭鉱事故報道の中で，党の活動に対する宣伝報道を掲載するよりも，批判報道を積極的に掲載していることが分かった。これは明らかに，党の活動に対する宣伝報道を優先しなければならないという党の要求に抵抗していると言えるだろう。同紙の炭鉱批判報道数の増加の傾向が顕著であるのに伴い，党に対する同紙の批判も強まっている傾向にある。さらに，記事の掲載面と記事の大きさと記事の体裁という3点から，同紙が批判報道を宣伝報道より大いに重要視しているという結果を得た。

　次に，『南方都市報』は突発的事件をめぐる批判報道の中で，報道戦術を積極的に利用している。すなわち，「専門家・読者の評論記事」の掲載と「調和のとれた社会価値」の提示という2つの戦術である。前者は『南方都市報』が批判報道を掲載する政治的リスクの軽減，後者は同紙が批判報道を行う際の政治的正当性の獲得を図るものだと考えられる。

　とはいえ，突発的事件をめぐる中国メディアの批判報道には限界もあることを示しておきたい。表5-20は『南方都市報』の所在地である広東省内の炭鉱事故報道（有効標本数：N=149）に対する内容分析の結果を示している。広東省内の炭鉱事故報道に占める「批判記事」の割合は48.3％である一方，「宣伝記事」の割合が30.2％である。前述の表5-5の結果に比べてみると，広東省内の炭鉱事故報道に占める「批判記事」の割合が，全体の炭鉱事故報道に占める「批判記事」の割合（58％）に比して低い一方，広東省内の炭鉱事故報道に占める「宣伝記事」の割合が，全体の炭鉱事故報道に占める「宣伝記事」の割合（14.4％）に比して高いことが分かった。すなわち，『南方都市報』は広東省内の炭鉱事故に対する批判報道の掲載を比較的に弱める一方，宣伝報道の掲載を比較的に強める傾向があることが

表5-20　『南方都市報』の広東省内の炭鉱事故記事の分類

広東省内の炭鉱事故記事の分類	N	％
「批判記事」	72	48.3
「宣伝記事」	45	30.2
「一般記事」	32	21.5
合計	149	100

（出所）広東省内の炭鉱事故記事に対するコーディング作業に基づき、筆者作成。

第5章　突発的事件に対する批判報道―『南方都市報』の炭鉱事故報道を事例に

分かった。このことは，地元の突発的事件をめぐるメディアの批判には限界があることを示唆している。

　これは，中国のすべての報道機関が党中央をはじめとする各級の党委員会の管轄下に置かれているためである。例えば，『人民日報』は共産党中央の機関紙として党中央委員会の管轄下に置かれている。広東省党委の機関紙・『南方日報』及び系列紙・『南方週末』，『南方都市報』，『21世紀経済報道』などがすべて省の党委員会によって管轄されている。こうしたメディアのシステムにより，中国報道界では地元の不正及び不祥事に対するメディアの批判が弱まる一方，他地域の不正に対するメディアの批判（「地域を跨る監視」中国語原文：「異地監督」）が盛んに行われているという独特な現象が起こっている。

　以上のように，本章では『南方都市報』の炭鉱事故報道を事例に，中国メディアは突発的事件をめぐる批判報道の中で，宣伝メディアとしての役割に抵抗している実態及び報道戦術について明らかにした。今後，こうした中国メディアが党の報道方針に抵抗している動きに注目しながら，中国メディアの新たな動きや変容を引き続き捉えていく必要があるだろう。

注
1）全国人民代表大会常務委員会第10回第29次会議（2007），「中華人民共和国突発的事件応対法」，中央政府門戸網，2007年8月30日（2012年10月5日最終アクセス，http://www.gov.cn/flfg/2007-08/30/content_732593.htm よりダウンロード）。
2）四川大地震は，2008年5月12日に四川省汶川県で発生したマグニチュード8の大地震である。6万人以上の犠牲者が出たという。
3）温州鉄道脱線事故は2011年7月23日に，浙江省温州市で高速鉄道列車が衝突し，脱線した事故である。40人の犠牲者が出た。
4）「三鹿」毒粉ミルク事件は2008年に河北省の「三鹿集団」によって製造されたメラミン入りの汚染ミルクを飲んだ乳幼児6人が腎臓結石で死亡し，何万人の被害者が出た事件である。
5）貴州甕安暴動事件は2008年6月28日，貴州省甕安県の地元住民が女子学生の死因の鑑定結果に対して不満を持ち，県政府と県の公安局に集まり，地元政府と衝突する大規模な暴動事件である。
6）「学校之殤：綿竹富新二小，倒場校舎是怎様建成的」『南方週末』，2008年5月29日付きの記事。『南方週末』は多くの犠牲者が出た四川省綿竹市富新鎮第2小学校の建築における手抜きなどの行為を暴露した。
7）「7・23動車事故専家調査組顛覆信号罪魁論」『京華時報』，2011年11月21日付

きの記事。

8)「如此奶企何以取信於人」『南方週末』，2008 年 10 月 30 日付きの記事。「食品安全法修改総結毒奶之弊」『南方週末』，2008 年 11 月 6 日付きの記事。

9)「貴州甕安県委書記，県長被免職」新華網，2008 年 7 月 4 日（2012 年 10 月 5 日最終アクセス，http://news.xinhuanet.com/politics/2008-07/04/content_8491419.htm よりダウンロード）。

10) 例えば，「国内の突発的事件新聞報道工作をより一層改善し，強化する」(2003 年)の中で，「突発的事件の新聞報道を改善し，強化するには，始終にメディア機関が有した党と人民の『喉と舌』的性質，党と人民の根本的利益を堅持するとともに，団結，安定，人心への励まし及びプラス宣伝を主とする方針を堅持しなければならない。メディアが断固として正しい世論方向を握り，即時に積極的に社会世論を正しく誘導しなければならない」と規定された。

11) 例えば，西茹 (2008) は「ニュース報道の改善に関するいくつかの意見」(1987年)，「突発的事件報道活動の改善に関する通知」(1989 年)，「国内突発的事件の対外報道活動に関する通知」(1994 年)，「国内突発的事件の対外報道活動のより一層の強化に関する通知」(2001 年)，「国内の突発的事件新聞報道工作をより一層改善し，強化する」(2003 年) 諸条例の内容より党の突発的事件政策を考察し，またサーズ事件を事例に中央政府の事件に対する態度の変化及び中国メディア報道の変化を考察した。同氏は突発的事件報道に「情報」概念の導入により，メディアの情報伝達機能の向上，政府の「慎重的公開から部分的公開へ」との変化を分析した。西茹 (2008)，『中国の経済体制改革とメディア』集広舎，143-182 ページ。他にも，張君昌 (2009)，皇甫雯 (2010)，任家宣・陳孝柱 (2010) などがある。

12)「貴州，四川国有重点煤鉱分別発生鉱難」BBC 中文網，2007 年 4 月 5 日（2012年 10 月 30 日最終アクセス，http://news.bbc.co.uk/chinese/simp/hi/newsid_6520000/newsid_6528500/6528527.stm よりダウンロード）。

13) 任家宣・陳孝柱 (2010) を参照。任家宣・陳孝柱 (2010)，「政策法規演変下的中国災難性突発的事件報道 60 年」『東南伝播』第 5 期，40-42 ページ。

14)「中共中央関於構建社会主義和諧社会若干重大問題的決定」(2006 年 10 月 11 日中国共産党第 16 回中央委員会第 6 回全体会議採択)。新華網 (2012 年 10 月 29 日最終アクセス，http://news.xinhuanet.com/politics/2006-10/18/content_5218639.htm よりダウンロード)。

15) 2002 年 11 月から発覚した SARS による感染者の情報を中国当局が公開しなかったことに対して，2003 年 1 月から広東の『新快報』，『南方都市報』，『羊城晩報』，『南方日報』，北京の『財経』雑誌が自らの取材に基づき事件の真相を暴露した（Tong，2011, P50)。Jing Rong,Tong (2011), Investigative Journalism in China: Journalism, Power and Society, New York : The Continuum International Publishing Group, pp.49-50.
　「孫志剛事件」を暴いたのは，『南方都市報』の陳峰記者がネットユーザからの情報をもとに，自主な取材を経て作成した「被収容者・孫志剛の死」と題した「調査記事」である（『南方都市報』2003 年 4 月 13 日)。

16) 謝暉 (2009) を参照。謝暉 (2009),「関於『負面新聞』的困惑」『新聞記者』第 5 期，26-30 ページ。

17) 李瑞環 (1989),「堅持正面宣伝為主的方針」(2012 年 3 月 5 日最終アクセス，

第 5 章　突発的事件に対する批判報道―『南方都市報』の炭鉱事故報道を事例に

　　http://news.xinhuanet.com/ziliao/2005-02/21/content_2600300.htm よりダウンロード）。

18)「関於進一歩加強和改進興論監督工作的意見(2005 年 3 月 24 日党中央弁公庁公布)。

　　人民網（2012 年 4 月 13 日最終アクセス，http://cpc.people.com.cn/GB/64162/71380/1
　　02565/182147/11002949.html よりダウンロード）。

19）同上。

20）同上。

21）例えば，「突発的事件報道活動の改善に関する通知」（1989 年），「国内突発的事
　　件の対外報道活動に関する通知」（1994 年），「国務院の災害救助管理工作の強化に
　　関する通知」（1997 年）は，突発的事件報道は新華社の統一配信した記事・「通稿」
　　を基準とし，事件発生地のメディアが上級部門の許可なしに勝手に報道してはいけ
　　ないと規定した。

22）中国メディアは自主取材に基づき，広西省南丹炭鉱事故の中の地方幹部の隠ぺ
　　い行為を暴露した。こうしたメディアの報道は，従来の突発的事件報道の一貫した
　　やり方を打破した。

159

終　章　結論と中国メディア研究の視座への提言

第 1 節　本書の結論

　本書は，1978 年から始まった中国メディアの経済改革期において，党の宣伝道具としての役割からの自立性を高めているメディアの批判報道に着目し，批判報道の展開をめぐり中国共産党とメディアの間に生じる権力関係及び権力メカニズムの実態を明らかにしようとするものである。また本書では筆者自身が提示した「党のメディア認識層―メディアの報道層―抵抗層」という 3 層構造の分析枠組を用い，批判報道をめぐる権力関係が「柔軟な統制―抵抗―融合」という重層的なものではないのかという仮説のもとで検証を行った。一連の考察を経て，本書は次のような結論に至った。

1　批判報道をめぐる権力関係

　本書では批判報道の展開をめぐり，党とメディアの間に生じる権力関係が「柔軟な統制―抵抗―融合」という重層的なものであるという結論を導いた。このような権力関係の中で示されている党とメディアの関係は,「統制―被統制」という従来の単なる二元対立的なものから，新しい様相を呈している。

　まず，改革開放以降，党のメディアに対する規制は従来の厳しいものから柔軟化しつつあることが明らかになった。改革開放以前，党はメディアの人事，経営，報道などのすべての面を厳しく統制し，党の活動や政策を宣伝する報道以外をほとんど許していなかった。改革開放以降，党は政治宣伝報道の以外に，メディアによる批判報道の展開も積極的に認めている。党は自らの綱領の中で批判報道を提起し続けてきたことは，党は批判報道の掲載を正当化させていることを意味する。しかし一方，党は批判報道の展開を無条件に容認しているわけではない。党は依然として，批判報道の

161

掲載より，党の宣伝メディアという基本的機能を優先すべきであるという規制を加えている。にも関わらず，メディア側としては，党から批判報道の掲載にある程度自主的な報道空間を与えられている。

　一方，メディア側は，批判報道の展開を自主的に行っている。その背景には，改革開放以降メディアの経済改革により，メディアの機能は従来の単なる党の宣伝道具としての役割から次第に多様化しつつある結果，中国メディアは党の宣伝道具という位置付けから自立しつつあることがある。批判報道は従来の政治宣伝報道から脱政治化，脱イデオロギー化が進んでいる中で登場したのである。改革開放以降，メディアによる批判報道の展開は，党の宣伝メディアという機能の打破，同機能の衰退，及び同機能からの脱却と連動し，党のメディアという性格から次第に自立していくものである。記者も報道意識及び日常の報道活動の中で，メディアの批判機能を宣伝機能より重要視している。こうしたメディアによる批判報道の自主的展開と，党の批判報道に関する認識には大きな隔たりがある。このような隔たりが存在しているこそ，批判報道の展開をめぐり党とメディアの間に権力関係が生じたのである。

　党は常に批判報道に対し，党の宣伝メディアという基本的機能を優先すべきであると要求しているのに対し，メディア側は批判報道を行う際に，党の要求を超えたケースがしばしばあった。それはメディアが批判報道という手法を用い，党が要求している宣伝メディアという機能に抵抗していることである。すなわち，メディアは党と政府の活動を宣伝する報道よりも批判報道を数多く掲載することによって，党が期待している党の宣伝メディアという機能に抵抗している。本書の考察では，中国メディアによる批判報道とは，党がメディアに要求している宣伝機能に対する抵抗を意味するものだと判明した。無論，メディアは無謀に党の要求に抵抗しているわけではなく，党の要求に抵抗し続けるための，様々な報道戦術を利用している。これらの戦術は批判報道を掲載する政治的リスクの軽減及び批判報道を行うことの政治的正当性の獲得を図るものである。これらの戦術の展開は党に認めさせた結果，党とメディアの間に融合的な関係が築かれることができた。

162

終章　結論と中国メディア研究の視座への提言

以上の点から，批判報道をめぐり党とメディアの間に「柔軟な統制—抵抗—融合」という新たな関係が築かれていると言えるだろう。これができているのは，党とメディアの間に権力関係が生じているからである。

2　批判報道をめぐる権力メカニズム

本書では「党のメディア認識層—メディアの報道層—抵抗層」という3層構造を分析枠組として用い，それぞれの層における批判報道の実態を明らかにしようとした。本書の考察を通じて，批判報道をめぐる権力メカニズムは，「宣伝メディア」と「批判報道」2者の相互関係は「党のメディア認識層—メディアの報道層—抵抗層」3層において差異が生じることによるものだと解明された。2者の相互関係は党のメディア認識層，メディアの報道層，抵抗層においてそれぞれのパターンが見られる。

まず，党のメディア認識層においては，党は批判報道に対して，党の宣伝メディアという機能を優先しなければならないという規制措置を採っている。すなわち，批判報道は党の宣伝メディアという基本的機能を優先しなければならないという規制の下で行われることだけが許されている。

一方，メディアの報道層においては，批判報道が党の宣伝メディアという機能の打破，同機能の衰退，及び同機能からの脱却と連動し，党の宣伝メディアという性格からの自立性を高めていく。この層においては，メディアによる批判報道の展開は明らかに，党の宣伝メディアという機能を優先しなければならないという党の要求とは異なる様相を呈している。

さらに抵抗層においては，メディアは批判報道という手法を用い，党が要求している宣伝メディアという機能に抵抗している。メディアは党と政府の活動を宣伝する報道よりも批判報道を数多く掲載することによって，党の要求に抵抗し続けている。それができたのは，メディアは批判報道を掲載する際に，様々な報道戦術を利用しているからである。

以上の点から，「党のメディア認識層—メディアの報道層—抵抗層」各層において，「党の宣伝メディア」と「批判報道」2者の関係には様々なパターンが見られた。このような異なるパターンが存在しているこそ，批判報道の展開をめぐり，党とメディアの間に権力関係が生じたのである。

従って，批判報道をめぐる権力メカニズムは，「党のメディア認識層―メディアの報道層―抵抗層」3層において「宣伝メディア」と「批判報道」2者の相互関係の差異が生じていることによるものだと明らかになった。

第2節　中国メディア研究の視座への提言

　本書の学術的貢献は，中国メディアの批判報道を分析対象として取り上げ，党とメディアの間に生じる権力関係に注目する分析視座を，中国メディア研究に提言することである。以下の2点から提言を行いたい。

　第1に，党とメディアの間に「柔軟な統制―抵抗―融合」という重層的な権力関係が生じているという分析アプローチを，中国メディア研究に提示したい。これまでの中国メディア研究の分析枠組は，「ソビエト共産主義理論」，「自由主義理論」，「コミュニケーション政治経済学的分析枠組」，「国家・市場・社会とメディアの相互関係的アプローチ」に依拠し，政治的，市場的及び社会的要因がメディアの活動に働きかける，またメディアの自主的な動きは中国の政治や社会に影響を及ぼすという2つの分析枠組を提示している。しかし，これまでの研究は党とメディアの関係が依然として「統制―被統制」という単純な二元対立的なものであるという理解にとどまっている。そこで，本書は党の規制を超えようとする中国メディアの抵抗や反発などの新たな動きに注目している。従来の研究ではそれを研究対象として十分に検討してきたとは言い難い。

　第2に，本書はメディア言説の中の権力関係の解明を方法論として議論の展開を試みた。本書はノーマン・フェアクローの「言説」と「権力」論を中国メディア研究の中で援用し，新聞記事の内容分析手法を主要な分析手法として用いた。具体的には党の宣伝メディアとしての機能を担う「宣伝記事」，批判機能を担う「批判記事」の間に生じている権力関係に注目している。こうしたメディア言説の中で生じる権力関係の解明を1つの方法論として，中国メディア研究に提言したい。

終章　結論と中国メディア研究の視座への提言

第3節　今後の課題

　本書では改革開放以降，党によるメディアの統制が従来の厳しいものか
ら柔軟化しているという分析結果が得られたが，しかしながら一党支配体
制の中国では，共産党や政府はメディアに対して絶大な影響力を持ってい
ることは否定できない。とりわけ近年の習近平政権がメディア統制や言論
統制を強化している事実を見逃せない。2016年2月に習近平主席が中央
テレビ局，『人民日報』社，新華社3大政府系メディアを訪問した際に，「メ
ディアが党と政府の宣伝陣地であるため，メディアの苗字は「党」である（メ
ディアは党に属する）ことを堅持しなければならい」[1]と強調した。こうし
た中，中国メディアの批判報道は様々な党からの規制を受け，現在は低迷
期を迎えている。2013年1月に『南方週末』紙は当局から新年社説の差
し替えの規制を受けた事件があった。同紙は掲載しようとする「中国の夢，
憲政の夢」というタイトルの新年社説が当局によって問題視され，検閲済
みにも関わらず党を賛美する内容の別記事を差し替えようと要求された。
さらに2016年夏にリベラルな言論で知られている雑誌『炎黄春秋』の編
集長は当局から更迭の処分を命じられた。同紙の記者らはこの命令に反発
したが，社内協議を行った結果，最終的に廃刊を決意した[2]。今後，党に
よるメディアの統制が強化している中で，中国メディアが党の新たな報道
方針にどう対応していくのか注目していく必要があるだろう。

　さらに，インターネットによる「世論監督」やインターネットでの批判
の言論も中国の政治，社会にも大きな影響を及ぼしている。本書では，新
聞やテレビのような伝統メディアによる批判報道の展開を中心に考察して
いるものの，インターネットやソーシャルメディアでの批判の言論を考
察の視野に入れなかった。現在、中国ではインターネットが急速な発展
を遂げている中で、2016年までにネット利用者数は7.1億人に達してい
る[3]。中国の最大級のソーシャルメディアである新浪「微博」では、2012
年2月28日時点でユーザー数は3億人を超え、1日当たり2500万件の投
稿数や書き込みがあった。7億人を超える中国のネットユーザーがイン

165

ターネットで発言する「インターネット世論」の影響力が増している。現在，インターネットが輿論を動かすケースはしばしば起こっている。例えば、2008年6月に貴州省甕安県で発生した「女子中学生の不審死事件」及び同年の9月には粉ミルクを飲んだ乳児が腎臓結石で死亡した「三鹿粉ミルク事件」がインターネットでは話題になり、政府を批判する世論が噴出した。さらに「群体性事件」(集団抗議事件)とインターネット，ソーシャルメディアの関連性も深い。現在の中国では，民衆による労働争議やデモ，暴動などの抗議活動，農民工や家屋所有者、労働者による維権の行為や社会運動など、いわゆる「群体性事件」が多発している。これらの事件には多くの農民、労働者、都市住民や学生・若者は参加し、携帯電話のショートメール (中国語で「短信」、「微信」) やネットでの告発・参加呼びかけを有力手段として利用している。新聞のような伝統メディアにとどまらず，インターネットの世論やソーシャルメディアでの批判の言論を考察の視野に入れ，インターネットやソーシャルメディアなどのようなニューメディアと中国の政治，社会構造の関連についての研究を今後の課題としたい。

注

1) 「習近平総書記主持召開党的新聞輿論工作座談会並到人民日報社，新華社，中央電視台調研側記」新華網，2016年2月20日 (2017年3月25日最終アクセス，http://news.xinhuanet.com/politics/2016-02/20/c_1118106530.htm よりダウンロード)。

2) 「中国"最後"の改革派雑誌「炎黄春秋」が廃刊へ　タブーに切り込み部数伸び、背後に習近平指導部の意向か」産経ニュース，2016年7月20日 (2017年3月25日最終アクセス，http://www.sankei.com/world/news/160719/wor1607190035-n1.html よりダウンロード)。

3) 「中国ネット人口、7億人突破　決済や出前サービスが人気」朝日新聞，2016年8月3日 (2017年3月25日最終アクセス，http://www.asahi.com/articles/ASJ83517TJ83UHBI01D.html よりダウンロード)。

【付録資料一覧】

付録資料 1 『南方週末』の 1997 年から 2010 年までの第 1 面トップ記事サンプル

付録資料 2 『南方都市報』の 2004 年から 2010 年までの炭鉱事故記事サンプル

付録資料 3 メディアの「世論監督」機能に関する党と中央政府の言及年表

付録資料 4 『南方週末』に関する年表

付録資料 5 『南方日報』グループのジャーナリストへのアンケート調査票（第 1 回）

付録資料 6 『南方日報』グループのジャーナリストへのアンケート調査票（第 2 回）

付録資料 7 『南方日報』グループのジャーナリストへのインタビュー一覧

【付録資料 1】『南方週末』の 1997 年から 2010 年までの第 1 面トップ記事サンプル

記事の日付	記事のタイトル
1997.01.03	手捧奥运金牌，李东华最大的遗憾是，它不属于中国——爱江山也爱美人的奥运冠军
1997.01.10	《邓小平》的故事——大型文献纪录片《邓小平》摄制花絮
1997.01.17	美国女记者猫儿山历险记
1997.01.24	一位厦门市民在国际互联网上挑战肯德基快餐连锁店
1997.01.31	泥腿子上海滩诉骗大案
1997.02.07	弱女子状告香格里拉
1997.02.14	本报去年 8 月披露海南省红十字会卖假药后，反响强烈。而"自航灵丹"的发明人潘自航却站出来否认假药。记者不免生疑——到底谁在卖假药
1997.02.21	伟人长逝　音容永存
1997.02.28	送您一朵白色栀子花——追忆 1969 至 1973 年邓小平在江西的日子
1997.03.07	3.6 亿元，又一个集资骗局
1997.03.14	1997，个人打假群英会
1997.03.21	直击卖血市场
1997.03.28	一个保姆和她编制的谎言
1997.04.04	《一个小保姆和她编制的谎言》续篇
1997.04.11	"天再旦"，远古时代的神奇天象，在几千年后被再次捕捉
1997.04.18	无能为力的单位，心有余而力不足的亲戚，朋友，同学，爱莫能助的慈善机构，能力有限的新闻界，除了这些——谁拯救我们的母亲
1997.04.25	先遣部队进入香港
1997.05.02	河南信阳两律师被检察官刑事拘留——律师含陷图圄祸起无罪辩护
1997.05.09	一起本不该受理的简简单单的民事案，足足办了 5 年，最终还办成错案，以致受害者自尽于法院。在省人大的多次监督下，冤案终于昭雪
1997.05.16	深圳空难：飞机断成三截
1997.05.23	好人好官张宗洪
1997.05.30	十二条人命与死船复活之谜
1997.06.06	不信东风唤不回　郑州四干警蒙冤平反记
1997.06.13	吃了百姓的奶，做孝子是应该的
1997.06.20	留洋精英搏杀香港
1997.06.27	香港回归前夕，金庸接受本报独家采访
1997.07.04	一个时代结终与另一个时代的开始　改变香港的 24 小时
1997.07.11	当地球人爱上火星
1997.07.18	"文明村"竟威逼恐吓，抄家打砸，以致公安干警也被殴打致伤
1997.07.25	辽宁朝阳市双塔区法院将本市市长推上被告席，判处 8 年有期徒刑。最高人民法院纠正错案，终审判决：朝阳市市长无罪
1997.08.01	暴风骤雨之后"改革能人"张传之免职风波
1997.08.08	文革后第一届研究生秦远富 15 年"失业"告状记
1997.08.15	日军细菌战中国受害者 108 人状告日本政府
1997.08.22	定时炸药与客车同行
1997.08.29	黄金局长私宅制售假金　买方竟是中国人民银行
1997.09.05	四年前，葵涌大火烧掉了她们的青春，梦想，以及 87 位同伴；现在，捐赠和赔款能否弥补往日的伤痛？
1997.09.12	股份制三年等于三十年

168

付属資料1　『南方週末』の1997年から2010年までの第1面トップ記事サンプル

1997.09.19	一朵蓓蕾初绽的生命之花，面对无法逃避的凋零，能否再一次绽放美丽？少女笑对死神
1997.09.26	科学殿堂里的杀人事件
1997.10.03	秘访滇西艾滋病村
1997.10.10	牟其中：首富还是首骗？
1997.10.17	六名中国劳工以暴抗暴　杀死十一人惹弥天大祸
1997.10.24	执法者随便抓人，任意罚款；受害者拒绝撤诉，欲讨公道——农民发誓告倒公安局
1997.10.31	"全国劳模"走上断头台
1997.11.07	靠陈希同发迹的蛀虫
1997.11.14	三秦反贪第一案
1997.11.21	"97中国刑事第一大案"
1997.11.28	这里的"黄金"产量号称超过美国国库储量　"地下黄金基地"揭秘
1997.12.05	杨锦生认为：只有谋取正职，才能为所欲为
1997.12.12	中州惊天大血案开审
1997.12.19	我在美国海关受辱记
1997.12.26	在这省涉嫌诉骗，在那省位居高官　几亿损失该谁负责
1998.01.02	从喊冤者到人民县长
1998.01.09	昆明在呼喊：铲除恶霸
1998.01.16	一个培养骗子的天堂
1998.01.23	胡万林是神不是人？
1998.01.30	反偷猎，保护长江第一人
1998.02.06	朔州毒酒惨案直击
1998.02.13	四川筠连黑枪事件
1998.02.20	细菌战诉讼案庭审实录
1998.02.27	武汉"2.14"爆炸案告破
1998.03.06	胡万林司马南决斗終南山
1998.03.13	西安大爆炸连烧两日　七消防队员以身殉职
1998.03.20	养鳗大王抛出金钱美女　银行干部拱手相送12亿——全国六大金融案之一江苏如东"1.12"大案告破
1998.03.27	工人投票罢免浇职厂长　齐齐哈尔连发三起血案
1998.04.03	这厂那厂，全是假烟加工厂；追假打假，千辛万苦求殉假
1998.04.10	潮阳黑帮头子装疯卖傻　广东高院依法除暴安良
1998.04.17	县长女儿随农家子私奔　招来横祸公公被拘身亡
1998.04.24	三贪官卖官爵终落法网　一市长拘留所内忏悔万言
1998.05.01	扣押六人质要求退货赔款　梦碎坪塘传销客魂魄归乡
1998.05.08	清华实验戳穿伪劣膨化剂　王洪成由告状者变阶下囚
1998.05.15	无辜青年屈打成招被判死刑　云南特大冤案究竟如何收场
1998.05.22	惩治腐败裁减官员实施新政　董阳变法遭遇强敌惨败河口
1998.05.29	马俊仁迎战赵瑜　赵瑜答辩实录
1998.06.05	《中国烟王褚时健》惹风波　玉溪红塔集团索赔1000万
1998.06.12	岳阳6.8亿集资案宣判　市委领导表示一查到底
1998.06.19	调查组与群众究竟谁在说谎　一份难以服人的"调查报告"
1998.06.26	衡州监狱囚犯竟能吸毒　四名干警贩毒终被逮捕
1998.07.03	偷漏税一亿成难言之隐　恩威不服如何一洗了之

169

1998.07.10	一个农民，向一群官僚分子宣战：十年血泪诉讼屡败屡战，依法讨回公道了犹未了
1998.07.17	老师课堂强暴十三名幼女　家长糊涂学校竟置若罔闻
1998.07.24	"江西中旅"如何巧妙包装　奇人方子尚怎样屡屡得手
1998.07.31	挪用巨额收购金兼受贿卖官　霍邱"粮鼠"猖獗掠动国务院
1998.08.07	中纪委调查组两下上坡村　求法治选村委三番仍未果
1998.08.14	洪山头抗击洪峰之夜
1998.08.21	8 月 16 日，荆州：等待分洪的一夜
1998.08.28	简阳"4.22"血案听审纪实
1998.09.04	三年诈骗五个亿出逃美国　侦察历时一年半越洋擒贼
1998.09.11	来自民政部的消息：28.78 亿元捐款，从哪儿来
1998.09.18	耗费亿元制造抗旱神话　样板工程原来漏洞百出
1998.09.25	老太太告房地产管理局　私人产权应该怎样保护
1998.10.02	为了穷孩子受教育的权利　杨家七代兴教一百五十年
1998.10.09	跟灾民回家过中秋
1998.10.16	粮食系统 6 年亏空 2140 亿　总理点将 5 万审计员上阵
1998.10.23	五父子称霸固镇小张庄　四村民查账惹杀身之祸
1998.10.30	杀人明信片百年后浮出　国家档案局将列册珍藏
1998.11.06	乱采黄金惹来矽肺病　死神要来到病人去索赔
1998.11.13	一个残疾弃婴的四十小时
1998.11.20	少年天宝的火车流浪生涯
1998.11.27	书记传员突击签字调人　机构膨胀积重吃饭财政
1998.12.04	独行侠五年驰骋十万里　解救六十名被拐受害人
1998.12.11	耗资 3.8 亿元　通车 18 天断裂："坑人路"内幕何时揭开？
1998.12.18	1978 年中央工作会议期间，邓小平写了一个共三页纸，五百多字的讲话提纲。在讲到如何看待历史问题时，邓小平说："向后看是为了向前看"
1998.12.25	钱钟书先生最后的日子
1999.01.01	再见，一九九八
1999.01.08	精简机构 106 名研究员分流　中科院机制改革进入阵痛期
1999.01.15	綦江垮桥的背后
1999.01.22	"傍大款"毁掉省级高干徐炳松
1999.01.29	牟其中其人其骗
1999.02.05	惊魂 13 小时刀下重生　连体婴儿 10 年艰难成长
1999.02.12	回家吧，回家吧　带着温暖带着爱
1999.02.19	问候你们，祝福你们　早春寒风中奋斗的人们：18 个下岗者的故事
1999.02.26	玩重权欲壑难填执法犯法　南昌原公安局长银铛入狱
1999.03.05	朱镕基流泪后的宁边村
1999.03.12	王岐山纵论广信粤企事件
1999.03.19	金矿爆炸三十一人殒命　惨案现场曝出惊人内幕
1999.03.26	挪用移民巨资建宾馆　湖南人大愤怒提质询
1999.04.02	北海交警状告《南方周末》
1999.04.09	南联盟战火烧到何时
1999.04.16	村务腐败公粮抵交吃喝账　罢免村官五名村民成被告
1999.04.23	雁荡山下洋拉圾炼金　反污染百姓护卫家园
1999.04.30	中国依法罢免村官第一案

付属資料1 『南方週末』の1997年から2010年までの第1面トップ記事サンプル

1999.05.07	微山湖畔支书父子逞凶　法网显威公安重拳除霸
1999.05.14	没有高度的纪念碑
1999.05.21	一艘航空母舰和它见证的历史　明斯克号不再出击
1999.05.28	国际联手擒"海盗""鬼船"　现形张家港
1999.06.04	核弹爆炸五留学生幸存　广岛见证人由明哲辞世
1999.06.11	下猛药东川精简"大政府"市改区触动数千"乌纱帽"
1999.06.18	帕米尔高原上的医生
1999.06.25	抢市场国际劳务中介满天飞　背巨债数十福建劳工被遣回
1999.07.02	一个弥天大谎的诞生
1999.07.09	莆田游医全国治性病　记者暗访揭暴富内幕
1999.07.16	两书生闯商界十年苦磨剑　段永平杨元庆成千禧英雄
1999.07.23	市长谋杀案牵出一巨　阳春"祖师爷"将受审
1999.07.30	建立常识与理性的此岸世界
1999.08.06	下半年你的存款会怎么样
1999.08.13	船主弃船海员困海103天　海事法院历尽波折救同胞
1999.08.20	造假炮制全国十杰农民　真相显露竟被一再掩饰
1999.08.27	老百姓利益屡屡被侵害　熊国剑不顾安危鸣不平
1999.09.03	地下钱庄黑帮作恶多端　大案惊天法网尽收凶顽
1999.09.10	关注中美峰会
1999.09.17	为了28个孤残人的命运　韩松奋起打假历尽坎坷
1999.09.24	欲独霸世界先逐鹿中国《财富》论坛论未来财运
1999.10.01	从臣民社会到公民社会——庆祝中华人民共和国成立50周年
1999.10.08	腐败丛生国企被蛀一空　厉行变革老总惨遭毒手
1999.10.15	被拐女为什么不回家
1999.10.22	私家列车开上国有铁路　百姓投资能否安全运营
1999.10.29	浮夸风幽灵重现鄂西北　贫困县肆无忌惮放卫星
1999.11.05	十年股市演绎暴富神话　上海超级大户今日是谁
1999.11.12	死神陪伴的旅行
1999.11.19	开放，我们义无反顾
1999.11.26	周立太代民工泣血上诉　近百起公伤案陆续开庭
1999.12.03	"请让我远离艾滋病"
1999.12.10	"奔驰"为何驶入北大
1999.12.17	澳门回家
1999.12.24	"三盲院长"案震惊中南海　法庭将重审决不施过年
1999.12.31	2000年特刊
2000.01.07	克拉玛依欲火重生的面孔
2000.01.14	"王海事件"五大悬念
2000.01.21	日本伶子手阴魂不散
2000.01.28	"点子大王"何阳宁夏喊冤　银川警方认定涉嫌诈骗
2000.02.04	过年了，开心就好
2000.02.11	地震篷里的除夕
2000.02.18	荒唐案一波三折曝真相　杨剑昌穷追不舍擒"大亨"
2000.02.25	四川金堂—广东东莞　江西奉新—上海金山　河南固始—北京丰台 三份民工行程全记录　向东，向北，向南

171

2000.03.03	"侬特佳"哄抢事件调查
2000.03.10	人民代表的天职
2000.03.17	"3.11"爆炸烟花之乡蒙难　死伤惨重谁为悲剧负债
2000.03.24	信用社主任侵占 2.3 亿定罪量刑引起争议
2000.03.31	沪穗宁社区改革起波澜
2000.04.07	色情行业缘何泛滥成灾　焦作惨剧揭开腐败内幕
2000.04.14	朝韩元首突然跨近一步　统一问题仍然扑朔迷离
2000.04.21	荒唐大案
2000.04.28	你勾结许运鸿干了什么
2000.05.05	深圳妇儿感染案　艰难诉讼终开庭
2000.05.12	山西"割舌"事件真相调查
2000.05.19	民营医院欲破垄断局面　上海首家遭遇转制难题
2000.05.26	我们的粮食我们的未来 2000 北方大旱
2000.06.02	玉珠峰五队员死亡报告
2000.06.09	广州火车站整乱肃恶记
2000.06.16	六居民接连中毒身亡　市政府为何掩盖真相
2000.06.23	定海古城不见了
2000.06.30	谁是多佛尔惨案死难者
2000.07.07	史玉柱稳姓埋名干什么
2000.07.14	高考作弊　黑幕惊人
2000.07.20	丽水怪案何时真相大白
2000.07.27	做新愚公还是做合同工
2000.08.03	谁来保卫可可西里
2000.08.10	三次死刑三次刀下留人
2000.08.17	六百万普查员挨户登记　黑孩子暂住户不受歧视
2000.08.24	乡党委书记含泪上书　国务院领导动情批复
2000.08.31	受教育是一种权利　两份沉重的录取通知书
2000.09.07	来自女子监狱的故事
2000.09.14	换一个角度看中国　我们看奥运　越来越轻松
2000.09.21	台湾学校在大陆
2000.09.28	"王海现象"终结?
2000.10.05	抢救，更多矿工等待抢救
2000.10.12	一本书的奇遇
2000.10.19	南方周末走西部
2000.10.26	打工者的"夫妻房"
2000.11.02	吴敬琏：股市不能"太黑"
2000.11.09	远华案：大走私必有大腐败
2000.11.16	"我为什么要当官?"
2000.11.23	大款为何傍大官
2000.11.30	正视艾滋病
2000.12.07	银行尴尬面对贫困生
2000.12.14	重大事故官员问责
2000.12.21	"哑巴老师"改变的世界
2000.12.28	愿新年的阳光照亮你的梦想

付属資料1 『南方週末』の1997年から2010年までの第1面トップ記事サンプル

2001.01.04	追问洛阳大火
2001.01.11	博士后之死
2001.01.18	回家，不为过年——四个记者和一个流浪儿的故事
2001.01.22	命运让她半生备受艰辛　网络为她张罗特殊婚礼
2001.02.01	有民主有尊严共谋发展　知识分子乡村实验PRA
2001.02.08	民权法院有个造假院长
2001.02.15	股市震荡到底原因何在　巨擘之争如此来龙去脉
2001.02.22	三位诺贝尔奖科学家指斥中国核酸营养品
2001.03.01	山西割舌案真相凸现　虐待上访者凶手是谁
2001.03.08	代表人民
2001.03.15	医疗过失爱妻命丧日本　孤身诉讼丈夫恋战冲绳
2001.03.22	我们震惊，我们哀悼，我们警惕
2001.03.29	警惕新的靳如超
2001.04.05	中美合作引发轩然大波　杭州会议激辩基因伦理
2001.04.12	中国允许美机人员离境　13亿人呼唤着一个名字
2001.04.19	张君案检讨
2001.04.26	体育彩票武汉惊爆丑闻
2001.05.03	寻找真相的两个女人
2001.05.10	拒礼金立新规涤荡积弊　县委书记改革重重遇阻
2001.05.17	四百法界精英负笈欧洲　中欧司法合作影响深远
2001.05.24	金庸VS文字暴力
2001.05.31	汕头：信用的丧失与重建
2001.06.07	我要我的学校不"流浪"
2001.06.14	"新土地革命"
2001.06.21	百色：感受扶贫的力量
2001.06.28	南方的纪念
2001.07.05	日本挑起贸易战是否"合法"？
2001.07.12	悬念莫斯科
2001.07.19	温州"自费"改革的悲喜
2001.07.26	七个和一个　第八个是老师
2001.08.02	电波被"蚕食"的背后
2001.08.09	谁稳瞒南丹矿难
2001.08.16	苏共亡党十年忌
2001.08.23	茅于轼扶贫
2001.08.30	中国户籍制度悄悄改革
2001.09.06	沈阳出了个反腐老干部周伟
2001.09.13	美国遇袭之后的世界
2001.09.20	央视记者：与南京冠生园无仇
2001.09.27	黄冈中学"神话"背后
2001.10.04	许中国一个未来
2001.10.11	塔利班治下的秘密女校
2001.10.18	村民被逼选劣迹人
2001.10.25	种中国豆侵美国"权"？
2001.11.01	街头公审辍学孩子家长

2001.11.08	寻找洛河氰化钠灾难真凶
2001.11.15	阿富汗战火中的新闻战
2001.11.22	"收复"杨八郎纪实
2001.11.29	千里追踪希望工程假信
2001.12.06	张学良口述身世录音 海峡两岸独家大披露
2001.12.13	跨国家调查"中国母亲":胡曼丽
2001.12.20	中国当代社会阶层透视
2001.12.27	我们走在中国的大地上
2002.01.03	在他乡选举与被选举
2002.01.10	谁吹了黑哨? 足坛有多黑 不允许体育腐败
2002.01.17	小干部五年孤身斗贪官
2002.01.24	天津"扎针"事件调查
2002.01.31	还我工钱,我要回家
2002.02.07	"告官律师"无奈漂泊
2002.02.14	探究汽车进入家庭的"路障"
2002.02.21	布什带什么来中国?
2002.02.28	互联网分裂
2002.03.07	改革勇涉深水区 施政四年,成就与阻力并现
2002.03.14	脑白金有什么用?
2002.03.21	"五毒书记"和他的官场逻辑
2002.03.28	警惕:"六合彩"北上
2002.04.04	暗访"黑抢"制造基地
2002.04.11	4718万贷款人间蒸发 公务员集资填补空亏
2002.04.18	国航空难幸存者口述经历
2002.04.25	故宫大修方案之争
2002.05.02	武大学生坠楼事件
2002.05.09	连锁投毒全城惶恐 江西九江梦魇24天
2002.05.16	民航:空难之后的体制冲关
2002.05.23	祸起北京音乐厅
2002.05.30	豪赌金三角
2002.06.06	"浙江东方"不败之谜
2002.06.13	不辞而别的烟草局长
2002.06.20	网吧生死劫
2002.06.27	赖昌星将被逐出加拿大?
2002.07.04	攀枝花磷难
2002.07.11	截断内地香港色情通道
2002.07.18	死刑在执行前四分钟停止
2002.07.25	揭穿洋"野鸥大学"MBA骗局
2002.08.01	当领导成为司机
2002.08.08	政府大楼"收归国有"?
2002.08.15	大话刘晓庆
2002.08.22	一个副省长的"政绩"观
2002.08.29	"反腐狂人"的梦想与悲怆
2002.09.05	张家界调查

付属資料1 『南方週末』の1997年から2010年までの第1面トップ記事サンプル

2002.09.12	三年撤了187名民选村官
2002.09.19	"枪下留人"案再调查
2002.09.26	日本战争遗孤的爱恨情仇
2002.10.03	中国电影别藐视普通人的感情
2002.10.10	"飞越者"猝死黄崖关
2002.10.17	吕日周真相
2002.10.24	李经纬陨落
2002.10.31	中国二十余省部级高官履新
2002.11.07	为中国开启"世纪之门"
2002.11.16	他们眼中的胡锦涛
2002.11.21	我有艾滋病 但我要结婚
2002.11.28	蒋介石灵柩何时回迁
2002.12.05	"大上海"核聚变
2002.12.12	张丕林制造大连空难
2002.12.19	深圳"行政三分"再造政府
2002.12.26	年末特刊：面孔2002 我们不说，他们说（年末寄语）
2003.01.01	"全面小康"与"公正社会"在剧变的时代追寻最大的正义
2003.01.09	被遗忘30年的法律精英
2003.01.16	一个"布衣代表"的现实
2003.01.23	300亿美元的谎言
2003.01.29	东大校长卷入剽窃风波
2003.02.13	广州抗击不明病毒
2003.02.20	煤城和80万人的出路
2003.02.27	中国媒体：责任和方向
2003.03.06	朱镕基
2003.03.13	百年反思
2003.03.20	1883年：中国犹在梦中
2003.03.27	拨往巴格达的战争热线
2003.04.03	中国渔民：海盗向我们开炮
2003.04.10	学校解散了，我们去哪里？
2003.04.17	三个温州人"中东掘金梦"
2003.04.24	我们靠什么战胜"非典"？
2003.05.01	中央党校教授的"非典"观察
2003.05.08	一边是天使 一边是伤痛
2003.05.15	流言，4天飞传14省
2003.05.22	潜361：最后的出航
2003.05.29	一个明星社区的利益博弈
2003.06.05	我们的三峡 我益的命运
2003.06.12	中国推进军事变革
2003.06.19	变脸
2003.06.26	流乞救助办法决策历程
2003.07.03	就业2003
2003.07.10	北大激进变革
2003.07.17	大英博物馆调查

175

2003.07.24	奥运"淘金"潮起
2003.07.31	大坝,离都江堰 1310 米
2003.08.07	中国三大明星村调查
2003.08.14	司法酝酿重大变革
2003.08.21	中国启动最大报刊改革
2003.08.28	沈阳刘涌案改判调查
2003.09.04	拆迁十年悲喜剧
2003.09.11	陈建湛导国血案
2003.09.18	浙江"强县扩权"独家披露
2003.09.25	中国外逃贪官的绞索
2003.10.02	振兴东北战略特别报道
2003.10.09	谁在拆"华北第一道观"?
2003.10.16	神舟之神 长箭之美
2003.10.23	中国市场经济十年疾行
2003.10.30	襄樊官场
2003.11.06	亿万富翁孙大午的梦和痛
2003.11.13	衡阳大火背后的灰色链条
2003.11.20	SARS 爆发一周年回访:"我们活着,坚持着"——记录北京 SARS 康复者被改变的命运
2003.11.27	三门峡 半个世纪成败得失
2003.12.04	18 恒河猴殉身 sars 疫苗实验
2003.12.11	SARS 科研者的困惑和苦恼
2003.12.18	两任省委书记批示 亿万富豪沉冤初雪
2003.12.25	中国乙肝调查 医学博士生之死
2004.01.01	这梦想,不休不止
2004.01.08	"别夺走我的麦田"
2004.01.15	一个"乙肝村"的现实和期盼
2004.01.22	春节 我们的文化胎记
2004.01.29	监利教育变法
2004.02.05	最富争议的市委书记
2004.02.12	赖昌星 90% 会被遣送
2004.02.19	2004:"广东现象"劲风再起
2004.02.26	目击:省干部进驻"艾滋病村"
2004.03.04	国家大剧院焦虑
2004.03.11	中国新发展路线图
2004.03.18	马加爵的终点站
2004.03.25	还原马加爵
2004.04.01	四川:铁腕治警
2004.04.08	新疆博物馆内幕调查:一个"基建馆长"的落马
2004.04.15	九科研人员亲身首试 SARS 疫苗
2004.04.22	北京地坛医院到底发生了什么
2004.04.29	两个男孩的神秘死亡
2004.05.06	剑是这样磨成的
2004.05.13	我该退耕 还是复耕?

付属資料 1　『南方週末』の 1997 年から 2010 年までの第 1 面トップ記事サンプル

2004.05.20	拆迁农民"脱富致贫"四川 14 人大常委拍案而起
2004.05.27	10 年再走淮河再次惊心
2004.06.03	玉门：艰难重生
2004.06.10	沈阳儿童村：一个复杂的"丑闻"
2004.06.17	西周王陵：盗贼与护卫的猫鼠游戏
2004.06.24	西安高考惊爆造假丑闻
2004.07.01	"审计风暴"再追问
2004.07.08	问责一年——"下课"官员今何在
2004.07.15	"新圈地运动"后遗症——四川自贡市高新区征地事件调查
2004.07.22	谁动了辽西"恐龙"？
2004.07.29	"冷血医院"内幕调查
2004.08.05	鸡西市反复造假欺瞒中央　温总理三次批示追查真相
2004.08.12	北京奥运"瘦身"调查
2004.08.19	一个人，和一个时代
2004.08.26	"肺结核恐慌"下的乡村
2004.09.02	"黑龙江第一涉黑案"调查
2004.09.09	谁动了国家医药储备资金
2004.09.16	重庆开县"预料之外"的特大洪灾
2004.09.23	党的高层领导新老交替制度化前行
2004.09.29	虎跳峡紧急
2004.10.07	吕邦列：村官艰难"执政"路
2004.10.14	湖北彻查监利腐败：两任落马书记的"滑铁卢"
2004.10.21	争议"亚洲第一隧道"
2004.10.28	"小会计"何以玩转 2 亿元？
2004.11.04	美国大选
2004.11.11	最隐秘的医保黑洞　一种药房外的"膏药"
2004.11.18	政坛瞩目"苏州现象"
2004.11.25	悲情航班 MU5210
2004.12.02	"王代表"机场发飙记
2004.12.09	转基因稻米：13 亿人主粮后的利益悬疑
2004.12.16	亚洲最大纸浆公司圈地始末
2004.12.23	警惕！境外赌场兵临北中国
2004.12.30	这是你的光荣之路
2005.01.06	海啸后的东方式拯救
2005.01.13	一个打工农民的死亡样本
2005.01.20	云南：艰难反击贩童黑帮
2005.01.27	四川原副省长李达昌落马背后
2005.02.02	这一飞　跨越 56 年
2005.02.10	在春天　播下一粒幸福
2005.02.17	有一个节日叫回家
2005.02.24	中国足球　朝代更替
2005.03.03	"为民医生"痛揭潜规则 "政绩院长"大怒反调查
2005.03.10	380 公里：一块煤的利益之旅
2005.03.17	董建华七年　1997-2005

177

2005.03.24	海口警方重拳出击：海南婚介诈骗集团调查
2005.03.31	圆明园埋　下了什么？
2005.04.07	浙江军团"海外夺宝"记
2005.04.14	瞩目第十代"海归"官员
2005.04.21	上海：进退节点上的楼市
2005.04.28	"党纪法庭"直击
2005.05.05	"精英症"
2005.05.12	上访者老安的"黄金周"
2005.05.19	公安部督办2·20特大抢案　四年前骇人一幕石破天惊
2005.05.26	中俄边界"黑瞎子岛"直击：即将回家的领土
2005.06.02	罗田县委无常委
2005.06.09	福利院切智障少女子宫之人道伦理争议
2005.06.16	六十台湾渔船"包围"日舰　苏澳"6·8"海事冲突全记录
2005.06.23	城市角落，在繁华区的边缘
2005.06.30	总理的牵挂
2005.07.07	儿子眼中的下跪副市长
2005.07.14	阿星的内心挣扎
2005.07.21	26年再审视"神童"到中年
2005.07.28	马六甲海峡　海盗险情反弹
2005.08.04	三十五年"保钓"梦
2005.08.11	"麦莎"72小时狂袭百城
2005.08.18	一个矿主的发家史
2005.08.25	一个城市与抢匪的战斗
2005.09.01	中国人民抗日战争胜利60周年
2005.09.08	一场虚拟世界的反歧视大战
2005.09.15	四川：中国基层民主试验田？
2005.09.22	"海南高考状元"的人生时山车
2005.09.29	市委书记铲"灰煤"
2005.10.06	神舟前传　中国返回式卫星首征太空揭秘
2005.10.13	发廊女生前日记怆平生　欢颜后沧桑身世发人思
2005.10.20	激战奥远吉祥物
2005.10.27	大平开始走出阴影
2005.11.03	代课教师艰辛执著震动人心　县委副书记动情上书教育部
2005.11.10	中日：东海能源风云再起
2005.11.17	禽流感传染人类：越南标本调查
2005.11.24	杀人嫌犯的人生自白
2005.12.01	铜陵奇迹震动中国教育界：一个无需择校的城市
2005.12.08	为什么是解振华？　埋单：为"轻敌"？为失察？
2005.12.15	李毅中：一个安监局长的2005
2005.12.22	本届政府　2005施政路线图
2005.12.29	一句真话能比整个世界的分量还重
2006.01.05	四省市"换帅"
2006.01.12	药商自曝药价虚高内幕　各方专家评点玄妙曲直
2006.01.19	谁制造了"中国黄禹锡"事件？

付属資料1　『南方週末』の1997年から2010年までの第1面トップ記事サンプル

2006.01.26	领导人在哪里过年
2006.02.02	2006 大年特刊——过大年　算算帐
2006.02.09	"弱势部门"再掀环保风暴　潘岳誓言决不虎头蛇尾
2006.02.16	河南人拒绝歧视
2006.02.23	乡村女教师含泪供弟上学 "平时是天使周末是魔鬼"
2006.03.02	"送子神话"的背后
2006.03.09	新农村建设特辑　中国农村再次崛起
2006.03.16	2004 — 2006 "第三次改革论争"始末
2006.03.23	不穿"马甲"的网民县长
2006.03.30	中国人丧葬成本调查
2006.04.06	2006 年大学生寻职深度视察
2006.04.13	2006 宏观调控一周年专题　中国楼市再临节点
2006.04.20	龚远明：将难以站立的举报者
2006.04.27	受了委屈，回家来吧　所罗门群岛华人获救记
2006.05.04	斯皮尔伯格对话张艺谋
2006.05.11	老常委的卸任生活
2006.05.18	"高考准状元"保送之争
2006.05.25	毕业仍陷学债泥潭　就业犹如镜花水月
2006.06.01	中国最好的学生上哪所大学
2006.06.08	问路青藏
2006.06.15	17 年来首次更换播音员　《新闻联播》在变吗
2006.06.22	钟南山被抢为何破案神速
2006.06.29	鲜为人知的反腐研究者
2006.07.06	胡锦涛主席授予十位将军上将　一百单八上将将星闪耀
2006.07.13	权威专家数次上书国务院　直陈城市化"大跃进"隐忧
2006.07.20	于幼军坐镇"火山口"　关四千黑煤矿　安八百里河山
2006.07.27	惊动高层的"大胆"设想　朔天大远河是天方夜谭还是有科学依据？
2006.08.03	地震后市政府为何成众矢之的
2006.08.10	无户口婴儿之死
2006.08.17	中国川西一个国际狩猎场的十三年
2006.08.24	"变态"邱兴华心理档案
2006.08.31	抢救江卓群：一位人禽流感治愈者的生死 52 天
2006.09.07	亿万富豪五年反腐悲欣路
2006.09.14	四大名捕
2006.09.21	举城狂欢庆贺郴州贪官倒台　反腐重拳终结官场七年畸变
2006.09.28	中国游人，你丑陋吗？
2006.10.05	他信："首富总理"沉浮录
2006.10.12	"铿锵玫瑰"为何处境凄凉
2006.10.19	朝鲜核试后，丹东边贸十日
2006.10.26	湖南：前省纪委书记力陈反腐之艰
2006.11.02	上海这一月
2006.11.09	中组前部长直言高官管理
2006.11.16	十年监狱长为何沦为阶下囚　押犯大省力推监狱治理新政
2006.11.23	张钰：我用明摆着的无耻　对付潜在的无耻

2006.11.30	他不知道自己做了什么？
2006.12.07	两起工伤病例多收 161 万　天价医疗黑洞吞噬社保基金
2006.12.14	吃人公园持续夺命数十条　丧女母亲执著追踪责任者
2006.12.21	一个轮回后的真相
2006.12.28	潮叩中国——2007 新年特刊
2007.01.04	最高法院统掌生杀大权　中国司法开启少杀时代
2007.01.11	1990 - 2007：中国反击"东突"十七年
2007.01.18	最高检力推被害人补偿立法
2007.01.25	"全民炒股"从头再来
2007.02.01	郑筱萸落马掀药监风暴　中央彻查力护用药安全
2007.02.08	邓小平逝世十周年
2007.02.15	2007，罕见暖冬　全球变暖明显，中国筹划应对
2007.02.22	回到往日，与温暖的未来相逢
2007.03.01	他们将继续说真話，道实情
2007.03.08	维生素：从补药变毒药？
2007.03.15	"赶考"2007——两会专题
2007.03.22	"郴州官场的良心"
2007.03.29	重庆"钉子户"事件内幕调查
2007.04.05	西进，从湖湘到云贵——地下"六合彩"攻城略地
2007.04.12	那十五天发生了什么
2007.04.19	体彩丑闻显中国彩票远行积弊
2007.04.26	摧毁苏联的人，走了　英雄，还是叛徒？
2007.05.03	"D 字头"跨过了什么
2007.05.10	县委书记遭绑架被索 2100 万
2007.05.17	毒糖浆巴拿马致死百人　原料来自中国
2007.05.24	寻找"血肉"钢板的下落
2007.05.31	百亿化工项目引发剧毒传闻　厦门果断叫停应对公共危机
2007.06.07	30 年，被高考改变的命运
2007.06.14	少年血泪铺就黑工之路　豫晋警方酝酿联手解救
2007.06.21	洪洞黑砖窑身世调查
2007.06.28	院士上书总理批示难奈悲凉命运　三峡珍稀植物园根归何处
2007.07.05	面对黑砖窑事件　于幼军坦陈心迹
2007.07.12	深圳 2007 房价暴涨背后的秘密
2007.07.19	中国叫停"器官移植旅游"
2007.07.26	倾力推民主十年触坚冰　女书记艰难试验不言悔
2007.08.02	沈阳"鬼楼"：一个谣言的流传史
2007.08.09	最漫长三天
2007.08.16	"红色通缉令上的人就是我"
2007.08.23	"总统"直管　三路出击　游说美国　揭秘台湾"K 街攻略"
2007.08.30	重大事故近期为何频发？——专访国家安全生产监督管理总局新闻发言人黄毅
2007.09.06	130 小时，孟氏兄弟井下逃生
2007.09.13	9 月 3 日—11 日　安监总局长的八天——本报记者全程追踪国务院安委会第九督查小组
2007.09.20	庞家钰案"深喉"真名现身十年官场恩怨　首度述说

付属資料1 『南方週末』の1997年から2010年までの第1面トップ記事サンプル

2007.09.27	广州 2007：谁推高了二手房价？——地产中介灰幕
2007.10.04	剥开这颗"蛋" 国家大剧院初体验
2007.10.11	中国官方智库调查
2007.10.18	中国：现在是十七大时间
2007.10.25	三十八万公里的星路历程——专访中国探月工程总设计师、"两弹一星"元勋孙家栋等专家解密嫦娥奔月轨道
2007.11.01	"真凶"上诉求增其罪 聂树斌案 绝处逢生
2007.11.08	十月革命 90 年 救赎、悲剧与启示
2007.11.15	两份"秘密协议"引发悬疑 碧桂园被指"零地价拿地"
2007.11.22	十年后，三峡又移民——230 万人即将告别家园的背后
2007.11.29	碧桂园拿地再调查
2007.12.06	中福在线：彩票时代的"老虎机"？
2007.12.13	猎杀大熊猫疑云
2007.12.20	"公众参与"背后的政府考量
2007.12.27	厦门人：以勇气和理性烛照未来
2008.01.03	愿自由开放的旗帜高高飘扬
2008.01.10	最后的代课教师
2008.01.17	龙象之约：超越喜马拉雅
2008.01.24	大学生冷静的回家路
2008.01.31	拯救"京广大动脉"
2008.02.07	非常广州站
2008.02.14	从 Made in China 到 Cultured in China——写在首度南方周末文化原创榜边上
2008.02.21	被踩踏者李红霞的短暂人生
2008.02.28	在古巴追寻卡斯特罗
2008.03.06	铁面审计长谢幕
2008.03.13	十年前，他们离开部委大楼——1998 年部委人员大分流回望
2008.03.20	台湾选举倒计时
2008.03.27	别了，陈水扁
2008.04.03	城市灰霾天年夺命三十万 专家吁严防雾都劫艰重演
2008.04.10	彭宇疑案喧嚣未尽 惟有真相不可调解
2008.04.17	女秘书事件引发社会热议 记者亲历高校评估总动员
2008.04.24	合肥：小学生引爆大抗议
2008.05.01	S 形线路潜伏巨大危险 三次机会本可避免惨祸
2008.05.08	三个"股神"的资本人生
2008.05.15	徒步汶川 都江堰 - 汶川：90 公里生命之路
2008.05.22	【汶川九歌】汶川震痛，痛出一个新中国
2008.05.29	大地震现场再报告
2008.06.05	邱光华战友讲述：失事直升机的最后一刻
2008.06.12	撤还是不撤？炸还是不炸？——决策唐家山 27 天
2008.06.19	台湾保钓惊心 8 小时
2008.06.26	多省被禁仍能"大行其道" "优鼻"身世折射监管难题
2008.07.03	内陆第一核电站争夺战
2008.07.10	瓮安溯源
2008.07.17	杀人者杨佳

181

2008.07.24	电视 PK 县委书记——贵阳区（县）党委书记公推竞岗观察
2008.07.31	北京人的奥运时刻
2008.08.07	中国诺言："给我十六天，还你五千年"
2008.08.14	【奥运特刊】斯文中国
2008.08.21	像体育本身一样明亮
2008.08.28	盛事，国家与未来
2008.09.04	800 万灰色收入仅判三年　官员财产申报不能再等
2008.09.11	陈水扁贪腐 8 年探源　从"台湾之子"到台湾之耻，这是谁的失败？
2008.09.18	八千里尴尬寻孤路——四川 88 名地震孤儿认养纪实
2008.09.25	为什么是翟志刚？中国太空行走第一人选拔始末
2008.10.02	倡导民主法制　反对封建主义　胡德平：重温叶剑英 30 年前讲话
2008.10.09	三中全会：是该"出手"的时候了
2008.10.16	压垮北川自杀官员的最后稻草
2008.10.23	"滞留"巴黎的区委书记
2008.10.30	地震预报的中国"江湖"
2008.11.06	向美国新总统提问
2008.11.13	学生会主席直选全记录
2008.11.20	五宗"罪"——杭州地铁施工塌陷调查
2008.11.27	面粉增白二十年屡受质疑　中央六部门介入安全之争
2008.12.04	中国民间对日索赔突现拐点
2008.12.11	重新回到人，重新从人出发
2008.12.18	面朝常识　春暖花开
2008.12.25	中国海军首度远征揭秘
2009.01.01	没有一个冬天不可逾越
2009.01.08	三鹿曝光前被遮蔽的十个月
2009.01.15	"奇官"罗崇敏
2009.01.22	文化与自信
2009.02.05	打工村：这里的世界是平的
2009.02.12	【记者调查】大旱背后
2009.02.19	他们是"中南海主人"
2009.02.26	屯兰矿难："安监省长"的累与痛
2009.03.05	政治局常委，国务院总理温家宝：昨天，今天和明天
2009.03.12	边境赌场变身绑架巢穴　屡禁不绝竟致传销之势
2009.03.19	本报记者现场直击"世界最大监狱"加沙
2009.03.26	【牢头狱霸之治】牢中生死录
2009.04.02	谁在操盘百倍暴利？
2009.04.09	"瘦肉精"背后的科研江湖
2009.04.16	温州官场余震未了
2009.04.23	新型"瘦肉精"现身黑市
2009.04.30	谁杀死了李丽云？"丈夫拒签手术致孕妇死亡案"再调查
2009.05.07	这一年你没被击垮，就永远不会被击垮
2009.05.14	险被放过的内地 H1N1 首例
2009.05.21	众校长揭"择校"内幕　"择校"背后的隐秘博弈
2009.05.28	千里办案，10 万放人

付属資料1　『南方週末』の1997年から2010年までの第1面トップ記事サンプル

2009.06.04	中国百万官员"再锻造"，要害岗位跨级直训
2009.06.11	房价为啥会涨？会不会跌？
2009.06.18	与邓玉娇案相关：巴东37天
2009.06.25	有条件要上亿，没条件创造条件也要上亿　主旋律影片如何才能赚钱
2009.07.02	【国外共产党生存现状调查】活在资本主义心脏里的美国共产党
2009.07.09	【无互爱　不人类】他们为何伤害无辜民众　中国国际关系研究院反恐研究中心主任李伟访谈
2009.07.16	重庆状元：从"王牌"到"弃子"重点中学高考竞争惨烈手段起底
2009.07.23	股市600倍暴富神话降临失地村庄　最幸福的失地农民　最烦恼的百万富翁
2009.07.30	高层政治纪实作品被曝造假　九位前领导人后代集体质疑
2009.08.06	"集体户口让我结不了婚"
2009.08.13	"中加引渡条约"呼之欲出滞留加国贪官穷途末路
2009.08.20	【央企凶猛】央企的无边界扩张时代
2009.08.27	离政府最近的"野楼盘"倒了
2009.09.03	"网瘾"治疗：门派并起，裸奔五年
2009.09.10	枪击疑云
2009.09.17	世间再无煤老板？
2009.09.24	"蚊子飞过，也要打下来"五道防线，二百多万安保力量直接护卫"十一"之前的北京
2009.10.01	【新中国六十周年特刊】让每一个中国人也站起来！
2009.10.08	果敢余生　缅北军事冲突后华人生存状态观察：中国是他们惟一的希望
2009.10.15	一个已存在30年的沉默群体　30万难民在中国
2009.10.22	"地王"风云
2009.10.29	"反贪"传换　恐吓记者——检察院被上级批评后道歉
2009.11.05	大学生救人溺亡隐情调查："挟尸要价"另有其人　"见死不救"渔民被冤
2009.11.12	新疆暴涨万倍的疯狂石头　新疆的现实与未来"系列观察
2009.11.19	官员道歉十年史：从"叫好一片"到"渐入常态"
2009.11.26	"足球病毒"王珀——足坛反赌风暴中的赌球大佬和他背后的黑金江湖
2009.12.03	重庆打黑非常时期　首例官员自杀成谜
2009.12.10	气候峰会险成陷阱　被曝光的密议　被激怒的中国
2009.12.17	自杀女研究生杨元元：她的路为何越走越窄
2009.12.24	拆迁"拆迁条例"
2009.12.31	【新年献辞】这是你所拥有的时间　这是你能决定的生活
2010.01.07	曹操墓发掘路线图
2010.01.14	抢尸背后的维稳逻辑　聚焦内江"死而复活"案
2010.01.21	"世界的伤口"在恶化——海地震后全记录
2010.01.28	从"读书改变命运"到"求学负债累累"
2010.02.04	吉首非法集资大案
2010.02.11	【等你回家　他们的春节故事】代课教师李建新：我不是村里最穷的人了
2010.02.18	文化大国　是否可能，如何可能
2010.02.25	最后的武斗罹难者墓群
2010.03.04	【中国"治道"变革·中央】"维稳"：体制隐然成型
2010.03.11	【民生热点·房价】房价困局：建议有了，解决很难？
2010.03.18	计划生育30年，变还是不变　二胎政策：历史关口，正在激辩

2010.03.25	"中文发"借卡拉 OK 监管平台获利　KTV 版权利益分配浮出水面
2010.04.01	十四封贺与一次矿难
2010.04.08	拆出人命的地方　官员果然个个还在
2010.04.15	当一个国家失去总统
2010.04.22	【哀玉树·悼】用我们的目光　照亮他们向天国的路
2010.04.29	南平杀童案：死刑之后，大家都解脱了
2010.05.06	南方周末记者"检查"八城校园安保
2010.05.13	富士康"八连跳"自杀之谜
2010.05.20	历史老师，该当何罪？
2010.05.27	"天上人间"声色之外
2010.06.03	多少精英正在移民海外　他们寻求什么
2010.06.10	征收房产：为什么，凭什么
2010.06.17	相亲节目整风
2010.06.24	"主体足球"是怎样炼成的　朝鲜：神秘国度　神秘足球
2010.07.01	亿元别墅，砸还是不砸——广州市长向最贵富人区的违建"开炮"
2010.07.08	2009.12.25 预警"太空迷航"隐患
2010.07.15	章鱼帝传奇
2010.07.22	三峡大考　二十年一遇洪水动长江全流域
2010.07.29	家门口的"定时炸弹"终于炸了
2010.08.05	李一"成仙"
2010.08.12	舟曲　天人之战
2010.08.19	天有多热，谁说了算
2010.08.26	催命营救
2010.09.02	HIGH 过之后　优雅起来　世博开启国民素质"成人礼"
2010.09.09	"疯汉"杀人的艰难免刑
2010.09.16	京藏高速堵疏轮回　一条公路不能承受的管理之痛
2010.09.23	李连杰撞墙——难以突围的壹基金与民间慈善
2010.09.30	校长的腔调——不会"说话"的中国大学校长
2010.10.07	除了熊猫，还有谁能代表中国？
2010.10.14	翼城人口特区　一个县尘封 25 年的二胎试验
2010.10.21	朝鲜直击——迎接不世出的领袖
2010.10.28	每一个烈士都有名字——寻找 18.3108 万抗美援朝亡灵
2010.11.04	历史深处的来信
2010.11.11	广州欢迎你批评　不一样的亚运筹备：换个姿态办大事
2010.11.18	索马里惊魂 131 天——"金色祝福"号被劫中国船员眼里的海盗
2010.11.25	水淹互联网
2010.12.02	成都户改
2010.12.09	"清剿"评比：不要官官相扰
2010.12.16	宣州副区长与情人的危险关系
2010.12.23	奴工背后的"善人"——四川渠县残疾人自强队调查
2010.12.30	"谋杀可以排除"——温州市公安局钱云会案发言人黄小中解释调查进展

【付録資料2】『南方都市報』の **2004** 年から **2010** 年までの炭鉱事故記事サンプル

記事の日付	記事のタイトル
2004.01.06	灾民有权参与制定赔偿标准
2004.01.20	我们的财富不能以生命为代价
2004.02.12	云南六盘水矿难 24 死 2 失踪
2004.02.17	兴宁矿难疑与地震有关　共造成 2 死 1 伤，现仍有 4 人被困井下，张德江、黄华华指示全力抢救被困人员
2004.02.18	地震引发塌方？　塌方引发地震！　地震专业人员证实这是一次非天然地震事件
2004.02.18	4 矿难被困者生还无望　搜救工作仍在紧张进行，但速度因多次小塌方被迫放慢
2004.02.20	治理"矿难"的措施需重新审视
2004.02.20	在南丹矿难事故中隐瞒不报，构成玩忽职守罪　河池原行署专员被判刑
2004.02.21	一手策划瞒报惊天矿难，还利用职务便利受贿 321 万余元　南丹原县委书记万瑞忠伏法
2004.02.22	找到三名矿工　证实已死亡　死者增至 5 人，1 人仍困井下
2004.02.23	被困者全部找到　昨日结束抢救，共有 6 人死亡
2004.02.24	南丹原县委书记临行刑接受采访　万瑞忠自责"不忠不孝"
2004.02.24	鸡西煤矿爆炸 37 人被埋　目前已发现 21 名遇难者遗体
2004.02.26	还有多少次"全面整顿"可以重来
2004.03.03	山西一煤矿爆炸 20 多人遇难
2004.03.08	15 矿工被困井下电话求救　新疆哈密煤矿发生透水事故，24 人被困，另外 9 人下落不明
2004.03.09	哈密煤矿事故 15 名被困矿工获救
2004.03.13	贵州煤矿瓦斯爆炸 12 人死亡 2 人失踪
2004.03.15	整肃吏治需积极问责
2004.03.21	山西华山煤矿事故爆出内幕　矿主转移 6 具尸体遣散知情人
2004.04.10	重庆瓦斯突出事故 5 死 1 失踪　17 名获救矿工现已全部脱离　生命危险
2004.04.13	郑州煤矿透水 12 人下落不明
2004.04.26	雷击停电闷死 4 矿工　事发韶关仁化，停电使矿井通风系统瘫痪，矿工未及时撤离酿成悲剧
2004.05.01	山西隰县矿难死 34 人　内蒙乌海矿难 15 人被困
2004.05.10	曲江煤矿爆炸二死三失踪　另有一人被严重烧伤，截至发稿时仍未脱险
2004.05.11	瓦斯　超标　逼矿工下井遇塌方　曲江一煤矿包工头和两矿工被困井底生还希望渺茫
2004.05.14	省政协副主席为矿工安全献策
2004.05.14	曲江两煤矿安全事故追踪
2004.05.15	曲江爆炸煤矿　找到三矿工遗体
2004.05.18	两天两起矿难　曲江县长道歉
2004.05.19	山西两起煤矿事故 4 死 44 失踪
2004.05.21	交口矿难死者升至 24 人　仍有 9 人被困井下，煤矿承包人去向不明
2004.05.21	兴宁煤矿缺氧　致两人死亡
2004.05.30	曲江连发矿难一副县长辞职　韶关严肃处理 6 名责任人，本月 8 日 9 日该县两起矿难共致 8 人死亡
2004.06.07	仁化煤矿爆炸　三人遇难

185

2004.06.12	瞒报现形：死12人只上报1人　邯郸承认"6·3"矿难是一起煤矿负责人恶意隐瞒特大安全生产事故事件
2004.06.13	两起矿难多相似消除瞒报正其时
2004.06.13	邯郸市委书记表示　要严查瞒报真相　纪检监察部门已就有　无国家工作人员参与瞒报　进行调查询问
2004.06.14	邯郸矿难瞒报三责任人被拘　马登峰等3名煤矿负责人涉嫌重大责任事故罪，另有数名相关责任人被依法监控
2004.06.15	救人为何竟要屏蔽媒体
2004.06.15	仅有公开是不够的
2004.07.30	重庆井喷等特大事故结案　165人受党纪政纪处分
2004.08.01	为何不见煤矿闹工荒
2004.08.03	矿难背后的"次秩序"
2004.08.29	梅州煤矿爆炸50余人困井下　至发稿时已救出43人，温家宝、张德江、黄华华指示全力以赴抢救被困人员
2004.08.30	梅州矿难56人获救5人死亡　井下被困人员全部救出，解救工作结束，损失降至最低限度甚为罕见
2004.08.30	27小时救出全部被困者　事故惊动党中央，国务院
2004.09.01	省委省府表彰　梅州矿难抢救工作
2004.09.01	井下落泪救人八消防兵中毒
2004.09.08	一个川西矿工的报复性死亡
2004.09.26	仁化矿难死6人矿主不报　张德江要求全力救治伤员追究有关当事人责任
2004.10.13	湖南煤矿火灾14人遇难　事故涉嫌人为纵火，两矿主逃逸
2004.10.22	河南瓦斯爆炸62人　遇难86人被困
2004.10.22	瓦斯瞬间冲破软弱煤层　初步分析为河南迄今最严重的瓦斯突出事故
2004.10.22	煤矿95%人员为农民合同工　今年4月该公司曾发生煤矿透水事故，12人被困井下
2004.10.22	焦虑人群爬上房顶等消息
2004.10.23	河北武安矿难恶意瞒报　事故中29人下落不明，却上报6人，目前已有9名责任人被监控
2004.10.23	死寂　井下未现生命迹象
2004.10.23	事故原因初步查明　岩石打穿后瓦斯瞬间爆发冲毁通风设施引发爆炸
2004.10.23	面对矿难，评论者为何走向沉默？
2004.10.23	50遇难者　身份确定　大多数矿工已加入　工伤保险
2004.10.23	遇矿难工多为同族18名伤员目前伤情稳定
2004.10.23	招待矿工家属用剩菜　昨日另有多名遇难者家属欲强闯矿区探亲人生死
2004.10.23	大批协议工昨离矿
2004.10.23	幸存矿工回忆半小时的生死逃亡
2004.10.24	大平矿难　遇难者已达79人　昨天矿区内突然传出两声巨响，矿工估计是抢险遇阻炸开巷道
2004.10.25	铭记他们承受的苦难
2004.10.25	大平矿难遇难者升至82人　供养赔偿协议出台，昨晚部分遇难者家属已签约
2004.11.01	抚顺西露天煤矿　有害气体熏死15人据了解，从事开采该　煤矿的矿工竟是建筑工人
2004.11.11	147名矿工遗体　被找到

付属資料2 『南方都市報』の2004年から2010年までの炭鉱事故記事サンプル

2004.11.13	平顶山矿难 33 人遇难
2004.11.14	四川彭州煤矿爆炸 6 人死亡 13 人失踪
2004.11.22	河北沙河矿难 9 死 58 被困 温家宝指示全力抢救，有关责任人已被控制，初步推断是井下电缆内燃引燃坑木所致
2004.11.24	国务院成立河北矿难调查组 遇难者增至 61 人，目前 5 家铁矿 9 名责任人被监控
2004.11.27	太原一煤矿爆炸 12 人遇难 矿主竟藏尸瞒报
2004.11.27	河北矿难存在瞒报？
2004.11.29	又是特大矿难！铜川 166 人生死未卜
2004.11.29	煤矿安全：为何成了"无间道"
2004.11.29	避免矿难存的书生之见
2004.11.29	家属三问陈家山煤矿 •矿井发生火情为何不停产？•明知有安全隐患，为何仍令矿工继续工作？•矿工拒绝下井，煤矿爲何以处罚为由强迫矿工下井？
2004.11.29	邯郸矿难瞒报 16 渎职人员被查处
2004.11.29	293 人被困 127 人获救 166 人生死不明 千余家属含泪祈祷
2004.11.29	2001 年该矿事故 38 人死亡
2004.11.29	七支矿山急救队入驻 据初步判断，井下矿工的生存几率非常小
2004.11.30	铜川矿难死者增至约 50 人 陕西下令全省高瓦斯煤矿昨起全部停产整顿，43 名伤者目前伤情基本平稳
2004.11.30	可否对待空难般对待矿难？
2004.12.01	被困人员生存希望渺茫 铜川矿难遇难者人数增至 64 人
2004.12.01	当代孟姜女能哭倒什么
2004.12.02	无名无姓的死难者，请记下他们的名字
2004.12.03	陳家山煤矿昨日四度爆炸 井下 61 名抢险队员因指挥得当全部逃生
2004.12.03	我国煤矿每周死亡逾 10 人 死亡率为美国百倍，官方预计今年煤矿安全生产可 望创历史最高水平，死亡人数可控制在 6000 人内
2004.12.07	温州炒煤团来得正是时候
2004.12.10	山西煤矿爆炸 37 人被困井下
2004.12.13	贵州一煤矿透水 36 矿工被困井下 当时井下共有 80 人，已逃出 44 人
2004.12.14	贵州透水煤矿 井下水位仍在涨 被困井下的 36 名矿工 仍生死不明
2004.12.15	今年煤矿事故 已死 5000 余人 目前贵州思南、湖南 湘潭、重庆永川三起煤矿 事故正在抢险调查
2004.12.17	山西规定矿难赔偿金 不得低于 20 万 盂县矿难遇难者家属分别获赔 20 万
2004.12.21	井下违规放炮引起瓦斯突出凌晨矿难夺走 14 条生命 宜宾：三矿工泥土捣口逃生
2004.12.23	沙河矿难 四名官员被刑拘
2005.01.04	温家宝下矿与矿工同进午餐 在看望铜川矿难遇难者家属时，总理禁不住流下悲痛的泪水
2005.01.05	温总理流泪之后的期待
2005.01.13	仁化煤矿漏底 三名矿工被困 救援队已打通通风管 道送进水及荣养品
2005.01.15	被困 80 小时 3 矿工走上地面
2005.01.20	河南副省长因矿难受处分 温家宝主持召开国务院常务会议，严肃处理"10.20"事故责任人

2005.02.01	唐山宏兴矿难　八人死亡不上报
2005.02.16	提高赔偿成本遏制矿难事故
2005.02.16	阜新矿难 203 人亡 12 人失踪
2005.02.16	两次搜寻救出中毒通风员　辽宁各大煤矿难 190 名救援队员深入 620 米井下搜救
2005.02.16	矿难发生时测得有矿震
2005.02.16	井下系统正逐渐恢复
2005.02.16	辽宁特大矿难 203 人遇难
2005.02.16	孙家湾煤矿
2005.02.17	能否为罹难矿工下半旗志哀
2005.02.17	20 万就算提高矿难赔偿成本吗？
2005.02.18	孙家湾矿难死者升至 212 人
2005.02.18	赔偿标准：一人 20 万元　据称国家拟制定统一的伤亡赔偿　标准，最高赔 20 年工资
2005.02.18	云南煤矿爆炸 27 死 14 伤　非法开采组织者已逃跑
2005.02.19	孙家湾矿难赔偿金发放　遇难人数上升至 213 人，搜救工作已进入最后阶段
2005.02.19	有一种团结什么我们不要？
2005.02.20	一位煤矿人对矿难原因的分析
2005.02.21	我们从矿难中学到什么
2005.02.21	孙家湾矿难　获救者增为 30 人　井下尚有 1 人失踪
2005.02.21	国务院办公厅发布关于完善煤矿安全监察体制的意见　广东将增设煤矿安全监察局
2005.02.22	矿难频发　再逼煤矿改革
2005.02.24	国务院部署煤矿安全生产工作国家安监局升格为总局专设国家煤矿安全监察局　辽宁副省长因矿难被停职
2005.02.25	安全监管权力升格矿难事先预防发力
2005.02.25	阜新矿业集团董事长　梁金发被停职检查
2005.03.01	矿难善后协议内容应予公布
2005.03.01	李毅中出任　国家安监总局局长
2005.03.14	中国能源管理体制需创新
2005.03.15	黑龙江一煤矿爆炸 19 人被困井下
2005.03.16	黑龙江七台河矿难　已确认 16 人遇难
2005.03.18	重庆奉节煤窑爆炸　井下 20 人生死不明
2005.03.20	又现矿难！山西朔州 17 人遇难　仍有 52 人被困，抢救工作加紧进行，初步查明系矿主擅自组织生产所致
2005.03.21	朔州矿难找到 60 矿工遗体
2005.03.23	今年以来全省煤矿死亡 12 人　省政府决定成立　煤矿安全领导小组
2005.03.25	朔州矿难死亡人数升至 70 人
2005.03.25	湖南嘉禾煤矿发生瓦斯爆炸　八死六伤，伤者暂无生命危险
2005.03.31	能否在清明节公祭逝去的亡灵？
2005.04.03	湖南桂阳煤矿透水 17 人被困　救护人员称曾似乎听到有人用石头敲井壁，但后来就没了声响
2005.04.03	大同　被困 11 人　至今生死不明
2005.04.06	赔偿矿难死者　不低于 20 万元

付属資料 2 『南方都市報』の 2004 年から 2010 年までの炭鉱事故記事サンプル

2005.04.12	被埋 15 天两矿工喝污水生还　江西乐平一小煤窑坍塌四人被困，目前两名获救矿工病情已稳定，另两人仍在搜救
2005.04.16	江西乐平矿难幸存者讲述井下被埋 15 天遭遇"被抬出井口时　感觉外面好热闹"
2005.04.25	吉林一煤矿透水 69 人被困　透水是从临近煤矿涌入，有关部门已组织人员全力抢救
2005.04.26	39 名矿工井下自救终脱险　吉林蛟河透水煤矿内目前仍有 30 人生死未明
2005.04.30	陕西韩城煤矿爆炸 2 死 23 失踪
2005.05.01	贵州一煤矿爆炸 12 人下落不明
2005.05.09	内蒙古煤矿瓦斯爆炸 12 名矿工遇难
2005.05.12	国务院严处　孙家湾矿难责任人　辽宁副省长刘国强被记大过，辽宁省政府被责成作书面检查
2005.05.15	山西和顺一煤矿　瓦斯爆炸 15 人死亡
2005.05.20	承德矿难 51 人生死不明　另有 34 名矿工升井获救，河北煤矿局冀东分局曾三次勒令该矿停产均未奏效
2005.05.20	生还者述说惊魂一刻一声巨响，井下的灯全灭了
2005.05.21	遏制矿难须降低煤炭消费
2005.05.22	紧急呼吁　矿难特殊立法
2005.05.22	承德矿难　一名被困者获救
2005.05.23	承德矿难生还者暂时失忆　遇难死者增至 40 人，另有 10 人下落不明
2005.05.24	变"死不起人"为"违不起规"
2005.05.26	黑心矿主竟是安监局副局长　黑龙江"3·14"特大瓦斯爆炸事故调查惊真相
2005.05.30	矿工生命急需特殊立法保护
2005.06.02	任命安监员不如建立工会
2005.06.09	矿难　类底 21 死 4 河北 9 死 8　类底：另有 82 人被送医院河北：初步认定是刑事案件
2005.06.20	42 起重、特大事故发生和处理情况公布，其中 5 起事故当地政府向上级政府作检讨　广东煤矿开缴风险抵押金
2005.06.30	被视为矿工"福音书"的煤炭新政公布　矿工降强度　四班六小时
2005.07.04	煤矿爆炸夺 19 命
2005.07.11	3 名矿工　井下被困 6 天生还
2005.07.12	7 月 11 日电神龙煤矿位于新疆阜康市山区
2005.07.13	新疆矿难 79 人遇难　家属将获赔 20 万元
2005.07.15	兴宁矿难 16 人被困
2005.07.15	17 具矿工遗体　遭矿主转　移死亡人数由 19 人升至 36 人，黑心矿主被刑拘
2005.07.15	神龙矿出资人　竟达 100 名在其内部通讯录中，阜康副市长名列该矿领导中
2005.07.16	兴宁矿难 16 矿工仍无音讯
2005.07.17	安监总局也该领道"罪己诏"
2005.07.17	"还完债我就不做矿工"村民黄建华去年因房屋塌陷，一家五口住在猪圈里
2005.07.17	急召 300 矿工营救 16 被困者　兴宁矿难救援工作仍在紧张进行，由于地质条件复杂，被困矿工生还希望渺茫
2005.07.18	煤矿出事都是安监总局的责任？

2005.07.19	外逃矿主海南落网 邹学松昨早上岛不久便 被警方缉拿归案,今日将被广东警方押回
2005.07.19	放弃抢救 16 名被困矿工 省专家组认为其已无生还可能,当地政府接受建议从昨天下午 5 时起停止抽排水
2005.07.20	陕西铜川煤矿爆炸 19 人生死未卜
2005.07.21	兴宁遇难矿工获赔 20 万 矿主邹学松昨晚 被押回兴宁
2005.07.22	无证非法矿井一律取缔
2005.07.23	20 万 / 人:全国矿难赔偿"统一价"?
2005.07.28	贵州瓦斯爆炸 14 名矿工遇难
2005.07.31	省府表彰消防英模 参与去年梅州矿难营救的 35 名消防官兵,6 个消防部队立功受奖
2005.08.04	禹州矿难 24 人死亡
2005.08.08	兴宁煤矿透水 102 人被困井下
2005.08.08	当地政府发布命令:邻近煤矿 立即停产撤人
2005.08.09	怀念南丹矿难矿还要怀念,有病呀?
2005.08.09	逾百人生还渺茫 张德江表示,梅州和兴宁监 管责任不到位,矿主违法违规生产,直接导致特大事故
2005.08.09	多少条人命换来一辆奔驰
2005.08.09	矿主逃匿,有待缉拿归案 广东采取十项措施加 强大兴矿难抢救调查工作
2005.08.09	矿井如同"大水库" 逾百人生还渺茫
2005.08.09	矿难后,65 名管理者逃跑 兴宁发通告敦促他们 2 天内返回矿部,否则依法追究法律责任
2005.08.09	逾百矿工生还希望渺茫 张德江亲临现场指导抢救,要求用铁的手腕遏制安全事故的发生
2005.08.09	矿工付昌:我们被漫上的水追上了
2005.08.09	矿工蓝卓洲:矿灯没有电,我逃过一命
2005.08.10	兴宁矿难被困人数升至 123 人 梅州市长兴宁市长停职检查,全省所有煤矿停产整顿
2005.08.10	"监管者与矿主 是否有猫腻?"
2005.08.10	中纪委监察部 介入事故调查
2005.08.10	有民工荒从没见矿工荒 矿工们称矿主一般不拖欠工资,今后还有乡亲来这做工
2005.08.11	地质复杂为何煤窑依然多?
2005.08.11	首具遇难矿工遗体出井 温家宝再次指示继续全力做好抢救工作,绝不轻言放弃
2005.08.11	"他才 25 岁,是我把他害了!"
2005.08.11	国务院召开会议 成立事故调查组
2005.08.12	被困矿工生还渺茫 广东官员愧疚道歉
2005.08.12	广东官员愧疚道歉 国务院设调查组彻查大兴矿难,李毅中表示让非法开采的矿主倾家荡产
2005.08.12	国务院设调查组彻查大兴矿难,李毅中表示 让非法开采的矿主倾家荡产
2005.08.12	安监总局要求:加强整顿 7000 余家停产整顿煤矿
2005.08.12	严查违规企业"保护伞" 广东省纪委、监察厅发出通知要求
2005.08.12	副市长率队 检查安全生产

付属資料 2 　『南方都市報』の 2004 年から 2010 年までの炭鉱事故記事サンプル

2005.08.12	三水急查地下矿安全　排查有隐患的企业并立即整顿
2005.08.13	三副省长带队清除"监管死角"省政府督查组分赴韶关、梅州、清远督查煤矿安全生产工作
2005.08.13	兴宁已有千名矿工返乡　事故调查领导小组副组长张鸣起看望矿工
2005.08.13	煤矿事故必须　报监察执法情况　安监总局加强煤矿事故快报工作
2005.08.13	事发煤矿董事长为人大代表
2005.08.13	煤矿抽水工作　进展艰难　初步圈定两个可能发生透水区域
2005.08.14	失踪矿工刘海洪被困井底?家属苦无证据,政府部门已展开调查
2005.08.14	抢险"永不言弃"冒雨紧张进行　兴宁"8·7"透水事故救援进展缓慢,被困矿工家属苦苦等待
2005.08.15	矿主曾想拿 3 亿摆平矿难　知情人称其身价超过 2 亿,煤矿股东中有多名政府官员
2005.08.15	煤矿董事长的发迹史
2005.08.16	省安监局披露大兴煤矿安全生产证发放内情　未领采矿证却获安全生产证
2005.08.16	社论　兴宁矿难查出黑幕巨额黑金有待彻查
2005.08.16	煤矿董事长被监视居住
2005.08.16	全国矿难死亡失踪人数 7 月以来上升七成
2005.08.18	矿主曾云高为何"神通广大"镇干部和村民称其为政府的"摇钱树",在当地做事擅长走上层路线
2005.08.18	矿难背后确有官商勾结　国务院调查组已发现一些线索,相关负责人回应"15 亿元涉案金额"一事
2005.08.19	抽干矿井水至少 600 天
2005.08.20	矿难引发产业链危机　兴宁煤矿全面停产整顿,保障生产安全应成经济发展前提
2005.08.20	煤矿大发"封口费",苍蝇盯上了臭鸡蛋
2005.08.22	煤矿灾难和"后发优势"
2005.08.22	佛山蛙人　远救大兴矿难
2005.08.23	记者的灵魂是如何堕落的
2005.08.23	矿井继续强排水风险很大　参与兴宁矿难抢险救援工作的有关专家表示,被困矿工几无生还希望
2005.08.24	造成矿难的"大家"应是谁
2005.08.24	矿难灾情是吏治病灶的反映
2005.08.24	官员和国企领导　投资煤矿者一月内撤资　国务院最后通牒:9 月 22 日前不撤资者将给予处罚
2005.08.24	山西:非法煤矿死 1 人罚矿主 100 万
2005.08.24	三水紧急部署　安全大检查
2005.08.25	大兴煤矿又捞起三矿工遗体　抢险救援面临的安全隐患越来越多,专家组已在做"放弃抢救"书面建议
2005.08.26	因安全生产事故 5 年处理 9 名　省部级高官
2005.08.27	贵州仁怀一煤矿　瓦斯事故 15 人遇难
2005.08.29	职工举报煤矿隐患,重奖!山西省新近制定专门奖励办法,鼓励知情职工举报重大事故隐患
2005.08.29	大兴煤矿井下发生垮塌,水位突然下降,幸无人员伤亡　主副井暂停抽排水
2005.08.30	曾云高暴富之谜　兴宁矿难凸显煤矿安全监管中的利益死结

191

2005.08.30	23 天后，大兴煤矿　放弃救援
2005.08.30	放弃救援
2005.08.31	能否为遇难矿工办个哀悼仪式
2005.08.31	入股煤矿官员不撤资就撤职　中纪委通知要求各地设电话，信箱鼓励举报官员和国企领导入股煤矿
2005.09.01	省安监局一副局长停职
2005.09.01	煤矿负责人要轮流下井　国务院通过预防矿难特别规定，强调打击安全事故中官商勾结和权钱交易
2005.09.02	"轮流下井"不如改爲"井下办公"
2005.09.03	国务院调查组公布山西宁武"7·2"矿难瞒报事件调查结果　地方官员导演瞒报丑剧
2005.09.04	祭·念　大兴煤矿"8·7"特大透水事故死难者
2005.09.05	全省所有煤矿已停产　省安监局负责人通报煤矿整顿情况，经查近九成煤矿证照不全
2005.09.06	妨碍煤矿整治可追刑事责任　省法制办负责人称，"五证"齐全的煤矿企业经考核验收合格的可继续保留
2005.09.06	国务院发布《关于预防煤矿生产安全事故的特别规定》煤矿藏 15 隐患有其一须停产
2005.09.06	最易引发煤矿生产安全事故的 15 项重大隐患
2005.09.08	9 月 22 日：煤矿撤资最后期限
2005.09.14	省安监局发文"封杀红包"重申有关规定：收送红　包者一律免职，公布举报电话 020-83135880
2005.09.15	矿难后默认手下转移尸体虚报死人数　宁武原副书记副县长受审
2005.09.15	矿难被查出滥用职权同时牵出腐败案　交口女安监局长被公诉
2005.09.16	湘西桑植县 12 名矿难死者家属遭遇悲愤之事　黑心法官克扣　矿难者　赔偿金
2005.09.17	曾云高　被依法逮捕
2005.09.17	看"发死人财"如何查处
2005.09.20	矿主瞒报矿难媒体穷追真相　四天后真相大白，经核实有 12 人死亡 2 人受伤
2005.09.21	粤企派人四处买煤　兴宁矿难后广东进口　煤猛增两成
2005.09.23	"逾期不主动申报　查实后就地免职"
2005.09.23	大限日未闻官员撤资煤矿
2005.09.27	497 官商撤资煤矿　涉及贵州湖南河北等 9 省，其中国家机关工作人员 325 人、国企负责人 172 人
2005.09.30	梅州 34 人　登记从煤矿撤资
2005.10.04	鹤煤二矿瓦斯爆炸 34 人遇难　另有 21 人逃生，经搜救目前已有 27 具遇难矿工遗体升井
2005.10.05	赔偿标准　有所提高　出事煤矿在通风瓦斯管理、生产管理、干部下井带班等方面　存在严重漏洞和问题
2005.10.05	矿长必难　下井带班　安监总局通报各地：采取五项措施加强煤矿安全工作
2005.10.05	新疆矿难死 9 失踪　拜城一煤矿发生瓦斯爆炸，被困矿工大部分来自河南、四川和甘肃等地

付属資料2 『南方都市報』の2004年から2010年までの炭鉱事故記事サンプル

2005.10.06	10月3日至4日，河南鹤壁，新疆拜城，四川广安三地煤矿分发生事故，已导致60人死亡16人失踪
2005.10.07	新疆关闭整顿194处煤矿
2005.10.09	四部门督查清理煤矿官商　中纪委、监察部、国资委和安监总局联发通知，称各地登记核实工作并不平衡
2005.10.10	保障矿工安全　也要靠他们自己
2005.10.12	110人仅撤资600万？
2005.10.12	梅州彻查　参股经商干部
2005.10.13	顶风偷采煤矿致1死2伤　事发韶关，死者尸体去向不明，记者多方查找终于找到两名幸存者
2005.10.14	偷偷挖煤出人命　连夜远尸到湖南
2005.10.14	韶关市府：展开调查
2005.10.15	有人为矿主通风报信
2005.10.17	官员撤资的消息是好还是坏？
2005.10.20	炸封煤矿　怎除余患　全省铁腕整顿煤矿两个多月，本报记者就其中若干难题和疑惑展开调查
2005.10.20	广东煤矿停产整顿仍有人顶风采矿，兴宁韶关官员被严惩
2005.10.22	梅县有矿主偷采煤获利数十万元，该县一煤矿整改时巷道塌方　矿难死3人梅县严惩10干部
2005.10.23	赤峰一煤矿黄泥涌出6名被困矿工遇难
2005.10.25	贵州煤矿　瓦斯爆炸15死3伤
2005.10.27	山西一煤矿被重罚3500万元　今年3月发生矿难致29人死亡，采矿权被收回拍卖
2005.10.29	新疆阜康矿难处理有新进展　阜康副市长刘小龙被捕
2005.10.29	新疆煤矿瓦斯爆炸夺16命　出事煤矿按规定将于今年底关闭，矿井井长事发后逃逸
2005.10.30	涉案386万余元　安监局长被起诉
2005.11.02	特大矿难背后查出官煤勾结
2005.11.03	安监审批人员拟定期轮岗　省安监局已向省纪委递交反思文件，相关负责人称毫不手软杜绝官煤勾结
2005.11.03	山西煤矿出事　再夺17人性命
2005.11.05	辽宁连发两起矿难
2005.11.05	闽百余煤矿为何敢带"病"生产　为保"支柱产业"发展地方经济，福建永定县和新罗区政府竟无视国家法规
2005.11.07	昨天一天全国三起矿难
2005.11.08	"矿主下井治矿难"，看起来很美
2005.11.09	河北邢台　矿难死亡人数升至31人
2005.11.09	新疆北塔山　煤矿炸药爆炸11人遇难
2005.11.11	鹤岗一"煤官"提前退休引发安监总局纪检组长赵岸青发火：官煤勾结如此处理太"温和"！
2005.11.13	内蒙古乌海矿难16人死3人生还　出事矿井正停产整顿
2005.11.14	新疆中兴矿难　逃逸矿井长被抓
2005.11.17	邢台矿难发现3幸存矿工　距河北邢台3家石膏矿连片塌陷已有10天，预计今日可成功救出

193

2005.11.18	井下苦熬 11 天逃出生天　邢台矿难救援再现奇迹，一矿工井下喝尿求生，被救出后还能说话
2005.11.18	被困地下 11 天逃出生天
2005.11.19	贵州煤矿瓦斯爆炸 17 人下落不明 26 人下井其中 9 人安全返回
2005.11.19	邢台矿难获救矿工苑　胜林回忆被困生活　喝了自己 6 泡尿熬过井下 11 天
2005.11.20	邢台又发矿难 14 人被困井下
2005.11.22	安监局竖矿难警示牌
2005.11.23	怎么看待　民营煤矿"暴利"
2005.11.28	胡锦涛温家宝多次指示　遏制重特大事故多发势头
2005.11.29	七台河矿难噬 134 命
2005.11.29	33 矿工是否下井成悬疑
2005.11.29	黑龙江矿难 134 命亡
2005.11.29	"看见前面的亮光，我的泪一下子流出来"
2005.11.30	李毅中再次追问 33 人下落
2005.11.30	武安矿难逃逸高管落网
2005.11.30	不忍看，矿工妻子那结冰的眼泪
2005.11.30	赔偿总额超 3000 万　创下全国纪录
2005.12.01	矿难井下人数少报 20 名
2005.12.01	李毅中怒斥国有矿矿长"连民营小煤窑主都不如"
2005.12.01	"悬赏出殡"何以言善后
2005.12.02	"这是一起特别重大责任事故"
2005.12.02	就让我们习惯将灾情考虑得严重些吧
2005.12.02	煤矿领导素质高，实在是高！
2005.12.03	七台河矿难死者增至 166 人　仍有 5 人矿工下落不明，救援队表示力争两天内找到他们
2005.12.04	河南煤矿透水 42 人失踪　矿长等管理人员外逃，国家安监局要求立即追逃
2005.12.06	黑龙江拟颁新规以防变相袒护事故责任人　国有煤矿事故责任人　处分期内禁导地为官
2005.12.07	七台河矿难　确认 171 人遇难
2005.12.08	唐山煤矿爆炸
2005.12.08	54 死 22 失踪　国家安监总局局长李毅中等赶　赴现场，两个救护队进行抢救，事故原因初定瓦斯爆炸　河南新安矿难逃逸矿长被抓
2005.12.09	唐山矿难井下 104 人？又是谎言！
2005.12.09	长春煤矿透水 6 人下落不明
2005.12.10	向何祚庥院士请教两个逻辑问题
2005.12.10	唐山矿难死亡人数升至 87 人　尚有 21 人下落不明，遇难者每人获赔 22 万元
2005.12.12	关闭煤矿恶化供需格局市场正常才能有效监管
2005.12.12	唐山矿难七嫌犯被刑拘　涉嫌重大劳动安全事故罪
2005.12.13	安监总局七项措施治矿难
2005.12.17	矿工有权"不下井"又能如何
2005.12.21	个性高官难解制度困境
2005.12.24	安监总局通报六起特大矿难处理结果，陕西省原副省长巩德顺被行政记过　游宁丰因矿难被行政大过
2005.12.24	分四种情况处理责任人

付属資料 2 『南方都市報』の 2004 年から 2010 年までの炭鉱事故記事サンプル

2005.12.24	今年事故死亡人数近 12 万　一次死亡 30 人以上矿难 11 起，其中 4 起一次死亡百人以上
2005.12.24	10 月底至今，全国 4878 名干部已从煤矿撤资 5.6249 亿　已撤资金若来源不正要追究
2005.12.24	广东七官员　被移送司法机关　兴宁市国土局，煤炭局均有官员　在大兴等煤矿入股分取红利
2005.12.24	举报非法采矿　有望获万元奖励　今年瞒报事故共 17 起，赵铁锤表示将采取三项措施加大监管力度
2005.12.24	"事故背后有保护伞"李毅中说，六起特大矿难暴露煤矿安全五大问题
2005.12.25	兴宁矿难事故调查处理工作结束，22 人受党纪，政纪处分，41 人被追究刑事责任　梅州副市长蔡小驹被撤职
2005.12.26	贵州一矿井起火 12 人下落不明
2005.12.29	梅州增 1.5 亿整治煤矿停产　目前该市已经关闭 90% 以上矿井
2005.12.30	山西左云煤矿透水 2 人 15 人生死不明
2006.01.01	灾　变　第　八　糟
2006.01.01	收送红包就地免职　省安监局公布节日防腐监督举报电话 020-83135880
2006.01.01	未申请安全许可证　非煤矿山今起停产
2006.01.06	中国严查煤矿事故责任　去年处分　厅局级以上 30 人
2006.01.07	可怜温州"炒煤"人
2006.01.08	新疆"11·8"煤矿炸药爆炸事故查明原因　为泄私愤引爆半吨炸药
2006.01.16	"我对何祚庥的现点不敢苟同"国家安监总局新闻发言人称，不允许以生命为代价换经济发展
2006.01.16	广东重拳反腐连破大案　去年查处案件 4289 宗，查处县 (处) 级以上干部 327 人，挽回损失 12.69 亿元
2006.01.17	煤矿整顿福建未关闭一矿　发改委批评 10 省市整顿关闭工作进展缓慢，广东、内蒙古超额完成计划
2006.01.20	地下采矿不再获批　张广宁强调要抓好重点行业生产整治
2006.01.21	2325 名官商入股办矿被查　其中已有 707 人被追究刑事责任，有关负责人称整顿规范任务仍然十分艰巨
2006.01.22	晋煤利益错综复杂行业整顿须循法治
2006.01.22	贵州一无证煤矿　透水致 9 人被困　事发后该煤矿竟迟迟不上报
2006.01.24	身为当地安监局副局　长却违法承包煤矿　七台河矿难　直接责任人获刑五年
2006.01.24	以铁腕防范重特大安全事故　黄华华强调防止非法采矿死灰复燃，危险化学品企业该关闭的要关闭
2006.01.26	经济发展代价几许人本理念弥足珍贵
2006.01.27	今年安全控制指标提出　各类事故死亡人数　全国要降 3%
2006.02.03	山西一煤矿瓦斯爆炸 23 人遇难　出事煤矿为国有重点煤矿，据悉事发时井下有 697 人，李毅中要求核查人数
2006.02.06	李毅中：矿难死亡人数　今年要降 3.5%
2006.02.09	矿业市场应该抬高进入门槛
2006.02.14	连纪党员一年开除两万多　中纪委部署今年反腐要点，将严查驻京办请客送礼和跑官要官
2006.02.16	四项安控指标列入干部考核　国家安监总局表示今年将落实安全生产行政首长负责制

2006.02.25	枣庄一煤矿放炮　煤尘爆炸 15 人死
2006.03.01	湖南隆回矿难　已有 17 人死亡
2006.03.03	邯郸磁县煤矿爆炸 6 死 25 人被困井下
2006.03.09	河南太平煤矿矿难案宣判　三名煤矿通风调度人员和一名矿长助理被判刑
2006.03.09	兴宁矿难渎职犯罪案宣判 16 名被告人被追究刑事责任
2006.03.15	安全生产列入干部考核　副省长佟星与各市分管安全生产工作的副市长签订相关责任书
2006.03.18	矿道坠石砸死两矿工　惠州大亚湾西区新簉村发生事故，当时　井下有 3 人，两矿主已被警方控制
2006.03.19	佟星在梅州调研时强调　煤矿行业　确保近期退出
2006.03.28	偷采已封煤矿村民被困井底　连州该煤矿突发透水事故，5 名采煤者仅 1 人逃生，其余 4 人生死未卜
2006.03.29	被困矿井 4 村民生机渺茫
2006.03.30	一遇难者遗体被发现　其余 3 人仍无音讯，指挥偷采煤炭的两名矿主自首
2006.03.31	四采煤村民全部遇难　尸体相继被挖出，救援工作昨晚结束，两矿主及一涉案人员被拘
2006.04.03	城乡鸿沟需要一点点填平
2006.04.11	冷水江矿难井下埋了 4 女工　出事煤矿非法使用女工下井，湖南省妇联表示强烈谴责
2006.04.12	梅州 10 家煤矿主动申请关闭　广东全面退出煤矿行业
2006.04.30	陕西煤矿爆炸 4 死 27 下落不明
2006.05.17	贵州一煤矿发生事故 9 人下落不明
2006.05.19	兴宁矿难 18 矿主被起诉　包括大兴煤矿矿主曾云高，被控重大责任事故罪、非法采矿罪等
2006.05.22	被困矿工家属被转移内蒙古　山西左云矿难再爆黑幕，被困人数可能增加到 57 人
2006.05.23	官煤勾结不止"铁腕"治理无效
2006.05.23	左云矿难 7 名责任人被刑拘　初步发现 57 人被困，有关部门将进一步核对被困人数
2006.05.25	左云矿难：两名乡领导停职　山西大同市委通报矿难处理最新进展，已有 9 人被刑拘，2 人在逃
2006.05.26	出事煤矿法人代表　是政府临时工？
2006.05.27	揭开矿难瞒报真相　据调查，出事煤矿一年利润近亿元
2006.05.27	头号抓捕对象落网　矿长内蒙古被抓获，抢险指挥部称矿主是事故责任主体
2006.05.28	左云矿难正副两县长被撤 56 人被困井下，19 名瞒报矿难责任人被刑拘，当地去年底还瞒报一起 20 人死亡矿难
2006.05.28	书记乡长早知　被困矿工人数
2006.05.28	被困矿工人数　核实确定 56 人
2006.05.28	乡委书记安排　转移矿工家属
2006.05.31	左云矿难中的黑色定律　非法超采、瞒报井下人数在矿工和矿主眼里渐成寻常事
2006.06.01	涉兴宁矿难安监高官今受审　省安监局原副局长胡建昌收矿主曾云高 4 万元违规发证，曾云高被控 5 罪下周一兴宁过堂
2006.06.04	吸取去年"8·7"矿难教训　全省安监系统　敏感岗位轮岗

付属資料 2 『南方都市報』の 2004 年から 2010 年までの炭鉱事故記事サンプル

2006.06.04	左云矿难 11 名责任人全部被抓
2006.06.06	兴宁矿难 18 被告人受审　被控五项罪名，庭审将持续数天，除一人外均有自首表现，曾云高还有立功表现
2006.06.07	媒体思想之　刘洪波专栏　低价赔偿是为防范更多事故？
2006.06.08	小煤矿整顿　应该雷厉风行
2006.06.26	限制媒体报道应对突发事件是一种退步
2006.06.27	全国人大常委会组成人员对突发事件应对法草案提出完善意见　瞒报突发事件追究官员刑责
2006.06.29	谁是中国煤矿安全第一杀手
2006.07.09	地层下的光亮——贵州习水矿工自拍图片选登
2006.07.17	爆破私采点却炸死邻矿 20 人　山西灵石发生矿难，目前仍有 37 人被困井下
2006.07.20	七台河矿难　黑龙江副省长　刘海生行政记过　另有 32 名责任人被处理，黑龙江省政府须向国务院作深刻检查
2006.07.30	河南一在建煤矿　发生瓦斯突出　事发时井底有 8 名施工人员
2006.08.06	【山西宁武】煤矿地陷涌毒气　吞噬 18 人
2006.08.15	【新疆】阜康矿难吞噬 13 矿工
2006.08.30	四起安全事故三死六伤　省安监局要求暂扣涉事　企业安全生产许可证
2006.09.04	郴州反腐余震波及上百官商
2006.09.30	安全事故调查　首查商业贿赂
2006.10.01	"安监"人员收回扣打 83135880 举报　省安全生产监督管理局公布受理商业贿赂举报的相关方式
2006.10.26	从干股到干女儿的权力边疆
2006.11.01	甘肃一煤矿　瓦斯爆炸 29 人死
2006.11.06	山西矿难 17 死 30 被困　发生特大瓦斯爆炸的煤矿有 393 人下井，事后 346 人出井
2006.11.14	山西 8 天 3 起特大矿难共 91 人遇难失踪，灵石矿难于前日发生，矿主及包工队工头等均逃逸
2006.11.26	黑龙江　鸡西一煤矿瓦斯爆炸 18 人被困井下
2006.11.27	矿难频发是因为　劳动力定价过低
2006.11.27	一日两矿难 5 矿工遇难
2006.11.28	矿难：话已经说尽，痛仍然存在
2006.11.28	临汾煤矿爆炸 24 人遇难　全国两日三起矿难，李毅中怒斥有些地方借资源整合之名保护落后生产力
2006.12.16	县长之死与　兴仁煤矿之困
2006.12.21	兴宁矿难曾云高获刑 10 年
2006.12.22	事故频曝官商勾结　自我监察难解症结
2006.12.28	忻州近两年重大煤矿事故
2006.12.28	煤矿安监局 10 人 36 豪宅
2006.12.30	一位网民对 2007 年的企盼
2006.12.30	这一年　贰　零　零　壹十年反腐　中央发力
2007.01.16	批评与回应 "舆论监督奖" 缘何吃力不讨好？
2007.01.16	记者下煤矿遭暴打致死
2007.01.19	山西打死记者案　三犯落网　主凶在逃　官方证实事发煤矿确是黑煤窑，目前已被填死

197

2007.01.19	传播假消息是为"假记者"
2007.01.26	2006 年肇庆安全事故丧生 290 人
2007.01.28	三农民拍 DV 进京举报黑煤矿 影像隐患举报在全国尚属首次
2007.01.29	贵州一煤矿 瓦斯爆炸 11 死 5 失踪 出事煤矿六证齐全
2007.02.03	黑矿主打死记者案背后的利益链
2007.02.08	煤监局向煤矿索钱买楼买车
2007.02.11	煤监火灾死 24 人仅报 7 人
2007.02.11	猫鼠游戏泛滥,本质是猫鼠共谋
2007.03.08	工伤死亡越年轻赔偿越多
2007.03.11	今年关闭小煤窑 1 万处,国家煤矿安全监察局局长:举报非法采煤 直接找我赵铁锤
2007.03.12	辽宁百年老矿透水吞 22 矿工
2007.03.17	兴宁矿难涉案高官 获刑 3 年
2007.03.17	兴宁 矿难 涉案最高官获刑 3 年
2007.03.17	刑·贿
2007.03.22	晋城矿难被瞒报 救援延迟 44 小时
2007.03.23	本报记者深入山西浑源县大王 庄乡探访黑煤矿生存"灰色链条"山西血煤空间
2007.03.23	能源资源价格改革是当务之急
2007.04.03	恶意瞒报矿难 3 个月连发 9 起
2007.04.17	贫穷和矿难哪一个更可怕
2007.04.18	河南煤矿爆炸 33 人被困 救援队遇二次爆炸 12 人被炸伤,个体矿主逃匿
2007.04.20	成为廉价品的死亡
2007.04.22	受困 111 小时 3 矿工奇迹生还
2007.05.02	山西盂县:私开矿爆炸 14 人遇难
2007.05.06	山西蒲县煤矿爆炸 20 多人被困井下
2007.05.07	煤矿爆炸后 矿主不送伤者去医院
2007.05.08	山西蒲县矿难 死者增至 28 人
2007.05.11	绑架县委书记索款 2100 万 湖北大冶男子开煤窑亏本绑架贵州威宁县委书记数十小时并将其打伤
2007.05.11	矿长生五胎 被罚 130 万 被称为"三湘第一罚单",矿长逃逸罚单至今未兑现
2007.05.18	官员学说漂亮话
2007.05.19	为黑煤窑打工生死自负 太原市国土局《告民工书》称发生事故政府不"埋单"
2007.05.19	与整治无证煤窑无关
2007.05.20	黑煤矿的存在就是政府无法推卸的责任
2007.05.23	渎职官员免刑,矿难如何扼制
2007.05.23	矿难渎职犯罪免缓刑达 95.6% 此轻刑化现象受到最高人民检察院高度重视
2007.05.24	这不是"趋势",这是"大赦"
2007.05.25	死亡指标
2007.06.01	郑筱萸被全球风险所吞噬
2007.07.15	清理矿井透水 忽遭瓦斯爆炸 20 人被困,16 人已救出,4 人生死不明
2007.07.15	山西清理出 1.7 亿煤矿"官股"
2007.07.18	山西煤矿"清股"结果存疑

付属資料2 『南方都市報』の 2004 年から 2010 年までの炭鉱事故記事サンプル

2007.07.30	河南一煤矿透水 70 人被困生死不明
2007.07.31	山西一煤矿 瞒报透水事故 至少 9 人死亡
2007.07.31	河南 69 被困矿工暂时安全
2007.08.01	被困矿工估计午前救出
2007.08.02	为生命重回振奋为矿难再寄忧思
2007.08.02	跪
2007.08.02	69 矿工赤身爬出生天
2007.08.02	救援队徒手扒开最后 13 米 最后 11 小时的生死营救中，那根输送牛奶、氧气的救命水管一度被面汤阻塞
2007.08.03	69 人被困時煤矿违法生产？
2007.08.03	矿工出井
2007.08.04	回家
2007.08.04	全国总工会表彰救援事迹突出的义煤集团
2007.08.19	愿山东矿难 181 名被困者全部生还
2007.08.19	洪水破堤灌矿井困 181 人
2007.08.19	双管齐下救人 一堵洪水 二抽积水
2007.08.19	淹
2007.08.19	事发前已有停工令 172 人被困后，其他矿井仍在雨中继续工作
2007.08.20	抽清积水需要 80 天
2007.08.20	抽水！抽水！抽水……
2007.08.21	曾有前车之鉴足为后事之师
2007.08.21	山
2007.08.21	山东溃水煤矿积水全面抽排，172 名矿工身份基本确定 积水水位下降 21 米
2007.08.21	是什么让矿工丧失了自救本能？
2007.08.22	离最近人员 已不足百米
2007.08.23	抚恤金同样意味着 政府对于国民死亡的重大责任
2007.08.23	慈善法列入人大立法计划 将对慈善信托，捐赠等进行规范，民政部研究给予因灾死亡者家属抚恤金
2007.08.24	国人何时能人人喝牛奶会游泳
2007.08.26	"一直以为有人来救"两生还矿工已无生命危险，对家属表示被困 5 天半一直在爬
2007.08.27	孟家兄弟自救生还背后 隐含着可怕的假设
2007.09.07	山东溃水煤矿仍在抽排水，专家 给出分析结论 172 被困矿工 无生还可能
2007.10.25	煤矿隧道塌陷 12 人遇难 事发山西阳泉，塌陷造成 5 民房陷落
2007.10.25	煤矿隧道塌陷 12 人遇难
2007.11.05	山西静乐煤矿事故 九名矿工全部遇难
2007.11.07	哭
2007.11.08	靠生命促安全的困局亟待破解
2007.11.09	贵州纳雍矿难 34 名矿工被困
2007.11.11	贵州省委书记震怒问责安全生产
2007.11.13	官商勾结书记震怒有心治吏难以问责
2007.11.24	七台河矿难 责任人两年未处理
2007.11.25	矿难处理越看越糊涂

199

2007.11.25	喜看减排考核不达标"刑上大夫"
2007.12.07	山西洪洞煤矿爆炸 70 人殒命
2007.12.08	104 矿工遇难　公安部通缉矿主
2007.12.09	孟学农：如有黑金，查到底!
2007.12.09"	"联合办案"与被遮蔽的救济途径
2007.12.10	公权无法问责道歉受之不起
2007.12.10	李毅中三问洪洞矿难
2007.12.10	国务院昨成立洪洞事故调查组，"12 月 5 日"或成山西警示日　孟学农检讨请求处分
2007.12.10	喝积水吃皮带 11 矿工被困 5 天 6 夜
2007.12.10	129 小时生死大营救
2007.12.10	临汾市长李天太：难辞其咎愿接受任何处分
2007.12.11	事故发生后首先应当向谁检讨
2007.12.11	每人补偿 21.5 万元　该矿 9 月份以来拖欠工人的工资已经全部发放完华事故追踪
2007.12.12	两名煤矿工作人员讲述山西洪洞矿难后的 5 小时"矿长开会决定不报警""保住了老板，咱俩就都保住了"，直到被.怒的工人围殴才下跪报警
2007.12.12	临汾市长　向全市人民道歉
2007.12.16	七台河矿难责任人很难查办吗
2007.12.16	洪洞矿难责任人王宏亮落网
2007.12.17	洪洞矿难责任人全部落网　13 名犯罪嫌疑人被批捕
2007.12.20	临汾市长因洪洞矿难被免职
2007.12.21	洪洞矿难 53 人有望生还　李毅中分析矿难五点原因，安监总局将明年定为"隐患治理年"
2007.12.23	安监总局局长李毅中过问　七台河矿难两年后终宣判
2007.12.24	国务院特别调查组 67 起特别重大事故　问责 1635 人
2007.12.28	血煤，还要开采多少年　69 矿工全生还
2008.01.03	洪洞矿难 19 人被起诉
2008.01.04	粤湘边界黑煤窑死灰复燃
2008.01.04	山坡藏煤窑日产数吨煤
2008.01.10	两省边界不明查处遭遇困难
2008.01.12	山西洪洞矿难 19 责任人受审
2008.01.13	去年煤矿事故死亡 3786 人
2008.01.13	今年事故总量要降 1.4%
2008.01.19	重庆南川矿难 13 死
2008.01.22	非法采煤两小时　引发爆炸 20 人死
2008.01.23	凤凰塌桥背后　查出严重腐败　安监总局通报去年 5 起特大事故处理 183 人，并欢迎举报奥运工程事故
2008.01.25	维权运动已经可以结果实了
2008.01.27	电荒煤荒，管理荒纔是首荒
2008.02.05	山东煤矿溃水事故 6 人追究刑责
2008.02.20	制造"矿难"骗赔连杀 6 人　山西左权警方抓获 25 名团伙嫌犯
2008.02.25	山西洪洞矿难案公判 17 名相关责任人被判一年以上有期徒刑到无期徒刑
2008.02.29	"乡亲"团伙　为造矿难　杀人骗赔

付属資料2　『南方都市報』の2004年から2010年までの炭鉱事故記事サンプル

2008.03.07	山西临汾全国海选煤炭局长　洪洞矿难曾导致105人丧生，这次选了个安全工程师来当局长
2008.03.09	黑龙江矿井大火13人被困井下
2008.03.11	总结灾后教训不应"内外有别"
2008.03.16	云南一煤矿事故　造成14人死亡
2008.04.13	中国正在为高速增长付出沉重代价乌云飘在自己头顶
2008.04.17	"三不倒"书记的垮掉
2008.04.19	新任安监局长：将铁腕整治事故瞒报
2008.05.27	连接大众与名家的桥梁灾难中的希望
2008.05.28	"黑心"矿主匿深圳　一个电话行踪
2008.06.07	河南地震9矿工身亡
2008.06.14	山西煤矿　炸药爆炸34人被困
2008.06.15	搜救队井下发现大量炸药　搜救人员紧急撤离，已确定27名矿工遇难
2008.06.21	山西孝义：煤矿炸药爆炸　市长助理被免职
2008.07.23	百色煤矿透水　仍有29人被困7人遇难21人获救，透水严重增大救援难度
2008.07.29	广西安监局：百色矿难井下29人已无生存可能
2008.09.05	辽宁矿难27死　瓦斯爆炸，有14人生还
2008.09.08	河南禹州煤矿　透水困18人　事发时62人井下作业，已有44人脱检
2008.09.09	广东小煤矿复产？难！
2008.09.10	执法能力比证照齐全更重要
2008.09.12	跟帖
2008.09.13	安监总局约谈　四地副省级官员　近期矿难多发，四省 区汇报整改措施
2008.09.21	黑龙江矿难5死26被困
2008.09.21	临汾市委书记市长丢官
2008.09.22	河南登封矿难37人死亡
2008.09.22	黑龙江矿难死亡人数增至19人
2008.09.23	整肃官员也需　疏导民间问答通道
2008.09.23	河南对登封矿难作出初步处理　登封市长　被建议免职
2008.09.24	公共治理才是问题解决之道
2008.09.24	鹤岗矿难　三官员去职　抢险紧张进行，责任率先追究
2008.09.28	矿山事故隐患举报有奖
2008.10.03	山西长治公布领导电话　发现安全生产隐患可拨书记市长电话
2008.10.08	河北蔚县特大矿难瞒报　书记县长免职
2008.10.10	为了自救，请说出他人的苦难
2008.10.18	煤矿爆炸16死48伤巨石狂飘1公里
2008.10.18	宏大数十工地停产整顿，公司公告简介事故原因："爆破引发不明物体爆炸"
2008.10.25	河北蔚县瞒报矿难　书记县长被免
2008.10.25	安监总局：近期重大事故官商勾结
2008.10.27	"河北蔚县35人死亡矿难"追踪　矿主曾靠行贿　逃脱监管　国务院成立调查组，已对63人采取措施
2008.10.28	警惕地方　形成矿难瞒报机制
2008.10.28	封口管用才有　真假记者分肥
2008.10.30	山西通报霍宝干河　煤矿瞒报矿难事件　28真假"记者"领12万"封口费"
2008.10.31	收煤矿封口费　六媒体被曝光

201

2008.10.31	陕西澄城：瓦斯爆炸 1 人死 28 人被困
2008.10.31	河南济源：煤矿透水 1 人死 20 人被困
2008.11.01	封不住的口越来越多
2008.11.01	陕西澄城矿难 死亡人数升至 23 人
2008.11.01	河南马庄矿难 5 名官员被处分
2008.11.01	中国教育电视台：《安全现场》确实收了钱，但与我无关
2008.11.02	媒体的尊严只在于不甘堕落
2008.11.02	"河南济源矿难"追踪河南济源副市长　田志华被停职
2008.11.02	山西矿难"封口费"追踪中国教育电视台：卖光盘不合适停播《安全现场》
2008.11.02	封口
2008.11.04	封口费只是封口机制的一部分
2008.11.08	矿主 2000 万"摆平"蔚县矿难　揭秘矿主瞒报矿难六种手段；众多记者曾收封口费
2008.11.11	河南推煤矿安全生产新规　一次死 50 人以上　省辖市市长免职
2008.11.11	官帽与死亡人数挂钩，反逼官员捂盖子
2008.11.12	戴骁军是不是真记者？
2008.11.18	河南郏县矿难 34 人被困井下
2008.12.24	年关将近多些暗访
2009.01.02	贵州一煤矿透水 13 人被困井下
2009.01.03	山西山阴被指瞒报矿难　知情者称至少有 30 人遇难，但上级有关部门表示未接到事故报告
2009.01.16	王君正式出任　山西省省长
2009.02.23	遏制矿难需拨挥工会作用
2009.02.23	山西煤矿瓦斯爆炸 74 人遇难
2009.02.23	王君骆琳两"新师"面临首考
2009.02.24	屯兰矿长总工被免　最高检派员抵达山西矿难现场，调查有无人员涉嫌渎职
2009.02.26	山西屯兰矿难　新增 3 名遇难者　目前共确认死亡 77 人，1 人下落不明
2009.02.27	经济再好一旦出事故也白干
2009.02.28	如何破除山西省长们的宿命
2009.03.12	"流泪省长"王君笑了
2009.03.21	贵州晴隆县　煤矿透水　被困 10 人已救出 9 名
2009.03.30	临汾政局凸显"晋官难当"
2009.04.01	莫让问责制　变成碰运气
2009.04.05	鸡西煤矿透水　两名矿工遇难　仍有 14 人被困井下，该矿未经复产验收擅自生产
2009.04.18	煤矿雷管炸药库爆炸致 13 死 3 伤
2009.04.22	国务院将公布 5 特大事故处理结果
2009.04.24	网络报一记者　被诉强迫交易罪
2009.05.05	现实版《盲井》疑犯成都落网
2009.05.09	官员与矿主恶意瞒报 34 死矿难　事发后转移尸体，破坏现场，河北蔚县这家煤矿还属于非法盗采国家资源
2009.05.10	瞒报 34 死矿难蔚县书记县长被免
2009.05.10	瞒报 34 死矿难蔚县书记县长被免　河北省通报称相关领导干部视矿工生命如草芥，与非法矿主沆瀣一气

付属資料 2 　『南方都市報』の 2004 年から 2010 年までの炭鉱事故記事サンプル

2009.05.28	非法采矿巨石滑落三死一伤　三名责任人已被英德警方控制
2009.05.31	重庆发生矿难 30 死 59 伤　死者包括一名矿务局官员，事发时正带队下矿检查，检察院已介入调查
2009.06.01	重庆同华矿难 3 责任人被刑拘
2009.06.02	英德矿难现场附近　矿场毁坏山林　插假竹骗卫星
2009.06.07	武隆鸡尾山为什么会崩塌
2009.07.03	没有监管，就没有质量
2009.07.08	山西繁峙县副检察长，前反贪局长穆新成 "亿万反贪局长" 的双面人生
2009.07.13	井下被埋 8 天 3 矿工奇迹生还
2009.07.14	为获救的 "矿坚强" 而流泪
2009.07.14	连吃两天树皮　再喝巷道渗水　医生称矿工皮下脂肪消耗殆尽，能幸存真是奇迹
2009.07.15	襄汾原书记县长因溃坝事故被起诉二人被控事后谎报原因，瞒报死亡人数，滥用职权
2009.07.17	本报综合被困 25 天获救矿工　首次接受亲属探视
2009.07.21	媒体多事与书记失言
2009.07.21	"管太多" 与 "替谁说话" 是一根藤上的瓜
2009.07.24	鸡西煤矿水灾 23 人被困井下
2009.07.25	相关新闻　手表 15 天后停摆　生命却不停止
2009.07.25	井下困 25 天获救 3 矿工后天出院
2009.07.28	他们康复了！井下被困 25 天获救，3 矿工感言:只有对　煤矿加强安全监管，才是他们的 "护身符"
2009.07.28	煤矿地面设施坍塌致 8 死 8 伤　事发四川凉山州，事故或与当地强降雨有一定关系
2009.07.29	"矿坚强" 回老家
2009.07.29	-4.4% 山西成上半年 GDP 唯一负增长省　两任省长相继提出 "不要带血GDP"，山西经历产业结构调整 "阵痛"，煤炭企业的重组，关闭是经济下滑重要原因
2009.07.29	雷人语录之外　为什么雷人的官员　总被中国之声碰到
2009.08.18	百色·煤矿透水 36 人亡 4 人刑责 23 人处分
2009.08.18	本报讯登封·煤矿事故 37 人亡郑州一副市长处分
2009.08.18	郑州 78 名干部危害能源环境被诉
2009.08.19	抢着被问责
2009.08.30	该退隐的不是煤老板而是煤老板方式
2009.09.01	山西煤矿整合改革当防过犹不及
2009.09.09	河南平顶山矿难致 35 死 44 失踪　胡锦涛温家宝作重要批示，初步认定为违法规生产
2009.09.10	安监总局:平顶山矿难是责任事故
2009.09.11	遇难矿工赔付　每人不少于 20 万 44 人死亡，仍有 35 人被困
2009.09.15	"行贿人黑名单" 不宜限于罪犯 --- 回应 9 月 14 日来论《有必要公开三年来行贿犯罪档案查询工作情况》
2009.09.28	温州炒煤商的眼泪警示炒股式　投资并不适合所有行业
2009.10.09	中国　罐笼刹车失灵　坠落致死 26 人　湖南冷水江发生矿难，副省长陈肇雄赶往现场救援
2009.10.22	山西白家峁血案调查　一个吕梁山下 "村矿矛盾" 的极端悲剧

2009.10.26	陕西 3 名矿工被困 8 天　奇迹获救
2009.11.19	改革需要山西模式还是温州模式？
2009.11.19	中阳滑坡遇难者或获民政救助　另外 18 名云南籍农民工被集中安置，云南省已派员赴山西善后
2009.11.21	遇难矿工补偿 20 万家属 15 万
2009.11.22	何时告别"带血的煤"
2009.11.22	黑龙江矿难 42 死 66 人失踪　事故原因初步确认为瓦斯突出，矿长，副矿长，总工程师撤职
2009.11.22	胡锦涛温家宝作重要批示，张德江赶赴现场：要把救人放在第一位
2009.11.22	6 名重伤员脱离生命危险　据称被困者仍有生还可能，通风通讯设备被摧毁
2009.11.22	家属同意赔偿方案
2009.11.23	煤矿国有化未必能减少矿难
2009.11.23	黑龙江省长：我负有领导责任　鹤岗矿难死者增至 92 人仍有 16 人下落不明，最高检派员调查　是否有官商勾结
2009.11.23	遏制矿难须向矿工赋权
2009.11.24	安监总局局长：这是一起明显责任事故
2009.11.24	矿难与煤企所有制形式之间有没有关系？
2009.11.24	"他出事　前一天参加　了亲属葬礼"
2009.11.24	"他是从　死人堆里爬　上来的"获救矿工崔立仁被　诊断为腰椎粉碎性骨折
2009.11.24	道德的底线
2009.11.24	谁向矿工赋权？
2009.11.24	遇难矿工最高获赔 30 万　有两套赔偿方案供家属选择
2009.11.25	"看见主流"，不看见什么
2009.11.26	107 人遇难矿方要赔 4000 万元　两名遇难矿工家属领取 30 余万赔偿金，48 名家属签署赔偿协议
2009.11.26	娇贵的"亚健康"与悲情的殒命矿井
2009.11.28	河北蔚县矿难 10 记者涉犯罪
2009.11.29	大蒜也疯狂，通胀已不是传说！
2009.12.12	不要带血的！
2009.12.13	县委书记授意宣传部长　用钱堵住记者的嘴　河北蔚县矿难瞒报案原县委书记涉两宗罪被判 13 年
2009.12.20	"中国工人"不该被遗忘在繁荣的角落
2009.12.27	《盲井》现实版频上演惊动公安部
2009.12.28	"弱者安全"是社会的试金石
2009.12.29	岁末的雪，或者血
2009.12.29	如何让煤老板不再追求"一夜暴富"
2009.12.30	奇迹生还后的选择
2010.01.05	农民日报一记者获刑 16 年　涉蔚县矿难"封口费"案，法院判其贪污受贿，辩护律师称两罪均不成立
2010.01.05	鹤岗矿难赔偿协议全部签署 108 名遇难矿工　获赔 2884 万元
2010.01.06	山西副省长陈川平：煤矿重组"胜利在握"
2010.01.07	湘潭煤矿大火　已有 25 人遇难
2010.01.10	瞒报矿难蔚县书记获刑 13 年
2010.01.10	江西新余矿难 12 人亡　事故原因初定为电缆短路起火，矿长逃逸后被控制

付属資料2 『南方都市報』の2004年から2010年までの炭鉱事故記事サンプル

2010.01.22	临汾原副市长等5人 因襄汾溃坝事故被"双开"调查襄汾溃坝 查出千万巨贪
2010.01.28	襄汾原公安局长在京被公诉 被曝为发生溃坝事故的煤矿提供炸药,涉嫌受贿罪被起诉
2010.02.11	央视大火案原台长赵化勇被降级 副台长李晓明被撤职,此案共44名责任人被追究刑责,27人受到党纪政纪处分
2010.02.11	公安局长获赠干股转手狂赚2亿 山西运城公安局原局长段波涉贿2449万元受审,帮矿主购买煤矿经营权后接受20%干股
2010.02.19	安监总局:重大事故信息3小时内上报总局
2010.03.02	内蒙古煤矿透水 1人死31人被困 事发时井下共有77人,总理温家宝作重要指示,副总理张德江赶赴现场指导救援
2010.03.03	内蒙古矿难 事故原因初步查明 系掘进工作面底板突水所致
2010.03.06	"不是国进民退,是壮士断腕"马凯力挺山西煤炭重组,称值得大书特书载入中国煤炭工业史
2010.03.07	当一年山西省长念三遍酸甜苦辣王君表示有时真的很难睡着
2010.03.07	湖南谭山矿难湘潭县长被免
2010.03.08	安监总局副局长赵铁锤:重特大事故多在违规企业
2010.03.15	31名被困者 已无生还可能 井上抢险救援工作停止
2010.03.17	河南新密煤矿火灾25死 出事煤矿"六证"不全违法生产,主管安全生产的副市长被免职
2010.03.19	不知道局长
2010.03.20	河南"十不知"安监局长被免 据称与其接受采访时连说10个"不知道"无直接关系,主因是监管不力
2010.03.23	记者村
2010.03.29	山西王家岭煤矿透水123人被困 胡锦涛温家宝作出重要指示,张德江已赶赴现场 出事矿为在建煤矿,被困者为井下作业建筑工人
2010.03.30	153人被困一日无音讯 被困人员多为农民工,84人被困井下579米水位以上,幸存希望较大
2010.03.31	狼来了
2010.03.31	蔚县"封口费"事件8媒体9人获刑 新闻出版总署通报处理结果,收受44万元的两位记者分别被判12年和10年
2010.03.31	矿工报告渗水副经理:你们干,没事 救援人员称井下增加了几个大功率水泵往外排水,但水太多三四天内很难排完
2010.04.01	安监总局:现透水征兆未及时撤人 工人称事发5天前就发现煤层"潮湿",事故指挥部增设井下指挥部,潜水员下井方案被否决
2010.04.02	河南伊川矿难12人死32人失踪 其中爆炸导致地面4死2伤,属停工期间违规生产 县长被免职,法人代表在逃,一名副矿长被拘留
2010.04.02	打通垂直钻孔可为井下送营养品 井下水位总体下降95厘米,能否使用水下机器人救援还在加紧研究
2010.04.03	公开受困矿工名单才能澄清外界质疑
2010.04.03	矿难120小时后井下发现生命迹象 地下巷道传来敲击钻机钻杆声,救援人员通过孔道送下去360袋营养液,还捎去两封信
2010.04.03	山西省委书记:适时公布被困人员名单
2010.04.04	下井人数与领导带班均应"在线监控"

2010.04.04	山西口头公布被困人员名单 救援潜水队员返回地面,称井下状况复杂,"希望通道"昨日无生命迹象传出
2010.04.05	矿难频仍:社会在重复中麻木
2010.04.05	王家岭煤矿透水事故进入第8天,10支搜救分队深夜陆续下井 百余救援队员下井找到9幸存者
2010.04.06	第9天,奇迹出现:救出115人了!王家岭矿难救援工作取得突破性进展,目前正加紧搜救其余38名工人
2010.04.06	第一支下井救援的队伍,讲述救起首批9名被困人员经过灯光闪烁,先是一盏,后来亮起很多盏
2010.04.06	生还者借手机给妻子报平安我很好,你和孩子还好吗
2010.04.06	存活9天之谜:吃树皮煤块喝凉水和尿
2010.04.06	安监总局局长:生命的奇迹,救援的奇迹!
2010.04.06	胡锦涛温家宝要求全力以赴搜救其余矿工
2010.04.07	奇迹过后发现人遗体官方介绍王家岭矿难还剩32人被困井下
2010.04.07	本报记者沿640米坡道 下井直击救援
2010.04.07	被困8天8夜口袋里的干馍片还没吃完 获救矿工讲述井下生存,下井时自备一天的干粮舍不得吃,饿得受不了才掰一点含在口里
2010.04.07	救援两大障碍:一是排水二是通风
2010.04.08	想象一下获救者依然将成为矿工
2010.04.08	安监总局局长骆琳:争取10天10夜 结束抢险救援
2010.04.08	遇难人数增至9人 被困人员位置确定 其中2号区地势稍高可能有人存活,1号区是透水点,14人所处 环境十分危险
2010.04.09	公布矿难获救者名单宜早不宜迟
2010.04.10	安监总局否认矿难抢险"丧事喜办"发言人黄毅表示,被困、获救以及遇难人员名单,确认后将陆续公布
2010.04.10	亲人相见
2010.04.11	2000维稳人员安抚工人家属 王家岭煤矿透水事故已造成28人遇难,透水点1号区仍在排水搜救
2010.04.12	王家岭煤矿透水已有33人遇难 获救115人已脱离生命危险
2010.04.14	"王家岭矿难是明显责任事故"国务院成立调查组,安监总局局长称该矿存在严重违规违章行为
2010.04.19	信息越透明越好
2010.04.29	山西蒲县局长"煤老板"落马背后
2010.05.09	安监官员谈矿难频发因:该处罚时下手不狠
2010.05.15	贵州安顺一煤矿矿难21人遇难
2010.05.20	王家岭矿透水事故9人被批捕 均为工程技术人员,事故前的征兆未引起他们的重视导致惨剧发生
2010.05.22	李鸿忠主动为湖北安全事故担责
2010.05.22	山西不再公布王家岭遇难者名单
2010.05.24	为何不能公布王家岭矿难死亡名单
2010.05.26	煤老板伪造车祸隐瞒矿难 将死亡工人遗体抬出井制造骑车摔死假象,隐瞒236天后被举报
2010.05.28	"晋北第一煤王"瞒报13人死亡 大同市委常委王雁峰,大同市公安局原局长申公元等高官涉案被双规
2010.05.29	矿主瞒报矿难50万封家属口

付属資料 2 『南方都市報』の 2004 年から 2010 年までの炭鉱事故記事サンプル

2010.06.12	辽宁本溪矿难瞒报 18 名责任人受追究　瓦斯爆炸事故被隐瞒 40 天，造成 6 人死亡
2010.06.15	被困 11 天矿工生还
2010.06.22	平顶山煤矿火药爆炸 47 人遇难　该矿采矿许可证到期已于 6 月 7 日断电，矿主违法组织生产，遇难矿工多为一氧化碳中毒
2010.06.23	敛财 1334 万重庆煤矿局副座受审　重庆特大共同受贿案一审开庭，另两名官员皆被指控受贿超 900 万
2010.06.23	平顶山矿难　再免三官员　国务院调查组将彻　查矿难背后的官商勾结
2010.07.03	平顶山矿难追责　市长副市长停职　洛阳一副市长也因煤矿事故被停职
2010.07.08	国务院常务会议部署审计问题整改和加强安全生产：矿领导要与工人同时下井升井
2010.07.09	领导和矿工能否结成情感共同体
2010.07.09	河南平顶山：煤矿建筑爆炸致 6 死 34 伤
2010.07.10	炸药库爆炸致 20 人亡　两主犯一死刑一死缓　因涉嫌官矿勾结备受关注，涉案官员已被处理
2010.07.10	双方不对等的利益共同体注定脆弱—7 月 9 日社论《领导和矿工能否结成情感共同体》
2010.07.17	7 月连发 4 起盲目施救致伤亡扩大事故
2010.07.20	紫金矿渗漏事故背后"幸福的官股"
2010.07.22	矿难致 28 人亡　韩城副市长免职　陕西渭南市煤炭局副局长被责令辞职
2010.07.24	国务院安全生产新政更加注重"严刑峻法"
2010.07.24	强制领导下矿井能否消除矿难
2010.07.25	消除矿难需加强工会力量—回应昨日社论《强制领导下矿井能否消除矿难》
2010.07.30	河南彻查伊川矿难涉嫌受贿法官矿主曾因瞒报一宗矿难向法官行获缓刑，伊川县法院院长等 3 人被查
2010.08.01	山西冀城一煤矿　地面爆炸致 17 人亡
2010.08.01	非法藏炸药炸了煤矿宿舍　山西临汾阳煤集团刘沟煤矿 17 人遇难 7 人重伤
2010.08.02	鸡西煤矿透水　两名干部被免
2010.08.03	平顶山矿难 76 死　煤炭局长领刑 6 年
2010.08.03	井下 26 人透水后仅两领导升井
2010.08.03	7 月 31 日 13.30 分，黑龙江鸡西市恒山区恒鑫源煤矿发生一起透水事故
2010.08.05	鸡西官方否认"领导先走"称生产矿长事发前已升井,值班矿长"想回去喊人"
2010.08.07	河南 3 法院院长涉嫌犯罪被逮捕　其中 1 人曾为黑社会犯罪分子违法减刑
2010.08.12	山西刘沟煤矿爆炸再次警醒　民间炸药"嗜血"链条
2010.08.16	张德江：全面普查地下管网
2010.08.18	同一煤矿连环矿难，吞噬 12 条和 49 条人命平顶山"6·21"之前的"4·22"如何被隐瞒？被千万元隐匿的死亡
2010.08.18	安监总局：工亡职工赔 60 万以上新闻发言人称，提高赔偿标准会加大事故成本但不会增加欠发达地区负担
2010.08.19	遏制矿难，要提高赔偿更要强化问责
2010.08.30	执行领导下井制度应该"零容忍"
2010.08.30	山西 40 多厅官参加安全大考　省长王君当"主考官"，考核安全生产落实情况
2010.09.02	矿工死亡补助将按城镇人均年收入 20 倍发放

2010.09.09	国务院将挂牌督办重大事故查处　省级政府接通知后 60 日内须完成督办事项
2010.09.10	领导不下井出矿难罚上年收入 80%　《煤矿领导带班下井及安全监督检查规定》10 月 7 日起施行
2010.09.11	矿领导下井带班是"陪死"？　国家煤监局回应：实践证明该措施可避免事故
2010.09.15	越抬越高的新闻门槛
2010.09.17	没有避难所，领导下井又怎么？
2010.09.21	"带班下井"制度的完善需要长期博弈
2010.10.10	山西煤改：管制思维的贯性
2010.10.14	国家安监总局专家组成员，中国矿业大学教授武强接受本报专访"智利矿难救援对我们很有借鉴意义"
2010.10.17	对河南平禹矿难救援的几点期待
2010.10.17	河南禹州矿难 21 死 16 失踪
2010.10.18	河南禹州矿难已造成 26 人遇难 11 人失踪　事发前 3 分钟地面已知瓦斯超标
2010.10.18	2500 吨煤尘困住 11 矿工井下救援难度较大，失踪矿工几无生还可能性
2010.10.19	矿工详解河南禹州矿难发生前的　井下险情井下报告瓦斯超标被要求继续工作
2010.10.20	要进度不要人命，矿难如何能避免
2010.10.20	平禹矿难定性为责任事故 37 人全部遇难，事发矿存在违规违章等严重问题，国务院成立调查组
2010.10.20	南平禹矿难造成 37 人遇难，抢险救援基本结束
2010.10.21	安监总局：或借鉴智利模式建避险硐室
2010.11.02	四川开江三副局长　私入煤窑中毒身亡　出事煤窑涉嫌非法开采早已被政府封堵，官方通报 3 人行为非公务
2010.11.04	井下喝咖啡只是一个美丽的传说
2010.11.04	煤矿安全培训规定征求意见　一次死亡 10 人以上煤矿矿长终身免职
2010.11.05	透水致 12 人死亡　煤矿隐瞒事故被曝光
2010.11.20	案件告破，公布遇害警察信息勿再拖
2010.11.22	四川一煤矿透水 28 人被困
2010.11.23	被困 25 小时川 29 矿工全获救
2010.12.02	国务院责成黑龙江就 108 死矿难作检查
2010.12.05	河南新密 25 死矿难　5 渎职官员被判刑
2010.12.09	河南矿难 26 死　矿方藏尸体瞒人数
2010.12.13	应谋划矿难处理模式之变
2010.12.13	河南矿难又查出人数，时间造假
2010.12.14	河南渑池矿难 7 人被停职免职
2010.12.17	国务院安委办：河南 26 死矿难性质非常恶劣
2010.12.18	"极为混蛋"的不仅是那几个人
2010.12.21	山西黑老大的双面人生
2010.12.29	矿难之后　王家岭监管之变
2010.12.29	获救矿工多病的身彷徨的心

【付録資料3】メディアの「興論監督」機能に関する党と中央政府の言及年表

年　月	主要内容
1987.10	党第13回全国代表大会で採決された「中国的特色のある社会主義道路に沿って進んでいく」という政治報告の中で，メディアの「興論監督」機能が初めて言及された。具体的に，「メディアが，重大な事件を人民に知らせ，人民に討論させるべきであると，党と政府の業務活動に関する報道を増やすことを通じて，人民大衆による党政機関への批判を取り上げ，さらに官僚主義と各不正な社会現象に批判を行う『興論監督』機能を果たすべきである」と規定された。
1988.04	党中央によって公布された「新聞改革討論会の紀要」により，「メディアが官僚主義や各不正な気風に対する批判報道を通じて，社会主義的民主を発揚し，人民大衆に密接し，『興論監督』機能を果たすべきである」と規定された。
1989.11	元党中央イデオロギー主管・李瑞環は「プラス宣伝を主とする方針を堅持する」という講話を発表した。本講話により，「メディアの報道が，プラス宣伝を主とする方針を堅持しなければならない。プラス宣伝方針を堅持することは，『興論監督』機能を果たす批判報道を放棄することと意味するわけではない。（中略）プラス宣伝方針が主導の地位に置かれるべきである。その次は批判と暴露報道である」と言及された。
1990.12	新聞出版総署によって公布された「新聞管理に関する暫時的規定」により，「メディアが人民大衆の意見を反映し，『興論監督』機能を果たすべきである」と規定された。
1992.10	党全国代表第14回大会では，「社会主義的市場経済体制の確立」という目標があげられたとともに，メディアの「興論監督」機能について，「司法監視機関と行政監視機関の役割を強化すると同時に，メディアの『興論監督』機能を重視することを通じて，各種の監視制度を改善し，各級の国家機関と党員幹部を有効な監視制度のもとに置くべきである」と採択された。
1993.10	全国人民代表大会常務委員会によって公布された「中華人民共和国消費者の権益保護法」においては，「メディアが消費者の権益保護に関する内容を宣伝する一方，消費者の権益損害に当たる行為に『興論監督』機能を果たすべきである」と規定された。
1993.11	党第14回中央委員会第3回全体会議では，「党中央の社会主義市場経済体制建設の若干問題に関する決定」が採決され，「党の規律検察機関，司法機関，監察機関などの役割を強化する同時に，法律による監視機能，党組織による監視機能，人民大衆による監視機能およびメディアの『興論監督』機能を発揮しなければならない」と規定された。
1994.09	党第14回中央委員会第4回全体大会では，「党中央による党の建設の強化に関する重要な問題の決定」が採決されたとともに，「党内監視制度と，人民大衆による監視，メディアの『興論監督』機能，民主党派と無所属派による監視とを結び付けることを通じて，力強い監視制度を形成すべきである」と規定された。
1995.09	江沢民は，中国共産党第14回中央委員会第5回全体会議において「幹部が政治に関心を持たなければならない」と題した講話を発表し，「各級の党組織が党員幹部に対して厳格に管理し，監視しなければならない。党の内部の監視の強化と同時に，党の外部の監視ルートを広げることによって，人民大衆による監視とメディアの『興論監督』機能を発揮させなければならない」と述べた。

209

1996.06	江沢民が，『人民日報』社に視察した際，「メディアが，各種の腐敗などの消極的な現象に対する批判，暴露報道を通じて『興論監督』機能を果たすべきである」と強調した。
1996.10	党第14回中央委員会第6回全体大会では，「党中央による社会主義精神文明の建設の強化に関する若干重要な問題の決議」が採択されたとともに，メディアの「興論監督」機能について「メディアが党派性原則を堅持し，プラス宣伝を中心として正しい興論誘導を担うべきであると規定された。
1997.09	党全国代表第15回大会では，メディアの「興論監督」機能について，「党内監視制度を法律による監視，人民大衆による監視と結び付けことを通じて，『興論監督』の役割を発揮しなければならない」と規定された。
1997.12	全国人民代表大会常務委員会第8期第29回大会による公布された「中華人民共和国価格法」により，「メディアが，市場価格に『興論監督』機能を果たす権利を持つ」と規定された。
1999.09	党中央の公布した「中国共産党中央による思想政治工作の強化と改善に関する若干意見」により，「すべてのメディア機関が党派性原則を堅持し，団結，安定，人々への励みに関するプレス宣伝を主とする方針を堅持しなければならない。正しい興論を誘導しなければならない」と規定された。
2001.09	党中央に公布された「中共中央による党の気風建設の強化と改善に関する決定」により，メディアの「興論監督」機能について，「腐敗問題への予防と解決を重要視しながら，党の廉潔な気風建設を行わなければならない。民主的監視のルートを広げ，人民大衆に依頼することによって，権力の執行を有効な監視制度に置くべきである。法律による監視，大衆による監視，メディアの『興論監督』機能及び民主党派による監視を強化することによって，廉潔な党風の建設を推進していく」と言及された。
2002.11	党第16回全国代表大会では公布された政治報告の中の「政治建設と政治体制改革」という部分において，「党組織による監視と民主監視を強化するとともに，メディアなどによる『興論監督』機能を発揮せよ」と規定された。
2004.02	党中央の公布した「「中国共産党党内監視条例（試行）」により，「党の指導の下に置かれたメディアが，各条例や決定に従い，内参や公開報道を通じて，『興論監督』機能を発揮しなければならない。党の各レベルの組織や党員幹部はメディアの『興論監督』機能を重視し，支持するとともに，人民大衆の意見を聞き入れ，工作を改善，推進すべきである。メディアが，党派性原則を堅持し，メディア業界の規律と職業道徳を従い，正しい興論を誘導し，『興論監督』機能の社会的効果を重視しなければならない」と規定された。
2005.01	中央が公布した「腐敗への懲罰，予防に関する実施綱領の建設と改善」という通達により，「党の指導の下に置かれたメディアが，『興論監督』機能を果たすべきである。各級の党委員会と政府は，メディアの『興論監督』機能を重視し，支持すべきである」と規定された。
2005.03	中央によって公布された「興論監視工作をより強化し，改善する意見」により，「法律や党の紀律に違反した行為，法律に依拠して実施していない行為および汚職，腐敗などに対する監視を強化しなければならない。党と政府の政策や方針の実施状況に対する監視，（中略）党と政府の紀律の執行状況に対する監視を強化しなければならない」と規定された。

付属資料 3　メディアの「輿論監督」機能に関する党と中央政府の言及年表

2006.10	党第 16 回中央委員会第 6 回全体大会では，「党中央による調和の取れる社会の建設に関する若干の重大な問題の決定」が採決された。本決定により，「党政機関と党員幹部に対する監視を強化し，党内監視制度と多方面にわたる監視制度を結び付けることを通じて，監視の効果を向上すべきである」と規定された。
2007.10	党全国代表第 17 回大会では公布された政治報告の中の「社会主義民主政治の発展を堅持する」という部分において，党内監視制度を改善し，メディアの『輿論監督』機能を発揮することを通じて，各監視機能の効果を向上すべきである」と規定された。
2008.06	党中央によって公布された「腐敗への懲罰，予防制度の改善に関する企画（2008 年〜 2012 年）」により，各レベルの党員幹部は，メディアの『輿論監督』機能を正しく対処し，スメディアから監視を受ける意識を強化し，人民の意見をよく聞き入れ，工作をよく改善すべきである。メディアが，科学的監視，建設性のある監視を堅持し，職業道徳を守り，正しい輿論を誘導し，社会的効果のある監視を行うべきである」と規定された。

【付録資料4】『南方週末』に関する年表

年月	出来事
1984.02	広東省党機関紙『南方日報』の「週末版」として創刊された。創刊当初から娯楽，スポーツなどの情報を中心に掲載し，「南方風味，週末特色（南の地域の風味，週末の特色を有する）」という特徴で方向付けられた。
1987.01	『南方週末』の印刷支店が上海で設立された。
1987.08 ～ 1987.12	社内で「全国的な影響力を持つ総合的，大型の週刊紙作り」という目標が確立された。
1988.09	トップ紙面での「女子大学院生が人身売買された事件の始末」という記事の掲載が，『南方週末』は社会問題に注目するきっかけとなった。
1988.10	『南方週末』は初めてカラー紙面を発行した。
1988.10	『南方週末』は「言えない真実があるが，絶対に嘘をつかない」という社是を確立した。
1990.01	『南方週末』の印刷支店が北京で設立された。
1991.01	『南方週末』の北京での印刷部数が15万部に達した。
1992.01	『南方週末』は元の4紙面から8紙面までに拡大した。
1993.01	『南方週末』は経営と財政面の独立権限を親新聞『南方日報』から与えられた。
1993.10	『南方週末』の第507号の発行部数が100万部を突破した
1994.01	『南方週末』は娯楽情報以外に，ルポ，現地報告の形で社会現状を反映する報道を掲載し始めた。
1994.12	『南方週末』社は818万元の利潤を創出した。
1995.01	『南方週末』は娯楽紙から「世論監督」紙への転換期を迎えた。社内では「ニュース報道が主たる攻撃であり，娯楽報道が主たる守備である」という戦略を確立した。
1995.04	『南方週末』は広告収入を拡大するために，広告掲載の4紙面を増やした。
1995.10	『南方週末』は上海で記者ステーションを設立した。
1996.01	『南方週末』は元の8紙面から16紙面までに拡大した。
1996.07	『南方週末』社は「改革への奉仕，生活への接近及び濁りへの払拭を特徴として，正義，人間愛，良心を訴え，真実，信憑性の追求を堅持する」という社是を確立した。この時期に，『南方週末』の重大な事件に対するセンセーショナルな批判，暴露報道が全国の注目を集めた。
1997.10	『南方週末』の印刷支店が山東省済南市で設立された。
1998.01	『南方週末』は元の16面から20紙面までに拡大した。
1998.07	『南方週末』の印刷支店が南京市で設立された。
1998.10	チベット問題の報道の中，『人民日報』などの官製報道と違う報道内容を示したため，中央宣伝部から当時の編集長に警告の処分を与えられた。
1999.07	『南方週末』の印刷支店が福州市で設立された。
1999.12	『南方週末』の1号あたりの販売部数が130万部に達した；広告収入が1億元を突破した。
1999.12	『南方週末』は初めて年末特別号を発行した。

付属資料4　『南方週末』に関する年表

2000.01	長年にわたって政府の検閲にぎりぎりの範囲内で報道を続けたため，中央宣伝部に元編集長・江芸平氏への更迭の処分を与えられた。
2000.02	『南方週末』は元の20紙面から24紙面までに拡大した。
2001.01	『南方週末』の「新経済」，「新文化」，「新生活」欄が発行された。
2001.05	知識人による評論を掲載する「視点」版が新設された。地方の不正を暴露したため，各省の党委の復復により，『南方週末』は編集長，副編集長への更迭，ベテラン記者への解任という当社史上最大規模の弾圧を受けた。
2001.07	『南方週末』の印刷支店が南寧市で設立された。
2002.01	報道スタイルの転換を迫られた『南方週末』にとって2002年が「改革年」となった。政治的窮地を打開するために，『南方週末』は報道内容と経営面において改革を行った。『南方週末』は「総合的，品位のある厳粛な週刊紙作り」という転換期を迎え，政治報道，時事報道に力入れ始めた。
2002.01	『南方週末』の印刷支店が．州市で設立された。
2002.01	『南方週末』は社内で専門的市場経営を行う市場部を開設した。
2002.03	『南方週末』は「時政版」を新設した。
2002.08	『南方週末』は元の社会ニュース報道を中心とした紙面を「ニュース」，「経済」，「文化」，「都市」4つのブロックに分けた。これは，読者の多元的要求と広告収入の増加を狙ったためである。都市の知識人向けの新聞紙作りという改革であった。
2002.08	『南方週末』はトップ紙面で評論を行う「方舟評論」版を開設した。
2002.10	『南方週末』の紙面のサイズの改革が行った。
2003.04	『南方週末』の記者ステーションが成都市で設立された。
2003.06	『南方週末』は元の消費者の権益の代弁を担う「消費広場」欄を「民生」欄に変えた。
2003.06	「孫志剛事件」，サーズ報道のため，広東省宣伝部の幹部の社内の就任が管理強化を実施した。
2003.07	『南方週末』の印刷支店が杭州市で設立された。合計全国で15か所の印刷支店が設けられた。
2003.08	『南方週末』は都市の高収入の男性向けに系列雑誌『名牌』を発行した。
2003.10	元総理朱鎔基に関する報道が新聞界の国家指導者への報道「禁区」を踏んだため，党宣伝部は内部人事異動をさせた。
2004.01	『南方週末』は紙面を32紙面までに拡大し，「ニュース」，「経済」，「文化」3つのブロックに分けた。「ニュース版」は建設的立場を重視し，政治報道と時事報道の量を増やした。
2004.06	『南方週末』は系列雑誌『南方人物週刊』を発行した。
2005.07	『南方週末』のベテラン記者が編集長の報道スタイルに不満を持つため，総辞職を行った。
2006.01	『南方週末』の「職業規範委員会」が設立された。
2007.04	『南方週末』は「ここでは中国の事情が分かる（在這里読．中国）」という新しい報道理念をあげた。
2007.06	『南方週末』は「評論版」を新設した。「方舟評論」版の位置を元のトップ紙面から「評論版」紙面に移した。

213

2007.11	『南方週末』は「時事局面（時局）版」を新設した。
2007.12	『南方週末』はネットコミュニティ（www.infzm.com)を開設した。
2008.06	『南方週末』は「中国企業の社会的責任の研究センター」を設立した。
2008.08	『南方週末』は1号あたりに単価3元までに値上がり，社内の商業的改革を行った。
2009.12	オバマ大統領の単独インタビューのため，政府が報道内容に介入した結果，編集長への解任が与えられた。
2013.01	社説差し替え事件で記者は当局の新聞検閲制度にストライキの抗議行動を行った。

【付属資料5】『南方日報』グループのジャーナリストへのアンケート調査票（第1回）

第一部分 关于您个人的基本情况

A 性别 1 男性 2 女性

B 年龄 1 20-29 岁 2 30-39 岁 3 40-49 岁 4 50-59 岁 6 60-69 岁

C 您的籍贯 （　　　）省 （　　　）市/（　　　）县

D 您属于哪种新闻记者 1 政治，时事类 2 社会新闻类 3 国际新闻类 4 经济财经类 5 体育新闻 6 娱乐新闻

E 从事记者行业多少年了？ （　　　　　　　　　）年

F 您在报社的身份 1 正式编制记者 2 合同制 3 自由撰稿人 4 特约记者 5 新闻类长 6 副总编 7 总编 8 其他（　　　　）

G 您的政治面貌是 1 共产党员 2 民主党派 3 共青团员 4 群众

如果是党员,请问您是何时加入的？ 1 大学期间 2 参加工作 1-2 年中 3 参加工作 2-3 年中 4 参加工作 3-5 年中 5 参加工作 5-10 年中 6 参加工作 10 年后

H 文化程度 1 大专 2 本科 3 硕士 4 博士 5 博士以上

I 最高学历毕业学校 （　　　　　　　　）学校（　　　　　　　　　　）系

J 您选择记者行业的原因是什么？请选择 3 项并按重要度排序 （　　）（　　）（　　）

1 伸张正义，助弱扶贫，建造良好的社会风气

2 用客观的角度传达事情的真实面

3 因为当记者跟自己学的专业相近，能学有所用

4 记者能结识很多人，能扩大自己的人际交友圈

5 受家人，朋友影响和介绍

6 记者行业收入不错，而且很体面

7 其他（　　　　　　　　　　　　　　　）

K 月收 1 1000——2000 元 2 2000 元——3000 元 3 3000 元——4000 元 4 4000——5000 元 5 5000——10000 元 6 10000 元以上

L 记者这个职业您会一直干下去吗？

1 会

2 不会 理由是①辛苦，常年在外跑 ②收入少 ③升迁的机会少 ④人身安全问题 ⑤其他

（   ）

M 您在网上有自己的博客吗？

1 有　那您主要用来发表什么？（   ）

2 没有

N 您有担任其他社会职务吗？

1 记者协会任职　2 人大代表（全国人代/市人代/区。县人代）　3 政协委员（全国政协/市政协/区。县政协）4 居民委员会委员　5 人民团体内任职（如文联等）6 企业法人代表　7 NGO，社团组织内任职

第二部分　关于记者活动部分

A 您是通过哪些渠道获得新闻线索的？

在以下设定的 a-d' 渠道中，请问您能得到多少程度的新闻线索？

① 非常多　②比较多　③偶尔有　④根本没有

a 普通市民投诉 ————①———②———③———④

b 上网查询 ————①———②———③———④

c 大量的报纸，杂志,广播，电视及书籍中获取 ————①———②———③———④

d 亲人，朋友的谈话中 ————①———②———③———④

e 区，县级政府 ————①———②———③———④

f 市级政府 ————①———②———③———④

g 省级政府 ————①———②———③———④

h 区，县级人大代表大会/代表 ————①———②———③———④

i 市级人大代表大会/代表 ————①———②———③———④

j 省级人大代表大会/代表 ————①———②———③———④

k 区，县级政治协商会议/委员 ————①———②———③———④

l 市级政治协商会议/委员 ————①———②———③———④

m 省级政治协商会议/委员 ————①———②———③———④

n 区，县级党委/宣传部 ————①———②———③———④

o 市级党委/宣传部 ————①———②———③———④

p 省级党委/宣传部 ————①———②———③———④

q 党中央中宣部 ————①———②———③———④

付属資料5　『南方日報』グループジャーナリストへのアンケート調査票（第1回）

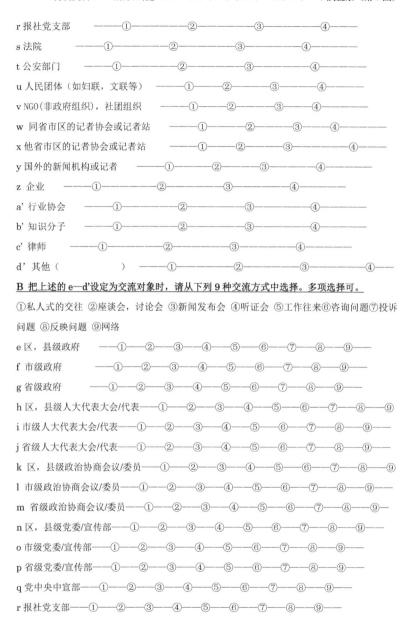

217

s 法院 ——①——②——③——④——⑤——⑥——⑦——⑧——⑨
t 公安部门 ——①——②——③——④——⑤——⑥——⑦——⑧——⑨
u 人民团体（如妇联，文联等）——①——②——③——④——⑤——⑥——⑦——⑧——⑨
v NGO（非政府组织），社团组织 ——①——②——③——④——⑤——⑥——⑦——⑧——⑨
w 同省市区的记者协会或记者站 ——①——②——③——④——⑤——⑥——⑦——⑧——⑨
x 他省市区的记者协会或记者站 ——①——②——③——④——⑤——⑥——⑦——⑧——⑨
y 国外的新闻机构或记者 ——①——②——③——④——⑤——⑥——⑦——⑧——⑨
z 企业 ——①——②——③——④——⑤——⑥——⑦——⑧——⑨
a' 行业协会 ——①——②——③——④——⑤——⑥——⑦——⑧——⑨
b' 知识分子 ——①——②——③——④——⑤——⑥——⑦——⑧——⑨
c' 律师 ——①——②——③——④——⑤——⑥——⑦——⑧——⑨
d' 其他（   ）——①——②——③——④——⑤——⑥——⑦——⑧——⑨

C 《中华人民共和国政府信息公开条例》于今年 5 月 1 日起开始实行。您认为 e—x 在这条法律诞生前后，对信息的公开程度有明显变化吗？

①非常大的变化 ②较为大的变化 ③有些变化，但很小 ④没变化

e 区，县级政府 ——①——②——③——④
f 市级政府 ——①——②——③——④
g 省级政府 ——①——②——③——④
h 区，县级人大代表大会/代表 ——①——②——③——④
i 市级人大代表大会/代表 ——①——②——③——④
j 省级人大代表大会/代表 ——①——②——③——④
k 区，县级政治协商会议/委员 ——①——②——③——④
l 市级政治协商会议/委员 ——①——②——③——④
m 省级政治协商会议/委员 ——①——②——③——④
n 区，县级党委/宣传部 ——①——②——③——④
o 市级党委/宣传部 ——①——②——③——④
p 省级党委/宣传部 ——①——②——③——④
q 党中央中宣部 ——①——②——③——④
r 报社党支部 ——①——②——③——④
s 法院 ——①——②——③——④

付属資料 5 　『南方日報』グループジャーナリストへのアンケート調査票（第 1 回）

t 公安部门 ——————①————————②————————③————————④————

u 人民团体（如妇联，文联等）——①————————②————————③————————④

v 企业 ——————①————————②————————③————————④————

w 行业协会 ————①————————②————————③————————④————

x 其他（　　　　　）——①————————②————————③————————④

D 新闻媒体有以下社会功能：①宣传党和政府的政策,引导正确的舆论方向 ②提倡社会道德,维护良好的社会秩序 ③保护公民的知情权 ④舆论监督作用 ⑤提供各种信息消费和娱乐商品 ⑥反映民意，影响政府决策

在提倡构建和谐社会的今天，您认为在以上 6 种功能中，按照优先顺序应当怎样排序？

　（　　　）（　　　）（　　　）（　　　）（　　　）（　　　）

E 自从改革开放之后，中国的媒体由过去的政府财政拨款走上了自主经营的道路。面对今天中国传媒作为最火爆的文化产业，您作为现场的记者选择新闻题材的时候会感受到商业竞争的压力吗?

①非常大 ②比较大 ③有，但是较小 ④没有

如果您选择有的话，那么这种压力主要体现在哪里方面? 多项可。

①上级领导的压力 ②与其它同行的竞争 ③读者兴趣的多样化 ④报纸的购买率 ⑤报道吸引读者眼球的题材 ⑥抢发新闻和独家报道 ⑦其他（　　　　　　　　　　　　　　　　　　）

F 报道一件有广泛争议的社会问题时，您会选择参考哪些方面的意见? 多项可。

1 政府部门 2 教授，专家 3 与事件有关的人或群体 4 普通市民 5 网民 6 企业 7 行业协会 8 人民团体（文联等） 9 各级人大代表 10 各级政协委员 11 NGO,非政府组织 12 记者协会 13 律师 14 其他（　　　　　　　）

G 现在提倡媒体的"舆论监督"作用。您认为以 a—y 为监督对象时，媒体应当对其有多大程度的监督?

① 非常需要监督 ②一定程度的监督 ③比较少的监督 ④不需要监督 ⑤没有关系

以 a—y 为监督对象时，媒体实际上对其起到多大的舆论监督作用?

① 非常大 ②比较大 ③比较小 ④没有

请在下列表格中从①-④中做出回答。

媒体应当起到多大程度的监督		媒体实际上起到多大程度的监督	
a 本地区，县级政府		a 本地区，县级政府	
b 本地市级政府		b 本地市级政府	
c 本地省级政府		c 本地省级政府	
d 外地区，县级政府		d 外地区，县级政府	
e 外地市级政府		e 外地市级政府	
f 外地省级政府		f 外地省级政府	
g 本地区，县级人大代表大会/代表		g 本地区，县级人大代表大会/代表	
h 本地市级人大代表大会/代表		h 本地市级人大代表大会/代表	
i 本地省级人大代表大会/代表		i 本地省级人大代表大会/代表	
j 外地区，县级人大代表大会/代表		j 外地区，县级人大代表大会/代表	
k 外地市级人大代表大会/代表		k 外地市级人大代表大会/代表	
l 外地省级人大代表大会/代表		l 外地省级人大代表大会/代表	
m 本地区，县级政治协商会议/委员		m 本地区，县级政治协商会议/委员	
n 本地市级政治协商会议/委员		n 本地市级政治协商会议/委员	
o 本地省级政治协商会议/委员		o 本地省级政治协商会议/委员	
p 外地区，县级政治协商会议/委员		p 外地区，县级政治协商会议/委员	
q 外地市级政治协商会议/委员		q 外地市级政治协商会议/委员	
r 外地省级政治协商会议/委员		r 外地省级政治协商会议/委员	
s 法院		s 法院	
t 公安部门		t 公安部门	
u 人民团体（如妇联，文联等）		u 人民团体（如妇联，文联等）	
v NGO(非政府组织)，社团组织		v NGO(非政府组织)，社团组织	
w 企业		w 企业	
x 行业协会		x 行业协会	
y 其他（ ）		y 其他（ ）	

第三部分 关于地震等自然灾害报道

付属資料5 『南方日報』グループジャーナリストへのアンケート調査票（第1回）

A 每当发生地震（如 汶川大地震），洪水等突发性灾害时，您是从哪得到第一时间的新闻线索的？多项选择可。

1 政府部门发布的消息 2 灾害发生地的媒体 3 市民热线 4 网络 5 记者站/记者协会 6 国外的媒体 7 其他（   ）

B 您认为在自然灾害报道中，最重要的是要报道什么？请选择并按重要度排序，多项选择可。

（   ）（   ）（   ）（   ）（   ）（   ）（   ）（   ）（   ）

1 实际的伤亡，受灾情况 2 军民团结抗险，抗灾 3 国家领导人的慰问，视察 4 英雄，感人事迹 5 受灾群众的心声 6 灾后重建情况 7 海内外的钱物捐款 8 外国政府组织（如医疗队）的救援情况 8 国内外各种非政府组织（**NGO**），志愿者的活动 9 其他（   ）

C 从非典，孙志刚事件，松花江水污染，各种矿难，到5，12汶川大地震等对一系列突发事件的报道，加之2007年11月1日开始实施的《中华人民共和国突发事件应对法》中取消了对新闻报道各种限制的条例，您认为新闻报道已经趋向成熟和开放了吗？

1 已经很成熟，很开放了 2 比过去开放多了，但依然有限制 3 跟国外媒体比，还是有很多问题 4 比较小的开放 5 没什么变化

D 您认为比较过去几十年的自然灾害的"缓报"和"不报"，现在的报道最大的变化在哪里？多选可。

1 及时，迅速的报道 2 公开实际死亡人数，伤员情况 3 人道主义的体现 4 积极主动地向国际社会呼吁支援 5 关注 NGO 等非政府组织的救援活动 6 关注个人志愿者的救助活动 7 关注国外政府救助机构的活动 8 关注国外媒体的反应 9 反映受害群众的声音 10 能够指责有关部门的应灾不足 11 能够追踪救灾款的到位情况 13 关注灾后重建工作

E 如果您认为对自然灾害，突发事件的新闻报道上还是存在很多问题的话，主要有哪些？多项可。

1 受各种政策，法规的诸多限制

2 在正式见报前，仍然需要向有关部门请示

3 国内目前还没有对保护新闻立法

4 有关政府部门的故意隐瞒

5 在取材过程中，常常会遇到一些阻力

6 自身的报道立场得不到支持

7 没有国外媒体的自由开放程度

8 其他（   ）

F 今年的 5，12 汶川大地震中，地震发生后的 19 分钟新华社在网上发布了第一条消息，并及时公布了地震的震级。中国政府在地震处理过程中，也采取了相当开明的态度，允许国外的媒体入境取材。国外的媒体对此给与积极的赞扬。您认为中国的媒体能有如此迅速的应对主要的归根于哪些？多项可。

1 党和政府（领导人）的积极开明态度 2 自然灾害的报道已经不再属于意识形态范畴 3 网络的迅速传递，消息无法掩盖 4 市场化的竞争结果 5 公民意识的觉醒，寻求知情权 6 因为奥运会的召开，中国给与世界良好的形象 7 其他（　　　　　　　　　　　　　　）

G 在汶川大地震中，众多学校的倒塌导致大批孩子的死亡，许多媒体对国内绝大部分的建筑房屋的抗震能力提出了疑问。国外的许多媒体称由于建筑中的偷工减料导致了这一惨剧。另外，在网上论坛上有许多网民对中国的地震预报系统提出质疑。最后，四川省内存在众多的水库在地震前曾经遭到过多位专家的质疑。面对这些人为灾难的因素，您认为在报道大量的救灾场面外，是否还需要反思呢？

1 非常有必要 2 有必要，但不是重点 3 偶尔提及 4 根本没必要

H 在信息全球化的今天，互联网是一支非常重要的力量。现在中国的普通公民都可以随意通过网络来表达自己的意见，参与各种公共事件中来。在汶川地震中，当新华通讯社比路透社落后十多分钟报道地震的时候，愤怒的消息顿时淹没了整个互联网。很多网民号召政府减少奥运火炬传递华丽的装扮，因为很多灾民在瓦砾中失去了生命。您作为一名职业记者，您的报道中会重视民众的意见吗？

1 非常重视 2 一般重视 3 较小的关注 4 根本不关注

I 比起 1976 年的唐山大地震来，汶川地震中政府积极的接受各种国际上的救助和捐款。比如日本政府在灾后迅速向中国政府提出派遣自卫队支援的建议时，因为网上的一片反对声，日本政府只好把自卫队改名为救助队后，才被允许进入了中国。对于这种牵涉到外交争议问题上时，面对普通民众的民族情绪您认为新闻记者应是哪种立场？

1 民众的反应非常正常 2 以人为本，紧急时刻管不了许多了 3 平息大众的情绪，推动事件的最好解决方式 4 跟政府一致 5 媒体应当有自己的立场

【付属資料６】『南方日報』グループのジャーナリストへのアンケート調査票（第 2 回）

第一部分 关于您个人的基本情况

A 性别　　　1 男性　　2 女性

B 年龄　　1　20-29 岁　2　30-39 岁　3　40-49 岁　4　50-59 岁　6　60-69 岁

C 您的籍贯　　　（　　　）省　（　　　）市/（　　　）县

D 您在集团内的那家报纸/杂志?

1 南方日报 2 南方周末 3 南方都市报　4 21 世纪经济报道 5 南方农村报 6 城市画报　7 南方人物周刊　8 南都周刊　9 其他(　　　　　　　)

E 您在报社内的职位?

1 一般记者 2 主任记者 3 首席记者 4 一般编辑 5 主任编辑 6 首席编辑 7 主编 8 副主编 9 管理职位 10 报社社长 11 其他（　　　　　　　）

如果您是记者/编辑，您从事哪种类型新闻?

1 政治，时事类 2 社会新闻类 3 新闻评论 4 国际新闻类 5 经济财经类 6 体育新闻 7 娱乐新闻

F 您从事新闻行业多少年了? 　（　　　　　　　）年

G 您在报社的身份

1 正式编制社员　2 临时合同社员　3 自由撰稿人　4 特约评论员　5 其他（　　　　　）

H 您的政治面貌是

　1 共产党员 2 民主党派 3 共青团员 4 群众 5 其他（　　　　）

I 文化程度　　　1 大专　　2 本科　　3 硕士　　4 博士

J 您的毕业学校　　　（　　　　　　　）　　所学专业（　　　　　　　）

K 您选择记者行业的原因是什么? 请选择 3 项并按重要度排序（　　）（　　）（　　）

1 伸张正义，助弱扶贫，建造良好的社会风气

2 用客观的角度传达事情的真实面

3 因为当记者跟自己学的专业相近，能学有所用

4 记者能结识很多人，能扩大自己的人际交友圈

5 受家人，朋友影响和介绍

6 记者行业收入不错，而且很体面

7 其他（　　　　　　　）

L 您是什么途径到南方集团的?

1 大学毕业应聘　2 从别的报社应聘来的　3 通过在南方的同学,朋友介绍的　4 普通人事变动调过来的　5 领导关系调职过来　6 其他(　　　　　　　　　　　)

M 您为什么选择南方报业集团? 多选可。

1 因为南方的名气,让人向往　2 因为南方的风气开放,可以说些真话　3 南方的领导思想灵活　4 在南方积累工作经验,为了将来更好的发展　5 单纯地为了生活而工作 6 南方的收入待遇好　7 其他(　　　　　　　　　　　)

N 您的月收　1 1000——2000 元　2 2000 元——3000 元　3 3000 元——4000 元　4 4000——5000 元　5 5000——10000 元　6 10000—150000 元 7 150000—20000 元　8 20000 元以上

O 您的稿费占您的月收多少?

1 10-20%　2 20-30%　3 30-40%　4 40-50%　5 50-60%　6 60-70%　7 70-80%

P 记者这个职业您会一直干下去吗?

1 会

2 不会　理由是①辛苦,常年在外跑　②收入少　③升迁的机会少　④人身安全问题　⑤其他
(　　　　　　　　　)

Q 您有担任其他社会职务吗?

1 记者协会任职　2 人大代表(全国人代/市人代/区。县人代)　3 政协委员(全国政协/市政协/区。县政协)　4 居民委员会委员　5 人民团体内任职(如文联等)　6 企业法人代表

7 NGO,社团组织内任职

R 您对自己将来的设想是?

1 在南方干到领导的位置　2 成为名牌记者/编辑　3 从新闻部转到广告经营部门　4 到其他媒体去发展　5 进政府部门走仕途　6 从事跟传媒完全没有关系的工作　7 其他
(　　　　　　　　　)

第二部分　关于新闻报道部分

A 您认为的新闻/报道价值是什么? 多选可。

1 真实的,时新的新闻　2 符合公共利益,社会公德　3 突发性,非常规性　4 刺激性,炒作性 5 满足读者的好奇　6 发掘新闻表象后的内涵　7 传达知识,社会价值　8 "和谐社会"新闻价值观 9 "三个代表"新闻价值观　10 发扬人文情怀　11 其他(　　　　　　　　　)

付属資料6　『南方日報』グループジャーナリストへのアンケート調査票（第2回）

B 新闻媒体有以下社会功能：①宣传党和政府的政策，引导正确的舆论方向　②提倡社会道德，维护良好的社会秩序　③保护公民的知情权　④舆论监督作用　⑤提供各种信息消费和娱乐商品　⑥反映民意，影响政府决策　⑦发扬人文关怀，引导正确价值观

在提倡构建和谐社会的今天，您认为在以上7种功能中，按照优先顺序应当怎样排序？

（　　　）（　　　）（　　　）（　　　）（　　　）（　　　）

C 以下设定的渠道占据您多少的日常采访活动？

① 非常多　②比较多　③偶尔有　④根本没有

a 报社编辑的任务指派 ——————①————②————③————④——

b 报社领导的任务分配 ——————①————②————③————④——

c 自己找的新闻题材 ————①————②————③————④——

d 报社的策划方案 ——————①————②————③————④——

e 为政府部门做宣传报道 ————①————②————③————④——

f 为广告商，企业做宣传报道 ————①————②————③————④——

g 监督政府/人员的报道 ————①————②————③————④——

h 关注各种社会问题的报道 ————①————②————③————④——

i 对企业，公共部门监督报道 ————①————②————③————④——

j 树典型，先进事迹的报道 ————①————②————③————④——

D 自从改革开放之后，中国的媒体由过去的政府财政拨款走上了自主经营的道路。您作为媒体从业人员是否感受到了传媒的商业竞争压力吗？

①非常大 ②比较大 ③有，但是较小 ④没有

如果您选择①-③的话，那么这种压力主要体现在哪里方面？多项可。

①上级领导的压力 ②与其它同行的竞争 ③读者兴趣的多样化 ④报纸的购买率 ⑤报道吸引读者眼球的题材 ⑥抢发新闻和独家报道 ⑦其他（　　　　　　　　　　　　　　　　）

E 报道一件有广泛争议的社会问题时，您会选择参考哪些方面的意见？多项可。

1 政府部门 2 教授，专家 3 与事件有关的人或群体 4 普通市民 5 网民 6 企业 7 行业协会 8 人民团体（文联等） 9 各级人大代表 10 各级政协委员 11 NGO,非政府组织 12 记者协会 13 律师 14 其他（　　　　　　）

F 您的外出采访经费一般是？多选可。

1 报社负担　2 个人负担　3 广告商负担　4 报料人/组织负担　5 受监督的人/组织负担

225

6 其他（　　　　　　　　　）

G 您除了新闻采访写稿之外，是否要承担拉广告，为报社创效益的任务？

1 有　**是否记入工资考核中？** ① 是　　② 没有

2 没有

H 报社内，新闻报道部门和经营部门经常为了广告商的利益，发生矛盾。一般怎么解决？

1 新闻部门的利益高于经营部门　　2 经营部门利益高于新闻部门　　3 争执不下，不了了之　4 最终达成折中　　5 没有什么矛盾

I 面对中宣部/广宣部的禁令，您一般采取的态度是？多选可。

1 坚决服从禁令的指示　2 钻禁令的空子　3 禁令来之前抢先报道　4 紧跟报社领导意见　5 自行判断，作些冒险尝试　6 硬性规定的只有服从　7 会忽视一些小的，轻度禁令　8 其他（　　　　　　　　　）

J 您是通过哪些渠道获得新闻线索的？

在以下设定的a-d'渠道中，请问您能得到多少程度的新闻线索？

② 非常多　②比较多　③偶尔有　④根本没有

a 普通市民投诉　————①————②————③————④

b 上网查询　————①————②————③————④

c 大量的报纸，杂志，广播，电视及书籍中获取　————①————②————③————④

d 亲人，朋友的谈话中　————①————②————③————④

e 区，县级政府　————①————②————③————④

f 市级政府　————①————②————③————④

g 省级政府　————①————②————③————④

h 区，县级人大代表大会/代表　————①————②————③————④

i 市级人大代表大会/代表　————①————②————③————④

j 省级人大代表大会/代表　————①————②————③————④

k 区，县级政治协商会议/委员　————①————②————③————④

l 市级政治协商会议/委员　————①————②————③————④

m 省级政治协商会议/委员　————①————②————③————④

n 区，县级党委/宣传部　————①————②————③————④

o 市级党委/宣传部　————①————②————③————④

付属資料6　『南方日報』グループジャーナリストへのアンケート調査票（第2回）

p 省级党委/宣传部 ——————①——————②——————③——————④

q 党中央中宣部 ——————①——————②——————③——————④

r 报社党支部 ——————①——————②——————③——————④

s 法院 ——————①——————②——————③——————④

t 公安部门 ——————①——————②——————③——————④

u 人民团体（如妇联，文联等）——————①——————②——————③——————④

v NGO(非政府组织)，社团组织 ——————①——————②——————③——————④

w 同省市区的记者协会或记者站 ——————①——————②——————③——————④

x 他省市区的记者协会或记者站 ——————①——————②——————③——————④

y 国外的新闻机构或记者 ——————①——————②——————③——————④

z 企业 ——————①——————②——————③——————④

a' 行业协会 ——————①——————②——————③——————④

b' 知识分子 ——————①——————②——————③——————④

c' 律师 ——————①——————②——————③——————④

d' 其他（　　　　　　）——————①——————②——————③——————④

K 把上述的 e—d' 设定为交流对象时，请从下列 9 种交流方式中选择。多项选择可。

①私人式的交往 ②座谈会，讨论会 ③新闻发布会 ④听证会 ⑤工作往来⑥咨询问题⑦投诉问题 ⑧反映问题 ⑨网络

e 区，县级政府 ——①—②—③—④—⑤—⑥—⑦—⑧—⑨

f 市级政府 ——①—②—③—④—⑤—⑥—⑦—⑧—⑨

g 省级政府 ——①—②—③—④—⑤—⑥—⑦—⑧—⑨

h 区，县级人大代表大会/代表——①—②—③—④—⑤—⑥—⑦—⑧—⑨

i 市级人大代表大会/代表——①—②—③—④—⑤—⑥—⑦—⑧—⑨

j 省级人大代表大会/代表——①—②—③—④—⑤—⑥—⑦—⑧—⑨

k 区，县级政治协商会议/委员——①—②—③—④—⑤—⑥—⑦—⑧—⑨

l 市级政治协商会议/委员——①—②—③—④—⑤—⑥—⑦—⑧—⑨

m 省级政治协商会议/委员——①—②—③—④—⑤—⑥—⑦—⑧—⑨

n 区，县级党委/宣传部——①—②—③—④—⑤—⑥—⑦—⑧—⑨

o 市级党委/宣传部——①—②—③—④—⑤—⑥—⑦—⑧—⑨

p 省级党委/宣传部——①—②—③—④—⑤—⑥—⑦—⑧—⑨

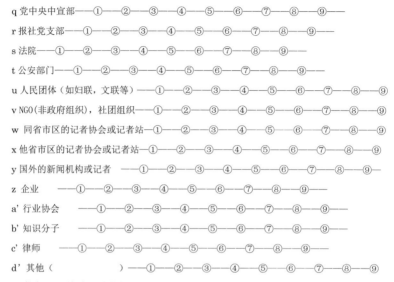

L 您怎么看待稿子被枪毙？多选可。

1 严重打击记者积极性　2 中国体制内的一种妥协　3 报社会有相应的补偿，心里平衡　4 对记者劳动成果的践踏　5 坦然接受　6 其他（　　　　　）

M 您为了取得独家报道的材料，会采取以下手段吗？多选可。

1 隐瞒身份，暗中采访　2 进入被采访者个人生活　3 监视　4 偷听，偷拍　5 跟踪　6 窥视　7 刺探　8 干扰　9 不会采用以上手段

N 您在取材报道中，一般遵循以下原则吗？多项可。

1 尽力做好必要的取材，尽力的接近事实　2 真诚对待被采访人，建立信耐关系　3 对报道的社会意义，其必要性，紧急性做好综合判断后选择合适的取材方式　4 取材中尽量到事发现场，并与当事人面对采访　5 涉及到亲属，朋友关系的取材，事前向报社报告　6 对证据的出处尽可能明示　7 对新闻线索，报料人的隐秘性做保护　8 不轻易和受访者做非正式的取材承诺　9 征得同意之后，做好采访笔录　10 不做干扰私生活的过度取材　11 保护儿童，未成年人权益　12 对特定公民的拍照，先要征求其同意后　13 从网上引用的消息，须注明出处　14 尚未见报的稿件不给被采访者看到　15 对信息的提供者不提供金钱报酬　16 不发虚伪，失实的报道　17 发现报道有误后，立即更正　18 能让读者区别通讯稿和调查评论稿　19 对批评对象也提供发言机会　20 对特定个人/法人的实名体现报道的真实性　21 对

付属資料 6　『南方日報』グループジャーナリストへのアンケート調査票（第 2 回）

受害人/家人视情况做匿名或保护　22 不接受被采访者的金钱，礼品

O 您对新闻报道涉及公民的名誉权和隐私权是怎么看待的？多项可。

1 报道中对名誉权的重视多于隐私权　2 报道中对隐私权的重视多于名誉权　3 报道中应当对两种权利同等重视　4 对个人隐私的侵权报道，只有当造成当事人名誉受损时候才算侵权

5 报道中没有必要重视这两种权利

P 为维护公民的名誉权和隐私权，您在新闻报道中会把握好以下尺度吗？多选可。

1 披露个人隐私前征求对方同意　2 不用侮辱性，人身攻击性词语　3 不用新闻审判方式报道　4 不做无证据的失实报道　5 不导演，臆测新闻事实　6 对公民的隐私仅用于采访，报道目的　7 不做随意评论，要有理有据　8 不做未经核实的转载报道　9 不做过度细节报道　10 对为成年人犯罪，遵从未成年人保护法，不透露姓名，年龄等　11 未征得同意不发公民的肖像　12 对肖像做技术处理　13 资料来源于公共场所　14 不做强行采访　15 不侵入公民的私人空间　16 对公民的隐私不做采访目的之外的任何使用　17 对公民的隐私不提供给第三者

Q 作为采访方式之一的隐性采访方式（如 暗访，偷拍），您认为在什么情况下是不可避免的？多项可。

1 批评和舆论监督报道　2 重大社会问题报道　3 无法或不能公开采访　4 被采访人拒绝采访的情况下　5 是公开采访之外的辅助手段　6 没有其他途径收集材料　7 暴露了身份就难以了解真实情况

R 在隐性采访中，您会把握好以下的采访尺度吗？多项可。

1 不做诱导，设圈　2 不自导自演新闻　3 不装扮成国家公务人员，以公务的名义获取新闻4 采访前已掌握明显的证据　5 采访前经过报社同意，审批　6 使用隐蔽性采访工具符合相关规定　7 不装扮成违法犯罪之徒，获得新闻内幕　8 不改变固有的自然性别角色　9 不介入宪法保护的个人隐私空间

S 中国新闻工作者职业道德准则中规定"不揭人隐私，不诽谤他人。要通过合法和正当的手段获取新闻"，您认为的"合法和正当的手段"是什么？多选可。

1 在公共场合公开采访　2 明示记者身份　3 公开采访目的　4 公开采访手段　5 隐性采访　6 不侵犯公民的人格权　7 转换一些社会角色　8 假扮身份　9 监视，偷拍　10 跟踪11 在公共场合下的暗访　12 其他（　　　　　　　　　　　　　　　　　　　　）

T 中国新闻工作者职业道德准则中规定"尊重被采访者的声明和正当要求"，您认为被采访者有哪些正当要求？

229

1 拒绝披露其隐私　　2 具有行使肖像权　　3 请求个人信息保持隐秘性的权利　　4 查询个人信息并被处理的情况，并要求回答的权利　　5 对不准确，不全面，过时的个人信息进行更正和补充的权利　　6 请求对个人信息停止处理的权利　　7 请求对个人信息删除的权利　　8 当个人信息被商业利用时候，请求对价报酬的权利

U 您怎么看待公民有个人信息决定权和控制权？多选可。

1 应当尊重公民对自己个人信息的披露有决定和控制权　　2 披露隐私之前须得到当事人同意　　3 只要采访没恶意，就不算构成侵权　　4 当事人有权拒绝透露个人信息　　5 是公民积极主动的支配个人资料权利　　6 其他（　　　　　　　　　　　　　　　）

V 您对屡发的新闻侵害名誉权/隐私权的案件，是怎么看待的？多项可。

1 公民的权利意识越来越强　　2 新闻工作者应当保护公民的名誉，隐私权　　3 现行法律政策中没有明确规定，实际操作中很难　　4 过于在意公民的名誉，隐私权，影响了舆论监督的正常展开　　5 给操控新闻自由的公权部门提供口实　　6 其他（　　　　　　　　　）

W 您为了预防和应对新闻侵权案件发生，会采取以下对策吗？多项可。

1 保留物证，视听资料　　2 尽量做到每张笔记让当事人签字　　3 发现内容失实，及时更正处理　　4 反复核对事实　　5 不做侮辱，有人身攻击性报道　　6 慎重对待情况反映　　7 尽量不具体点出被批评人/单位名称　　8 合法采访　　9 其他（　　　　　　　　　　　　）

第三部分　关于地震等自然灾害报道

A 每当发生地震（如 汶川大地震），洪水等突发性灾害时，您是从哪得到第一时间的新闻线索的？多项选择可。

1 政府部门发布的消息 2 灾害发生地的媒体 3 市民热线 4 网络 5 记者站/记者协会 6 国外的媒体 7 其他（　　　　　　　　）

B 您认为在自然灾害报道中，最重要的是要报道什么？请选择并按重要度排序，多项选择可。

（　　）（　　）（　　）（　　）（　　）（　　）（　　）（　　）

1 实际的伤亡，受灾情况 2 军民团结抗险，抗灾 3 国家领导人的慰问，视察 4 英雄，感人事迹 5 受灾群众的心声 6 灾后重建情况 7 海内外的钱物捐款 8 外国政府组织（如医疗队）的救援情况 9 国内外各种非政府组织（NGO），志愿者的活动 10 其他（　　　　　　　　　　）

C 您认为灾难题材的报道具有新闻价值吗？

1 非常大　　2 一般　　　3 很小　　　4 没有

付属資料6 『南方日報』グループジャーナリストへのアンケート調査票（第2回）

如果您选择 1-3，请问具体来说具有哪些新闻价值？多项可。

1 对人类的危害性 2 非常规性 3 体现人情关怀 4 满足公民的知情权 5 其他（
　　　）

D 在汶川大地震中，众多学校的倒塌导致大批孩子的死亡，南方周末等媒体对其背后的原因进行了反思。您认为灾难报道中除了大量的救灾场面外，是否还需要对其反思呢？

1 非常有必要 2 有必要，但不是重点 3 偶尔提及 4 根本没必要

E 您认为比较过去几十年的自然灾害的"缓报"和"不报"，现在的报道最大的变化在哪里？多选可。

1 及时，迅速的报道 2 公开死亡人数，伤员情况 3 人情关怀的体现 4 积极主动地向国际社会呼吁支援 5 关注 NGO 等非政府组织的救援活动 6 关注个人志愿者的救助活动 7 关注国外政府救助机构的活动 8 关注国外媒体的反应 9 反映受害群众的声音 10 能够指责有关部门的应灾不足 11 能够追踪救灾款的到位情况 12 关注灾后重建工作 13 关注国和国家的救援 14 关注人民解放军的救援 15 对人为灾害的反思

F 从非典，孙志刚事件，松花江水污染，各种矿难，到 5，12 汶川大地震等对一系列突发事件的报道，加之 2007 年 11 月 1 日开始实施的《中华人民共和国突发事件应对法》中取消了对新闻报道各种限制的条例，您认为新闻报道已经趋向成熟和开放了吗？

1 已经很成熟，很开放了 2 比过去开放多了，但依然有限制 3 跟国外媒体比，还是有很多问题 4 比较小的开放 5 没什么变化

G 5，12 汶川大地震中，大多数媒体不顾禁令，迅速做出反映，发回现场报道。您认为中国的媒体能有如此迅速的应对主要的归根于哪些？多项可。

1 自然灾害的报道已经不再属于意识形态范畴 2 记者对新闻价值，题材认识程度的提高 3 网络的迅速传递，消息无法掩盖 4 市场化的竞争导致各家媒体的抢先报道 5 媒体应当满足公民的知情权 6 媒体社会责任感的提升 7 其他（　　　　　　　　　　）

H 如果您认为对自然灾害，突发事件的新闻报道上还是存在很多问题的话，主要有哪些？多项可。

1 受各种政策，法规的诸多限制

2 在正式见报前，仍然需要向有关部门请示

3 国内目前还没有对保护新闻立法

4 有关政府部门的故意隐瞒

5 在取材过程中，常常会遇到一些阻力

6 自身的报道立场得不到支持

7 没有国外媒体的自由开放程度

8 人文关怀还不够

9 其他（   ）

【付録資料7】『南方日報』グループのジャーナリストへのインタビュー一覧

No	日付	場所	年齢	職位	職歴
第1回					
1	2008.12.22	社外のコーヒー店	35〜40歳	『南方日報』調査報道担当	14年間
2	2008.12.23	社内の本人のオフィス	35〜40歳	『南方日報』突発的事件担当	15年間
3	2008.12.23	『南方都市報』社内	30〜35歳	『南方都市報』編集者	5年間
4	2008.12.25	社内の本人のオフィス	30〜35歳	『南方日報』評論記事担当	8年間
5	2008.12.26	『南方週末』社内	30〜35歳	『南方週末』編集者	9年間
6	2008.12.27	『南方都市報』社内	30歳前後	『南方都市報』社会ニュース担当	7年間
第2回					
7	2009.07.20	社内の本人のオフィス	50〜55歳	『南方日報』グループ管理職	27年間
8	2009.07.21	社内の本人のオフィス	30〜35歳	『南方日報』グループ新聞研究所	6年間
9	2009.07.23	社内の本人のオフィス	30〜35歳	『南方日報』社会ニュース担当	10年間
10	2009.07.25	社内の本人のオフィス	30〜35歳	『南方都市報』調査報道担当	10年間
11	2009.07.27	『南方週末』社	30〜35歳	『南方週末』編集者	8年間

【参考文献】

日本語（五十音順）

有馬明恵（2007），『内容分析の方法』ナカニシヤ出版。

伊藤由美（2003），「現時点における「世論による監督」の在り方――中国中央テレビ『焦点訪談』を事例として」『中国研究月報』第 57 号，34-41 ページ。

牛山美穂（2006），「『抵抗』および『戦術』概念についての考察」『死生学研究』第 8 号，191-210 ページ。

畦五月（2009），「新聞における環境関連記事の内容分析（第 1 報）：1997 年～ 2001 年の記事の時代区分ごとの分析」『順正短期大学研究紀要』第 38 号，1-11 ページ。

大石裕・岩田温・藤田真文（2000），「地方紙のニュース制作過程：茨城新聞を事例として」『メディア・コミュニケーション：慶応義塾大学メディア・コミュニケーション研究所紀要』第 50 号，65-86 ページ。

何清漣著, 中川訳 (2005),『中国の嘘――恐るべきメディア・コントロールの実態』扶桑社。

蒲島郁夫・竹下俊郎・芹河洋一著（2007），『メディアと政治』有斐閣。

クラウス・クリッペンドルフ著，三上俊治・橋元良明・椎野信雄訳（1989），『メッセージ分析の技法――「内容分析」への招待』勁草書房。

崔梅花 (2005),「中国のマスコミ政策における新たな選択：「自律 (自主規制)」『中国研究月報』第 59 巻第 12 号，17-27 ページ。

崔梅花（2009），『中国の国家体制改革とメディア』一橋大学 2009 年度博士学位論文。

崔梅花（2009），「九〇年代以降中国の新聞管理規制の再構築」『一橋社会科学』第 7 号，93-124 ページ。

柴田鉄治（2003），『新聞記者という仕事』集英社。

朱家麟 (1995),『現代中国のジャーナリズム――形成・変遷・現状の研究』田畑書店。

ジェームズ・カラン・朴明珍著，杉山光信訳（2003），『メディアの脱西欧化』勁草書房。

田中正洋 (2010),「中国における格差問題」『FFG 調査月報』12 月号, 16-19 ページ。

戴智軻 (2006),『現代中国のマスメディアの発展――政党統制と市場自由の狭間に立つ』東京大学 2006 年度博士学位論文。

唐　亮 (2001),『変貌する中国政治――漸進路線と民主化』東京大学出版会。

角田季美枝 (2010),「鶴見川流域の水質をめぐる言説空間の構造と特質――2000 ～ 2007 年の朝日新聞・読売新聞の内容分析をふまえた考察」『公共研究』第 6 巻第 1 号, 232-254 ページ。

ノーマン・フェアクラフ著, 日本メディア英語学会談話分析研究分科会訳 (2012),『ディスコースを分析する――社会研究のためのテクスト分析』くろしお出版。

野村詩織 (2007),「メディア研究におけるテクスト分析の新たな視点」『工学院大学共通課程研究論叢』第 45 (1) 号, 37-51 ページ。

西　茹 (2008),『中国の経済体制改革とメディア』集広社。

長谷千代子 (2002),「『日常的実践』に関する一考察――スコット「モーラル・エコノミー」論の読解をとおして」『九州人類学会報』第 29 号, 7-24 ページ。

藤田博文 (2000),「ミシェル・フーコーの「権力」概念の検討――「規律・訓練」概念を構成する「戦術」と「戦略」概念を中心に」『立命館産業社会論集』第 36 巻第 2 号, 129 -151 ページ。

樋口耕一 (2004),「計算機による新聞記事の計量的分析――『毎日新聞』にみる「サラリーマン」を題材に」『理論と方法』第 19 巻第 2 号, 161-176 ページ。

読売新聞東京本社教育支援部編 (2008),『ジャーナリストという仕事』中央公論新社。

李洪千 (2007),「冷笑的政治報道の影響に関する研究 ―― 1980 年から 2000 年までの新聞の内容分析に基づいて」『慶應義塾大学湘南藤沢学会誌』第 6 巻第 1 号, 124-143 ページ。

林暁光 (1996),『現代中国のマス・メディア――近代化と民主化の岐路』ソフィア出版社。

林暁光 (2006),『現代中国のマスメディア・IT 革命』明石書店。

渡辺浩平 (2008),『変わる中国, 変わるメディア』講談社。

F.S. シーバート・T.B. ピータスン・W. シュラム著, 内川芳美訳 (1966),『マス・コミの自由に関する四理論』東京創元社。

中国語（画数順）

丁和根（2003），「中共新聞輿論監督観的歴史生成与現実取向」『南京大学学報（哲学・人文社会・社会科学版）』第 4 期，15-21 ページ。

丁柏銓（2004），「論改革開放以来中共新聞思想発展的三個階段」『現代伝播』総第 130 期，36-41 ページ。

丁柏銓（2007），「論輿論引導与輿論監督之関係——従加強党的執政能力建設的角度進行考察」『杭州師範学位学報（社会科学版）』第 3 期，27-34 ページ。

丁柏銓・徐冬梅（2008），「改革開放 30 年来輿論監督研究概観」『西南民族大学学報』第 8 期，136-139 ページ。

王天定・石萍（2003），「論強勢媒体対弱勢群体的関懐——以『南方週末』三農問題報道為例」『科学・経済・社会』第 21 巻総第 90 期，40-44 ページ。

王文利（1998），「中共党報史上両次新聞改革之比較」『黄崗師専学報』第 18 巻第 2 期，79-84 ページ。

王文利（2001），「党的新聞事業性質観念発展述略」『長沙電力学院学報（社会科学版）』第 16 巻第 1 期，106-108 ページ。

王長贇（2004），『南方週末三農報道研究』暨南大学 2004 年度修士学位論文。

王　苗（2011），『胡錦濤和諧社会思想研究』河北経貿大学 2011 年度修士学位論文。

王佳果・王尭（2009），「基於 Nvivo 軟件的互聯網旅遊文本的質性研究——以貴州黔東南肇興的旅遊者文本為例」『旅遊論壇』第 2 巻第 1 期，30-34 ページ。

王　律（2008），「関於新聞輿論監督与以正面宣伝為主的関係的思考」『法制与社会』第 11 期（下），312-313 ページ。

王彦軍（2009），『都市報的発展和受衆研究』内蒙古大学 2009 年度修士学位論文。

王　健（2007），「『南方週末』深度報道風格的変遷」『新聞愛好者』第 12 期，9 ページ。

王敏芝（2012），「当代都市報媒介意識的断裂与衝突」『陝西師範大学学報（哲学社会科学版）』第 41 巻第 4 期，171-176 ページ。

王強華・王栄泰・徐華西編（2007），『新聞輿論監督理論与実践』復旦大学出版社。

王　琴（2009），『財経』雑誌批判報道研究』蘇州大学 2009 年度修士学位論文。

王超群（2011），「論中国新聞改革 30 年進程中的民本化転型」『湖南科技大学学報（社会科学版）』第 14 巻第 3 期，125-128 ページ。

王超慧・王崇飛・潘徳新（2007），「用『大民生』理念提昇民生新聞品質」『新聞伝播』第 5 期，50 ページ。

王朝麗（2005），「論新聞評論的輿論監督作用――以『南方都市報』時評版為例」『新聞知識』第 8 期，77-79 ページ。

王雅君（1997），「社会転換期的輿論導向研究」『黒竜江教育学院学報』第 4 期，17-19 ページ。

王暁光・劉武（2006），「浅析新聞輿論監督的社会功能」『甘粛農業』総第 234 期，177 ページ。

王毓莉（2010），「馴服 v.s. 抗拒――建構研究中国新聞輿論監督産製的新取向」中華伝播学会 2010 年度論文。

王毓莉（2010），『具有中国特色的新聞自由――一個新聞輿論監督的考察』揚智文化事業股. 有限会社。

王毓莉（2011），「中国大陸新聞工作者的馴服与抗拒之研究」中華伝播学会 2011 年度論文。

王　輝（2000），「論輿論監督――学習江沢民同志輿論監督的論述」『山東青年管理幹部学院学報』第 2 期，4-6 ページ。

王　潔・羅以澄（2010），「論新時期中国媒介的話語変遷」『河北大学学報（哲学社会科学版）』第 35 巻第 1 期，74-80 ページ。

王　薇・劉立栄（2006），「『焦点訪談』節目内容分析」『新聞知識』第 12 期, 19-21 ページ。

辛　璐（2010），『焦点訪談』欄目研究』新疆大学 2010 年度修士学位論文。

王暁菊（2011），「新聞語篇的批評性話語分析」『文学教育』第 3 期, 132-133 ページ。

尤　斌（2008），『地方新聞輿論監督存在的問題与対策研究』山東大学 2008 年度修士学位論文。

牛玉霞・王磊（2004），「浅議我国都市報的受衆観」『唐山師範学院学報』第 26 巻第 1 期，105-108 ページ。

牛桂芳（2011），「従 “小民生” 到 “大民生” ――地方広播電視媒体民生新聞報道的転変」『太原大学学報』第 12 巻第 2 期，50-51 ページ。

文　学（2009），『中国都市報新聞結構性分析――以『南方都市報』為例』鄭州大学 2009 年度修士学位論文。

方　亜（2010），「対現今主流媒体理念発展的思考――以『南方週末』為例」『十堰職業技術学院学報』第 3 巻第 2 期，93-96 ページ。

方　亜（2012），「中国記者職業角色的演変」『銅仁職業技術学院学報（社会科学版）』第 10 巻第 1 期，29-33 ページ。

参考文献

方　藍（2009），「従掲露者到建設者――『南方週末』的角色転換」『青年記者』
　　8 月号下，74-75 ページ。

方　藍（2010），『転型社会中的 “ 文本転型 ” ――『南方週末』的頭版頭条分析（1983
　　―2009）』安徽大学 2010 年度修士学位論文。

孔令昇（2007），「民生新聞中的輿論監督」『新聞愛好者』第 3 期，54 ページ。

孔洪剛（2006），『執政党理念下新聞媒体的転型』復旦大学 2006 年度博士学位論文。

甘治平（1988），「試論新聞輿論在民主監督中的地位」『南京政治学院学報』第 4 期，
　　76-79 ページ。

石長順・金珠（2011），「民生新聞的演進及湖北経視実践」『中国記者』第 1 期，
　　90-91 ページ。

石義彬・聶犖（2008），「試論我国公共危機伝播中媒介角色的嬗変」『湖北社会科学』
　　第 12 期，180-183 ページ。

石　静（2006），『対『南方週末』三農報道的研究』蘭州大学 2006 年度修士学位論文。

叶　沖（2007），『電視民生新聞与輿論監督』上海社会科学院 2007 年度修士学位
　　論文。

叶阿萍（2011），『『焦点訪談』話語研究』浙江師範大学 2011 年度修士学位論文。

叶　翾（2006），「論輿論監督与公衆話語権」『当代経理人』第 7 期，225-226 ページ。

田大憲（2002），「江沢民輿論監督思想初探」『陝西師範大学学報（哲学社会科学
　　版）』第 31 巻第 1 期，66-73 ページ。

田中初（2005），『当代中国災難新聞研究 ―― 以新聞実践中的政治控制為視角』
　　復旦大学 2005 年度博士学位論文。

田秋生（1999），「『南方週末』的輿論監督特色」『曁南大学学報（哲学社会科学版)』
　　第 21 巻第 5 期，36-41 ページ。

白紅義（2011），『当代中国調査記者的職業意識研究（1995 ～ 2010）』復旦大学
　　2011 年度博士学位論文。

刑古城（2005），「以人為本――中国共産党執政理念的新発展」『学習論壇』第 21
　　巻第 10 期，34-36 ページ。

吉　強（2005），「民生新聞与党報創新」『当代伝播』第 1 期，78-79 ページ。

朱　強（2004），「論南方週末的文本創新」『新聞記者』第 5 期，62-64 ページ。

朱　強（2006），「『南方週末』転型期輿論監督特色分析」『青年記者』第 17 期，
　　55-56 ページ。

朱紫嫄（2009），『近 20 年中国調査記者群体研究』吉林大学 2009 年度修士学位論文。

朱継双（2008），『論民生新聞中的輿論監督』南京師範大学 2008 年度修士学位論文。

伍巧玲（2007），「試析近年来我国媒体突発事件報道的表現和突破」『蘇州教育学院学報』第 24 巻第 2 期，66-68 ページ。

任家宣・陳孝柱（2010），「政策法規演変下的中国災難性突発事件報道 60 年」『東南伝播』第 5 期，40-42 ページ。

任　琦（2003），「走向主流媒体？看都市類報紙的転型」『中国記者』第 1 期，66-67 ページ。

全英姫（2011），『我国調査性報道研究』中央民族大学 2011 年度修士学位論文。

危曙栄（2006），『『南方都市報』転型研究』暨南大学 2006 年度修士学位論文。

江沢民（1989），「関於党的新聞工作的幾個問題」『新聞実践』1990 年第 3 期，3-6 ページ。

池秀梅（2003），「浅談当前反腐敗形勢下的新聞輿論監督」『福建商業高等専科学校学報』6 月号，12-16 ページ。

杜　剛（2011），「論執政党視閾下的輿論監督」『中国出版』1 月号下，6-9 ページ。

李小勤（2005），『伝媒越軌在中国——以『南方週末』為例』香港浸会大学 2005 年度博士学位論文。

李小勤（2006），「中国伝媒対 " 他者 " 的再現——『南方週末』的農民工報道之内容分析（1984 ～ 2002 年）」中国伝播学論壇 2006 年度論文。

李冬寒（2008），「試論民生新聞的発展与価値取向」『科技創新導報』第 27 期，206-207 ページ。

李　赤（1987），「首都新聞学会連続召開学術討論会認真学習十三大文件進一歩探索新聞改革」『新聞記者』第 12 期，4-7 ページ。

李亜林（2006），「『経視直播』熱原因探析」『新聞前哨』第 4 期，46-47 ページ。

李良栄（2009），「艱難的転身：従宣伝本位到新聞本位——共和国 60 年新聞媒体」『国際新聞界』第 9 期，6-12 ページ。

李邵強（2006），『転型期報紙時評発展現状研究』南京師範大学 2006 年度修士学位論文。

李　明（2006），「都市報 " 主流化 " 的現実動因及其困境」『青年記者』第 4 期，66-67 ページ。

李　岩（2011），「新聞専業主義在中国大陸的実践与変異」『当代伝播』第 1 期，4-7 ページ。

李春耘（2006），『都市報的政治作為——以『南方都市報』為例』華中科技大学

2006 年度修士学位論文。

李　星（1998），「市場経済条件下的政府行為与輿論監督」『管理与効益』第 4 期，26-27 ページ。

李　星（2009），『南方週末』視閾下的農民工——『南方週末』（1984 ～ 2008）農民工報道研究』華中師範大学 2009 年度修士学位論文。

李炳庠・賈永華（1999），「“我的市場在 . 的脚下”——談都市報形成的報業競争趨勢』『新聞戦線』第 2 期，21-23 ページ。

李素英（2011），「媒体的跨地区輿論監督」『科技伝播』5 月号上，7-8 ページ。

李　展（2010），「覇権理論与媒体批判研究」新聞与伝播研究網，中国社会科学院新聞与伝播研究所主催（2012 年 1 月 23 日最終アクセス，http://xinwen.cass.cn/ よりダウンロード）。

李　琰（2010），『論我国報紙的批判性報道』中央民族大学 2010 年度修士学位論文。

李提軍（2012），『胡錦濤社会主義和諧社会思想研究』西南大学 2012 年度修士学位論文。

李　博（2008），『反抗与控制——博客話語権研究』西北大学 2008 年度修士学位論文。

李暁桜（1997），「試論把握正確輿論導向要処理好的幾個関係」『新聞前哨』第 3 期，5-6 ページ。

李　程（2012），『新聞専業主義在中国的形成与発展』暨南大学 2012 年度修士学位論文。

李　舒・胡正栄（2004），「『民生新聞』現象探析」『中国広播電視学刊』第 6 期，33-36 ページ。

李婷婷（2010），『民生新聞的公衆話語権建構』暨南大学 2010 年度修士学位論文。

李曉東（2010），『中国貪腐醜聞的媒介呈現与新聞生産研究』浙江大学 2010 年度博士学位論文。

李曉春・楊鶴立（2007），「焦点訪談」実施輿論監督的特点」『声屏世界』第 10 期，42 ページ。

李興平（2008），『媒介融和下的報業集団発展——以南方報業伝媒集団為例』広西大学 2008 年度修士学位論文。

李麗英（2006），『我国電視民生新聞探析』河北大学 2006 年度修士学位論文。

李艶栄・田義軍（2004），「関於加強対党的輿論監督的思考——解読『中国共産党党内監督条例（試行）』」『中共石家庄市委党校学報』第 4 期，14-16 ページ。

241

李艷嶺（2004），「浅談批判報道与興論監督」『北京市総工会職工大学学報』第 1 期，47-51 ページ。

李　鵬（2008），「新時期世論監督功能」『新聞愛好者』6 月号下，20-21 ページ。

李蘭青（2005），「対『喉舌論』的歴史回顧与現実思考」『華中師範大学研究生学報』第 3 期，30-33 ページ。

肖　兵（1988），「論新聞興論工具在社会協商対話中的重要作用」『求索』第 4 期，46-47 ページ。

肖艷艶（2011），『改革開放以来『人民日報』興論監督研究（1979 ～ 2008）』南京大学 2011 年度修士学位論文。

呉　昊（2011），『新聞媒介在興論監督中的角色定位』湘潭大学 2011 年度修士学位論文。

呉果中・尹志偉（2010），「中国興論監督話語生産的歴史演変」『国際新聞界』第 3 期，81-83 ページ。

呉果中・湯維（2011），「中国興論監督的話語生産与社会変遷」『湖南師範大学社会科学学報』第 5 期，131-133 ページ。

呉治文（2009），『転型時期我国新聞媒体的公共性研究』重慶大学 2009 年度修士学位論文。

呉　健（2010），「胡錦濤新聞思想研究」『揚州大学学報（人文社会科学版）』第 14 号，5-11 ページ。

呉　静（2008），「報紙新聞評論興論功能的嬗変」『新聞実践』第 11 期，13-15 ページ。

呉　潮（2008），「論近年来我国危機報道的発展与演変」『浙江工商大学学報』第 6 期，64- 68 ページ。

呉曉明（2003），「伝播学視野中的都市報紙」『湛江師範学院学報』第 24 巻第 2 期，80-86 ページ。

邱碧湘（2009），『中国都市報主流化発展与困境』西南政法大学 2009 年度修士学位論文。

邱毓貞（2009），『大陸媒介読者投書的興論監督──以『南方都市報』為例』南華大学 2009 年度修士学位論文。

何双秋（2006），『媒介権力研究歴史的反思，批判与重構』南京師範大学 2006 年度修士学位論文。

何　舟（2008），「中国政治伝播研究的路向」『新聞大学』総第 96 期, 34-36 ページ。

何赦熱（2008），『批評性報道的価値導向研究』暨南大学 2008 年度修士学位論文。

何淑群（2008），『“負面新聞”（負面報道）問題研究——以重大災難事件的報道為視角』暨南大学 2008 年度修士学位論文。

何　霄・李　傑（2007），「浅析転型期都市報主流意識的転変」『新西部』第 20 期，261-270 ページ。

余洪波（2009），「民生新聞的現状及其走向」『鄂州大学学報』第 16 巻第 1 期，78-80 ページ。

汪苑菁（2005），『論対突発事件的報道』広西大学 2005 年度修士学位論文。

呉慧敏（2006），『我国突発事件報道研究』鄭州大学 2006 年度修士学位論文。

汪　凱（2005），『転型中国——媒体，民意与公共政策』復旦大学出版社。

宋志耀（1986），「新聞観念必須更新首都新聞学会挙行学術討論会」『新聞愛好者』第 11 期，7 ページ。

宋桂嘉・戴超・張軍朝（1998），「充分発揮新聞輿論的監督作用——三秦都市報批判報道的作法」『新聞知識』第 4 期，18-20 ページ。

宋黎明（2007），『中国共産党的政治伝播機制研究』中共中央党校 2007 年度博士学位論文。

邵春霞（2006），「局部性伝媒公共領域的呈現——以報紙的批評性報道為分析対象」『中共浙江省委党校学報』第 3 期，66-70 ページ。

武　俊（2006），『報紙民生新聞研究』山東大学 2006 年度修士学位論文。

林　琳（2007），『媒介的公共突発事件報道研究』鄭州大学 2007 年度修士学位論文。

欧陽霞・蔡暁濱（2011），「試論輿論監督的公共意識話語」『青海社会科学』第 3 期，90-92 ページ。

卓芝琴（2005），『20 世紀 90 年代後我国大衆伝媒的危機報道』武漢大学 2005 年度修士学位論文。

明子丹（2000），「新聞輿論導向和輿論監督的特徴及実施条件」『渝州大学学報（社会科学版）』第 3 期，124-126 ページ。

易正天（2008），「論鉱難事故中的新聞媒体参与」『四川行政学院学報』第 1 期，82-85 ページ。

易正天（2008），『鉱難報道中政府権力控制和媒体公正追求的張力』湘潭大学 2008 年度修士学位論文。

易前良（2005），「“民生新聞”的理論闡釈」『河海大学学報（哲学社会科学版）』第 7 巻第 2 期，64-67 ページ。

岳　璐（2007），「突発公共事件中的媒介角色研究——以鉱難報道為例」『湖南師

範大学社会科学学報』第 2 期，139-142 ページ。

岳　璐・曾慶香（2007），「鉱難報道的框架研究」『新聞前哨』第 6 期，38-39 ページ。

周甲禄（2005），「論輿論監督的主体」『新聞大学』第 4 期，41-45 ページ。

周　園（2011），『財経』雑誌輿論監督報道研究』暨南大学 2011 年度修士学位論文。

周羅庚（1988），「社会協商対話制度含義初探」『理論前沿』第 39 期，10-11 ページ。

斉愛軍（2003），「輿論監督的三種話語形態」『当代伝播』第 6 期，52-54 ページ。

於小雪（2011），『転型期我国社会利益衝突的媒体再現——以拆遷報道為例』暨南大学 2011 年度修士学位論文。

於　芳（2009），「従批判性報道看輿論監督的社会功能」『東南伝播』第 1 期，96-97 ページ。

於沢良（2007），「民生新聞的輿論監督特色」『記者揺籃』第 6 期，45-46 ページ。

於　琴（2006），「『中国青年報』近十年来鉱難報道研究」『写作』第 17 期，8-10 ページ。於媚（2006），「透視中国特色的調査性報道」『伝媒観察』第 1 期，26-27 ページ。

法伊莎（2008），『平視権力的過程——『南方週末』時政報道発展歴程研究』蘭州大学 2008 年度修士学位論文。

封丹珺・厲萍・曹楓林・高慶嶺・婁鳳蘭・徐凌忠（2010），「基於 Nvivo 軟件的護士職業心理素質的質性研究」『解放軍護理雑誌』第 27 巻第 8 期，1124-1127 ページ。

迎　利（2005），「従代言者到組織者——従民生新聞到公共新聞」『新聞知識』第 7 期，23-24 ページ。

胡有徳（2007），『論報紙媒体的深度報道』中南大学 2007 年度修士学位論文。

胡連利（2000），「対河北省輿論監督従業人員現状的分析与建議」『河北大学学報（哲学社会科学版）』第 25 巻第 6 期，52-55 ページ。

胡　敏（2011），『媒介地理学視域下的中国輿論監督研究』東華大学 2011 年度修士学位論文。

胡績偉（1988），「通過新聞工具活躍協商対話」『新聞実践』第 1 期，4-7 ページ。

胡耀邦（1985），「関於党的新聞工作」『新聞前線』第 5 期，2-11 ページ。

南方週末編輯部主編（2002），『経典頭版及背後的故事（上）（下）』珠海出版社。

南方報業伝媒集団新聞研究所主編（2008），『南方伝媒研究・第 15 輯：媒体使命』南方日報出版社。

南方報業伝媒集団新聞研究所主編（2009），『南方伝媒研究・第 15 輯：記者生存』

南方日報出版社。

段　勃（2005），『調査性報道研究』華中科術大学 2005 年度修士学位論文。

段　勃（2006），「中国調査性報道的発展趨勢」『当代伝播』第 1 期, 98-100 ページ。

段　勃（2010），「調査性報道特性探析」『新聞界』第 1 期, 86-88 ページ。

皇甫雯（2010），「我国媒体対災難性突発事件報道理念之嬗変」『新西部』第 6 期, 131-132 ページ。

昝愛宗（1999），『第四種権力——従輿論監督到新聞法治』民族出版社。

姜　紅・許超衆（2008），「従“闘士”到“智者”：輿論監督的話語転型——新世紀以来『南方週末』文本分析」『新聞与伝播評論』2008 年度版, 157-164 ページ。

洪　兵（2004），『転型社会中的新聞生産——『南方週末』個案研究（1983～2001）』復旦大学 2004 年度博士学位論文。

馬　迪（2010），『南方都市報』突発事件報道的現状及挑戦』山東大学 2010 年度修士学位論文。

馬　森・李　蛍（2010），「浅論民生新聞与輿論監督」『新聞世界』第 7 期, 62-63 ページ。

袁興友（2009），『報業風雲——南方都市報崛起之路』広東経済出版社。

都海虹（2003），『歴史在這里沈思——簡析中国「文化大革命」以後新聞輿論監督的発展』河北大学 2003 年度修士学位論文。

桂俊松（2000），『論都市報崛起及其対中国報業的影響』中国社会科学院 2000 年度修士学位論文。

夏文蓉（1998），「新聞改革与新聞価値観的嬗変」『江蘇社会科学』第 6 期, 175-180 ページ。

夏　氷（2008），『南方週末』民生新聞報道風格研究』河南大学 2008 年度修士学位論文。

夏鼎銘（1994），「有関『正面宣伝為主』的思考」『新聞大学』第 2 期, 3-5 ページ。

時紅燕（2009），『媒介話語生産機制的突破与再建』華中科技大学 2009 年度修士学位論文。

候　智（2006），「浅析輿論監督和輿論導向」『新聞知識』第 7 期, 29-30 ページ。

徐光春（2004），「江沢民新聞思想的核心内容」『新聞戦線』第 2 期, 4-6 ページ。

徐達青（2004），「浅談輿論引導与輿論監督的関係」『新聞伝播』第 3 期, 70 ページ。

徐暁波（2010），「輿論監督在国家政治話語中的演変与意義建構」『中国地質大学学報（社会科学版）』第 1 期, 36-42 ページ。

従　儀（1988），「浅論新聞伝媒工具在社会協商対話中的作用」『淮北煤師院学報』

第 2・3 期合巻，213-220 ページ。

殷　暢（2008），『媒介功能変遷与社会発展──改革開放三十年国内十大新聞評選研究』浙江大学 2008 年度修士学位論文。

翁海勤（2007）「「耳目舌喉」説的歴史沿革」『新聞記者』第 3 期，35-37 ページ。

高冬梅（2003），「鄧小平輿論監督思想述評」『党史博采』第 8 期，17-18 ページ。

高挺先（2000），「正面宣伝為主与輿論監督」『青年記者』第 6 期，11-12 ページ。

高博雅（2011），『論媒介権力的理解与表達──以『南方週末』評論版為例』吉林大学 2011 年度修士学位論文。

高　煥（2010），『当代都市報向主流媒体転型問題研究』華南理工大学 2010 年度修士学位論文。

郭小紅（2009），「論地方新聞媒介的輿論監督作用」『新聞愛好者』8 月号下，23-24 ページ。

郭秀麗（2004），『社会主義新聞媒体輿論監督研究』遼寧師範大学 2004 年度修士学位論文。

郭　林・張紅磊（2010），「論都市報的主流化取向」『商丘職業技術学院学報』第 9 巻第 4 期，69-70 ページ。

郭舒然（2011），『胡耀邦新聞思想与実践研究』南京大学 2011 年度修士学位論文。

郭碧勲（2006），『論公共権力的輿論監督』湖南大学 2006 年度修士学位論文。

郭鎮之（2007），「対『四種理論』的反思与批判」『国際新聞界』第 1 期，35-40 ページ。

唐恵虎（1994），「社会主義市場条件下的輿論監督」『新聞戦線』第 11 期，6-8 ページ。

唐靖宇（2008），『民生新聞的現状与発展──析『南方都市報』上海外国語大学 2008 年度修士学位論文。

展江編（2002），『中国社会転型的守望者──新世紀新聞輿論監督的語境与実践』中国海関出版社。

展　江（2007），「新世紀的輿論監督」『青年記者』6 月号上，25-28 ページ。

陸学芸編（2002），『当代中国社会階層研究報告』社会科学文献出版社。

陸　曄（2002），「新聞生産過程中的権力実践形態研究」『信息進程中的伝播教育与伝媒研究──第 2 届中国伝播学論壇論文匯編（上冊）』復旦大学新聞学院編，4-10 ページ。

陸　曄（2003），「新聞従業者的媒介角色認知──兼論輿論監督的記者主体作用」『中国青年政治学院学報』第 22 巻第 2 期，86-91 ページ。

陳力丹（2003），「論我国輿論監督的性質与存在的問題」『鄭州大学学報（哲学社

会科学版)』第 4 期，7-14 ページ。

陳力丹・江凌（2008），「改革開放 30 年来記者角色認知的変遷」『当代伝播』第 6
期，4-6 ページ。

陳力丹・江凌（2009），「伝媒"四大職能"与記者角色認識」『新聞前哨』第 2 期，
11-12 ページ。

陳心安（1993），「市場経済呼喚輿論監督」『新聞知識』第 9 期，9-11 ページ。

陳　鋭（1988），「輿論監督与新聞改革」『新聞愛好者』第 2 期，4-7 ページ。

陳世華（2011），「試析国内鉱難報道的演変軌跡」『伝媒観察』第 1 期，25-26 ページ。

陳先兵（2010），「維権話語与抗争邏輯——中国農村群体性抗争事件研究的回顧
与思考」『北京化工大学学報』第 1 期，1-6 ページ。

陳建雲・呉淑慧(2009)，「輿論監督三十年歴程与変革」『当代伝播』第 4 期，14-17 ペー
ジ。

陳　玲・関　華（2009），「改革開放 30 年来批判報道的発展変遷——浅析我国輿
論監，媒介生態演変以及記者角色的変化」『東南伝播』第 4 期，21-23 ページ。

陳　映（2010），「新時期広東新聞輿論監督的突破与啓示」『東南伝播』第 12 期，
27-29 ページ。

陳　映(2011)，「広東新聞輿論監督的演進与発展」『南方論刊』第 3 期，18-20 ページ。

陳奕奕（2006），『従三次新聞改革看我国報紙受衆観的流変』華中科技大学 2006
年度修士学位論文。

陳　剛（2010），「転型社会争議性議題的媒体再現研究」『中国地質大学学報（社
会科学版)』第 10 巻第 2 期，60-64 ページ。

陳　記(2008)，「都市報社会新聞報道定位之思考」『科技信息（学術研究)』第 21 期，
33-34 ページ。

陳　陽（2006），「当下中国記者職業角色変遷軌跡——宣伝者，参与者，営利者
与観察者」『国際新聞界』12 月号，58-62 ページ。

陳　陽（2008)，「新聞専業主義在当下中国的両種表現形態之比較——以『南方
週末』和『財経』為個案」『国際新聞界』第 8 期，65-69 ページ。

陳　皓（2005），『中国報紙批判報道現状研究』上海外国語大学 2005 年度修士学
位論文。

陳　跡（2008)，「報料新聞探析——以『南方都市報』，『羊城晩報』，『広州日報』
為例」『新聞界』第 5 期，39-41 ページ。

孫五三（2003)，「批判報道行為治理技術——市場転型期媒介的政治—社会運作

機制」『新聞与伝播評論』2002 年度版，123-138 ページ。

孫旭培（2003），「興論監督的回顧与探討」『炎黄春秋』第 3 期，16-19 ページ。

孫亜菲（2004），『従『南方週末』的三次転型看中国時政媒体的発展方向』四川大学 2004 年度修士学位論文。

孫発友（2001），「従人本位到事本位——我国災難報道観念変化分析」『現代伝播』第 2 期，33-37 ページ。

孫　婷（2008），「主流媒体対社会熱点問題的呈現——対『南方週末』2002 年～2006 年渉及房地産問題文章的内容分析」『新聞愛好者』第 12 期，61-62 ページ。

黄　旦・銭　進（2010），「控制与管理：従"抗災動員"，"議程設置"到"危機伝播"——対我国伝媒突発性事件報道歴史簡略考察」『当代伝播』第 6 期，42-45 ページ。

黄昇民・周艶編（2003），『中国伝媒市場大変革』中信出版社。

梅瓊林・胡華涛（2003），「媒介権力的生成与．変」『経済与社会発展』第 1 巻第 3 期，110-112 ページ。

曹冬梅（2009），『中国共産党構建和諧社会理論与実践研究』東北師範大学 2009 年度博士学位論文。

龔立堂（2003），「主流媒体・主流新聞・主流受衆——論都市類報紙的転軌変型」『新聞愛好者』第 6 期，11-12 ページ。

龔高健（2007），「鄧小平新聞興論監督思想探析」『福州党校学報』第 4 期，76-78 ページ。

盛忠娜（2009），『従唐山到汶川——中国災難報道変遷研究』鄭州大学 2009 年度修士学位論文。

崔　峰・梁書斌（2007），「反思大興安嶺火災」『瞭望新聞週刊』第 20 期，6-7 ページ。

符永康（2008），『中国平面媒体鉱難報道分析（2001 － 2006）』汕頭大学 2008 年度修士学位論文。

許　建（2007），『社会転型時期的民生新聞研究』黒龍江大学 2007 年度修士学位論文。

章　文・崔保国（2000），「従『焦点訪談』談我国的興論監督」『新聞実践』第 5 期，31-32 ページ。

章　瑞（2010），『興論監督問題与対策研究』中共中央党校 2010 年度博士学位論文。

張　力（2010），「伝媒技術的権力性維度解読」『媒体与伝播』総第 447 期，106-107 ページ。

張小麗（2004），「従『南方週末』的批判性報道看興論監督」中華伝媒網学術網（2011年9月12日最終アクセス，http://www.mediachina.net よりダウンロード）。

張百寧（2003），『譲無力者有力，譲悲観者前行──『南方週末』20年改版之初探』暨南大学2003年度修士学位論文。

張孝初（1988），「社会協商対話制的基本原則」『社会科学研究』第4期，52-53ページ。

張志安（2006），『編輯部場域中的新聞生産──『南方都市報』個案研究（1995～2005）』復旦大学2006年度博士学位論文。

張志安・曲長纓（2007），「在体制辺際做興論監督──深度報道精英訪談之二」『青年記者』10月号上，33-36ページ。

張志安（2008），「30年深度報道軌跡的回望与反思」『新聞記者』第10期，22-24ページ。

張志安（2008），「新聞生産与社会控制的張力呈現──対『南方都市報』深度報道的個案分析」『新聞与伝播評論』，2008年巻，165-173ページ。

張志安・陰　良（2009），「新聞生産：職業意識与社会環境的影響──以1987"深度報道年"為個案」『新聞大学』第1期，10-18ページ。

張志安・潘　菲（2012），「媒介環境与組織控制──調査記者的媒介角色認知及影響因素（下）」『現代伝播』第10期，35-40ページ。

張志安・潘　菲（2012），「媒介環境与組織控制──調査記者的媒介角色認知及影響因素（上）」『現代伝播』第9期，39-45ページ。

張志新（1988），「対新聞興論監督的幾点思考」『伝媒観察』第4期，4-6ページ。

張君昌（2009），「60年来中国応対突発事件的政策法規及新聞報道和編輯理念演変」『中国編輯』第3期，48-51ページ。

張君昌（2009），「中国媒体報道突発事件政策法律法規的変遷」『電視研究』第5期，31-33ページ。

張述亜（2002），『災難新聞報道初探』広西大学2002年度修士学位論文。

張　征（2008），「新聞報道三十年的発展演変趨勢」『国際新聞界』第10期，5-11ページ。

張建紅（2011），「"大民生"──電視民生定位的突破与昇華」『伝媒』第2期，66ページ。

張春林（2004），「従都市報的転型看社会新聞的流変」『重慶工商大学学報（社会科学版）』第21巻第1期，157-160ページ。

張華卿（2007），『我国新聞興論監督現状研究』上海交通大学2007年度修士学位論文。

張　健（2009），「民生新聞的価値取向及意義」『新聞窗』第 2 期，31-32 ページ。

張雲萍（2000），『論新時期新聞輿論監督』鄭州大学 2000 年度修士学位論文。

張愛浜（2011），「基於伝媒学視域中的民生新聞与公共新聞」『科技伝播』第 24 期，
　　3-5 ページ。

張詩蒂（2009），「構建公共領域——民生新聞価値的新取向」『雲南行政学院学報』
　　第 1 期，164-167 ページ。

張　群（2012），「論民生新聞的現実語境及媒介角色」『新聞知識』第 10 期,30-32 ペー
　　ジ。

張　睿・祈暁娣（2010），「対我国新聞媒体『喉舌論』的歴史性考察」『宜春学院
　　学報』第 6 期，182-184 ページ。

張慶勝（2009），「中国新聞改革的思想政策基礎及理論創新」『青年記者』8 月号上，
　　70-71 ページ。

張駿徳（2002），「中国三次新聞改革之回顧」『新聞天地』第 4 期，29-31 ページ。

張駿徳・王博一宝（2008），「試論我国改革開放以来報道方式的革新」『新聞大学』
　　第 3 期，103-107 ページ。

張濤甫・童兵（2007），「当代中国新聞輿論監督的動力分析」『現代伝播』総第 146 期，
　　38-40 ページ。

張　鵬（2006），『農民工形象再現与伝媒建構』蘇州大学 2006 年度修士学位論文。

彭衛東（2005），「試論新時期我党反腐敗的進程」『新余高専学報』第 10 巻第 1 期，
　　19- 21 ページ。

彭　麗（2004），『話語，権力及意識形態——媒体語篇的批評性研究』華中師範
　　大学 2004 年度修士学位論文。

葉　皓（2008），「従被動応傅走向積極応対——試論当前政府与媒体関係的変化」
　　『南京大学学報』第 1 期，46-54 ページ。

董王芳（2007），『民生新聞研究』，山西大学 2007 年度修士学位論文。

董天策（2001），「20 世紀中国報刊工具理念的歴史進程」『西南民族学院学報（哲
　　学社会科学版）』総 22 巻第 11 期，107-113 ページ。

董天策（2002），『中国報業的産業化運作』四川人民出版社。

董天策（2007），「民生新聞——中国特色的新聞伝播範式」『西南民族大学学報（人
　　文社会科学版）』第 6 期，150-165 ページ。

蒋凌昊（2011），『中国新聞専業主義語境下的鉱難報道研究——以山西鉱難為例』
　　陝西師範大学 2011 年度修士学位論文。

参考文献

蒋海斐（2001），「都市報定義及其発展趨勢芻議」広西大学 2001 年度修士学位論文。

蒋　偉（2007），「関於構建社会主義和諧社会的幾点認識」『安徽文学』第 3 期，165-166 ページ。

景躍進（2000），「如何拡大輿論監督的空間——「焦点訪談」的実践与新聞改革的思考」『開放時代』第 5 期，59-68 ページ。

喩国明（1998），「我国新聞工作者職業意識与職業道徳調査報告」『民主与科学』第 3 期，10-17 ページ。

稽晨頓（2009），『我国鉱難新聞的叙事学分析』厦門大学 2009 年度修士学位論文。

程金福（2007），『媒体権力与政治権力的結構変遷——当代中国大衆伝媒与反腐唱廉研究』復旦大学 2007 年度博士学位論文。

程金福（2010），「四代領導人的反腐思路及其視野中的大衆伝媒」『中国特色社会主義研究』第 1 期，42-48 ページ。

程金福（2010），「当代中国媒介権力与政治権力的結構変遷——一種政治社会学的分析」『新聞大学』第 3 期，22-29 ページ。

程金福・宋友誼（2010），「論輿論監督語境内涵在当代中国的建構」『江淮論壇』第 4 期，138-144 ページ。

程亮亮（2008），『鉱難報道的若干問題探討』復旦大学 2008 年度修士学位論文。

程　璐（2008），「在輿論監督中折射出的媒介話語権変遷」『新聞愛好者』第 2 期，6-7 ページ。

喬雲霞・胡連利・王俊傑（2002），「中国新聞輿論監督現状調査分析」『河北大学学報（哲学社会科学版）』第 4 期，36-46 ページ。

喬雲霞・胡連利（2004），「中国新聞輿論監督従業人員的現状調査分析」『河北大学成人教育学院学報』第 6 巻第 1 期，8-90 ページ。

傅俊徳・張永華（1996），「必須堅決反対官僚主義,形式主義——学習『鄧小平文選』的一点思考」『党史文苑』第 5 期，44-46 ページ。

傅　海（2005），『我国調査性報道的現状,問題及対策研究——以『南方週末』為例』武漢大学 2005 年度修士学位論文。

焦　偉（2007），『我国新聞媒介監督国家権力的現状及発展途経』中共中央党校 2007 年度修士学位論文。

馮建三（2008），「考察中国輿論監督的論説与実践——1989 到 2007」『台湾社会研究季刊』第 71 期，157-195 ページ。

馮　霞（2010），『国家権力与"第四種権力"：新結構,新内涵与新模式——以上

海公安機関与新聞媒体的関係為例』復旦大学 2010 年度修士学位論文。

童　兵 (2007),「新聞輿論監督的歴史演革和中国共産党的執政実践」『新聞学論集』（鄭守衛編）第 19 号，20-37 ページ。

童　兵 (2008),「正確的決採，重大的勝利——記念中国新聞改革 30 年」『新聞記者』6 月号，4-11 ページ。

童　兵 (2008),「当代新聞輿論監督的特征」『新聞愛好者』2 月号下，13-15 ページ。

童　兵 (2008),「改革実践与理論創新的互動——記念中国新聞改革与新聞学研究 30 年」『新聞大学』総第 96 期，1-8 ページ。

曾由美 (2011),「論我国調査性報道的流変与転向」『新聞天地』第 1 期，26-27 ページ。

曾志雲 (2002),「党風廉政建設呼喚新聞輿論監督」『黔東南民族師専学報』第 20 巻第 1 期，15-16 ページ。

曾亜波 (2009),「新中国成立 60 年来輿論監督的十大看点」『領導之友』第 5 期，26-27 ページ。

曾照暢 (2007),『南方週末』批判性報道的叙事学分析」暨南大学 2007 年修士学位論文。

曾繁旭 (2009),「社会的喉舌——中国城市報紙如何再現公共議題」『新聞与伝播研究』第 16 巻第 3 期，93-101 ページ。

蒙暁陽・李華 (2012),「中国報紙民生新聞的発展歴程与成就」『新聞愛好者』第 7 期，51-52 ページ。

楊大正 (2008),『都市報深度報道研究』暨南大学 2008 年度修士学位論文。

楊玉華 (2005),『転型期輿論監督研究』南京師範大学 2005 年度修士学位論文。

楊明品 (2001),『新聞輿論監督』中国広播電視出版社。

楊春霞 (2008),「論新聞輿論監督功能空間的拓展」『新聞愛好者』6 月号下，7-8 ページ。

楊俊菲・王璐 (2010),「媒体対於弱勢群体的関注——以対『南方週末』的内容分析為例」『今伝媒』第 8 期，57-59 ページ。

楊　姣 (2010),「従深度到砕片：市民報紙輿論監督的語態変遷——以 90 年代後『春城晩報』的頭版報道為例」『新聞天地』第 11 期，76-77 ページ。

楊姣・李煒 (2010),「“欄目・民生”化—— 80 年代新聞輿論監督的“語法革命”」『新聞伝播』第 10 期，112 ページ。

楊　暁 (2008),『構建和諧社会背景下的輿論監督研究』南京師範大学 2008 年度修士学位論文。

楊嘉帽（2009），「我国新聞輿論監督類電視深度報道 30 年——主要以「焦点訪談」和「新聞調査」為視域」『新聞愛好者』6 月号下，16-18 ページ。

楊衛平（1998），「都市報与市民定位」『新聞前哨』第 3 期，2-4 ページ。

楊衛平（1999），「社会主義的大衆化報紙——論都市報的属性」『新聞戦線』第 6 期，57-59 ページ。

楊曉丹・王海燕（2005），「浅議社会新聞」『黒河学刊』総第 116 期，96-105 ページ。

雷蔚真・張宗鷺（2010），「権威体制転型対新聞公共性的影響——従建国 60 年輿論監督話語変遷看中国新聞業公共属性漸変」『新聞大学』第 3 期，15-21 ページ。

豊　帆（2005），『我国媒体対農民工報道的内容分析与話語探討』暨南大学 2005年度修士学位論文。

靖　鳴（2008），「『党報不得批評同級党委』指示的来歴——1953 年広西『宜山農民報』事件始末」『炎黄春秋』第 7 期，32-38 ページ。

嫪　明（2012），『都市類報紙主流転型研究——『南方都市報』与『楚天都市報』比較分析』華中師範大学 2012 年度修士学位論文。

趙士林（2004），『論中国媒体的危機報道』復旦大 2004 年度博士学位論文。

趙月枝（2007），「国家，市場与社会——従全球視野和批判角度審視中国伝播与権力的関係」『伝播与社会学刊』，第 2 期，23-50 ページ。

趙　忠(2011)，『重大突発事件新聞報道研究』中国海洋大学 2011 年度修士学位論文。

趙建基（2010），「我国社会主義制度下的輿論監督架構——以「焦点訪談」輿論監督実践為例」『前沿』第 7 期，145-147 ページ。

趙　雪（2008），『改革開放以来『中国青年報』輿論監督研究』蘭州大学 2008 年度修士学位論文。

趙　雪（2009），『論新時期新聞輿論監督的作用』吉林大学 2009 年度修士学位論文。

趙　敏（2006），『我国報紙批判報道的現状及対策研究』江西師範大学 2006 年度修士学位論文。

趙　顗（2009），『公民社会語境下的輿論監督』重慶大学 2009 年度修士学位論文。

趙愛蓮（2005），「媒介輿論監督的治理功能」『河南師範大学学報（哲学社会科学版）』第 32 巻第 6 期，132-135 ページ。

趙　霞（2006），「簡議民生新聞的価値取向和現実走向」『科学之友（学術版）』第 5 期，99-100 ページ。

蔡文芸・賈桂軍（2008），「輿論監督興起的社会動因」『新聞愛好者』12 月号上，28-29 ページ。

銭　怡（2007），『南方週末』頭版時政深度報道研究——一個新聞話語的視角』南京師範大学 2007 年度修士学位論文。

銭　寧・王　暉（2009），「浅析具有中国特色的調査性報道」『常州工学院学報（社会科学版）』第 27 巻第 4 期，54-57 ページ。

鄭　妮（2010），「胡錦濤同志輿論監督思想基本特徴探析」『毛沢東思想研究』第 27 号，65-68 ページ。

鄭　涵・潘　薈（2006），「当代中国新聞輿論監督的角色定位与歴史語境芻議」『新聞記者』第 5 期，26-28 ページ。

鄭　策（2011），「都市報民生新聞報道特点」『新聞天地』第 1 期，8-9 ページ。

熊　静・曾　颭（2010），「従『南方週末』看報紙的深度報道」『新聞世界』第 9 期，69-70 ページ。

鄧科主編（2010），『南方週末——後台（第三輯）』南方日報出版社。

鄧高紅（2008），『論新時期対新聞事業性質認識的理論嬗変』湖南師範大学 2008 年度修士学位論文。

鄧紹根（2009），「" 輿論監督 " 的歴史解読」『新聞与写作』第 3 期，70-72 ページ。

鄧衛国（2009），『新時期災難報道研究』河南大学 2009 年修士学位論文。

権　新（2011），『鉱難新聞報道研究——歴史，框架及策略』西北大学 2011 年度修士学位論文。

樊亜平・劉静（2011），「輿論宣伝・輿論導向・輿論引導——新時期中共新聞輿論思想的歴史演進」『蘭州大学学報（社会科学版）』第 4 期，6-13 ページ。

範以錦（2005），『南方報業戦略』南方日報出版社。

滕　朋（2007），『従組織伝播到大衆伝播——我国突発事件伝播模式研究』華中科技大学 2007 年度修士学位論文。

劉立紅（2005），『燕趙都市報社会新聞研究』河北大学 2005 年度修士学位論文。

劉行芳（2001），「論我国都市報的特質」『淮陰師範学院学報（哲学社会科学版）』第 23 巻第 4 期，546-551 ページ。

劉　宏（2000），『試論『南方都市報』的社会伝播功能』暨南大学 2000 年度修士学位論文。

劉国明（2004），「論江沢民的新聞輿論監督思想」『許昌学院学報』第 1 期,6-8 ページ。

劉国曇（2002），「析輿論導向——学習江沢民新聞思想的体会」『江西広播電視大学学報』第 4 期，1-3 ページ。

劉明璋（1988），「試論新聞的輿論監督与被監督」『伝媒観察』第 10 期,18-20 ページ。

劉　珏 (2011),「充分発揮新聞輿論監督作用，為深入反腐倡廉営造良好雰囲」『先鋒隊』第 10 期，53-54 ページ。

劉勁松 (2011),『都市類報紙的社会角色研究』暨南大学 2011 年度修士学位論文。

劉　彦 (2008),「中国輿論監督的問題与対策」『法制与社会』1 月号下，283 ページ。

劉莉群 (2007),『鉱難報道与新聞輿論監督』黒龍江大学 2007 年度修士学位論文。

劉　偉 (2009),「論中共輿論監督観的演変」『東南伝媒』第 63 号，30-33 ページ。

劉淑霞・王平川 (2009),「歴史・問題・対策——中国共産党輿論監督思想的歴史軌跡与発展思路」『新聞知識』第 5 期，6-8 ページ。

劉　賦・丁俊萍・秦前紅 (2008),「中国共産党輿論監督法制化建設浅論」『武漢科技学院学報』第 21 巻第 7 期，118-124 ページ。

潘知常・彭海濤 (2003),「意識形態理論的視境——伝媒作為権力世界」『現代伝播』第 124 期，38-41 ページ。

潘　艶 (2008),『従博弈的視角透析新聞輿論監督』湖南師範大学 2008 年度修士学位論文。

戴宏偉 (2004),『我国新聞輿論監督探析』河海大学 2004 年度修士学位論文。

韓小鳳 (2009),『報紙災難新聞的叙事研究』西北大学 2009 年度修士学位論文。

魏文秀 (1988),「南方日報深化改革形勢喜人」『新聞愛好者』第 9 期，18 ページ。

羅建華 (2000),「点撃報界『新概念』」『新聞記者』第 11 期，26-31 ページ。

魏傑 (2006),「従鉱難報道看転型期媒体的社会功能——以『南方週末』的鉱難報道為例」『西南農業大学学報（社会科学版）』第 4 巻第 4 期，209-212 ページ。

魏羅撒 (2011),『人民日報』1978 年 12 月——1988 年 9 月中批評性報道研究』陝西師範大学 2011 年度修士学位論文。

謝白清 (2002),『論新聞大特写的興起与発展』広西大学 2002 年度修士学位論文。

謝　暉 (2009),「関於『負面新聞』的困惑」『新聞記者』第 5 期，26-30 ページ。

潘　岳 (2007),「鉱難報道——従封鎖走向透明」『青年記者』7 月号下，27-28 ページ。

蘇成雪 (2005),「異地監督——輿論監督向法治的過渡」『武漢大学学報（人文科学版）』第 58 巻第 6 期，790-794 ページ。

蘇　芳 (2008),『報紙民生新聞的発展現状研究——以『華商報』和『西安晩報』為例』西北大学 2008 年度修士学位論文。

蘇朝偉 (2005),『中国調査性報道的現状与前景』中央民族大学 2005 年度修士学位論文。

羅以澄・姚勁松 (2012),「中国共産党執政合法性演進中的媒介角色変遷」『当代

伝播』第 2 期，15-18 ページ。

廬迎安（2003），「浅析『南方週末』的新聞理念与議程設置」『江南大学学報（人文社会科学版）』第 2 巻第 6 期，96-99 ページ。

廬迎安（2009），『当代中国電視媒介的公共性研究（1978 ～ 2008）』復旦大学2009 年度博士学位論文。

廬迎春（2010），『論当代中国大衆伝媒的政治功能』蘇州大学2010 年度博士学位論文。

廬　荻（2007），「社会転型期的新聞輿論監督」『伝媒観察』第 2 期，58-59 ページ。

廬　綱（2010），「『大民生』新跨越――評湖北経視民生節目転型」『媒体時代』第 12 期，55 ページ。

鐘　芸（2004），『中国輿論監督体制的現状，対策与思考』南京師範大学 2004 年度修士学位論文。

鐘　靖（2006），『危機伝播与鉱難報道―― 2000 年以来相関鉱難報道之内容分析』蘇州大学 2006 年度修士学位論文。

英語（アルファベット順）

Bates, Thomas R. (1975), "Gramsci and the Theory of Hegemony", *Journal of the History of Ideas*, 36(2), pp. 351-366.

Brady, Anne-Marie and Wang, Jun Tao (2009), "China's Strengthened New Order and the Role of Propaganda", *Journal of Contemporary China*,18(62), November, pp. 767-788.

Brady, Anne Marie (2002),"Regimenting the Public Mind － The Modernization of Propaganda in the PRC", *International Journal*, 57(4), pp.1-16.

Brendebach, Martin (2005), "Public Opinion . a New Factor Influencing the PRC Press", *Asien*, No.96, July 2005, pp. 29-45.

Brennan, Pauline K. and Vandenberg, Abby L. (2009), "Depictions of Female Offenders in Front-Page Newspaper Stories : The Importance of Race/Ethnicity", *International Journal of Social Inquiry*, 2 (2), pp. 141-175.

Burgh, Hugo de (2003), "Kings without Crowns? The Re-Emergence of Investigative Journalism in China", *Media, Culture & Society*, 25, pp.801-820.

Chan, Alex (2002), "From Propaganda to Hegemony: Jiaodian Fangtan and China's Media Policy", *Journal of Contemporary China*, No.11, pp. 35-51.

Chan, Alex (2007), "Guiding Public Opinion through Social Agenda-Setting: China's

Media Policy Since the 1990s", *Journal of Contemporary China*, 16(53), pp. 547-559.

Chen, Xi (2003), *Mass Media as Instruments for Political and Social Control in China: Media Role in Chinese Politics*, A Dissertation submitted for the Master Degree in the Faculty of the Virginia Polytechnic Institute and State University.

Cheung, Anne, S.Y. (2007), "Public Opinion Supervision: A Case of Study of Media Freedom in China", *Columbia Journal of Asian Law*, 20(2), pp. 358-384.

Cho, Li Fung (2006),"News Crusaders: Constructing Journalistic Professionalism within the Confines of State Control and Commercial Pressure", *Media Asia*, 33(3), pp. 130-141.

Cho, Li Fung (2007), *The Emergence, Influence, and Limitations of Watchdog Journalism in Post-1992 China: A Case Study of Southern Weekend*, a Dissertation submitted for the PhD degree in Journalism and Media Studies Centre in The University of Hong Kong.

Esarey, Ashley (2005),"Cornering the Market：State Strategies for Controlling China's Commercial Media", *Asian Perspective*, 29(4) , pp. 37-83.

Han, Gang and Wang, XiuLi and Pamela, Shoemaker (2007),"News Probe: News Frames and Investigative Journalism in Transitional China, 1996-2005", Paper Presented at *the Annual Meeting of the International Communication Association, May 24-28, 2007, San Francisco*, (at: http://www.allacademic.com/meta/p168759_index.html).

Hassid, Jonathan (2008), "Controlling the Chinese Media: An Uncertain Business", *Asian Survey*, 48(3), pp. 414-430.

He, QingLian (2008), *The Fog of Censorship: Media Control in China*, New York: Human Rights in China.

Howson, Richard and Smith, Kylie Ed. (2008), *Hegemony: Studies in Consensus and Coercion*, UK: Routledge.

Huang, Cheng Ju (2003),"Transitional Media vs Normative Theories: Schramm, Altschull, and China", *Journal of Communication*, September, 2003, 53(3), pp. 444-459.

Huang, HaiFeng (2009), *Essays on News Media, Governance, and Political Control in Authoritarian States*, A Dissertation for the Degree of Doctor of Philosophy in the Department of Political Science in the Graduate School of Duke University.

J. Herbert Altschull (1995), *Agents of power: the media and public policy*, New York: Longman Publications Inc.

John, Jirik (2010),"Investigating the Editorial Process of Television News Production in the People's Republic of China", Paper Presented at *the Annual Meeting of the International Communication Association, Suntec Singapore International Convention & Exhibition Centre, June 22-26, 2010, Suntec City, Singapore,* (at: http://www.allacademic.com/meta/p404663_index.html).

Keller, Perry (2003),"Privilege and Punishment: Press Governance in China", *Yeshiva University Cardozo Arts & Entertainment Law Journal,* 21, pp. 87-138.

Kimberly A. Neuendorf (2002), *The Content Analysis Guidebook,* UK: Sage Publications, Inc.

Kisuke, Connie Syomiti (2005), *An Investigation of the Role of News Values in the Selection of News Sources in a Contemporary Third World Newspaper: A Case Study of the Daily Nation Newspaper,* A Dissertation Submitted for the Master Degree in Journalism and Media Studies in Rhodes University.

Latham, Kevin (2000),"Nothing but the Truth: News Media, Power and Hegemony in South China", *The China Quarterly,* No.163, pp. 633-654.

Lau, Wai Ming (2001), *Southern Metropolis News (Nanfang Doushi Bao): A Market-oriented Newspaper in Mainland China,* a Dissertation Submitted for the Master Degree in Journalism and Media Studies Centre in Hong Kong University.

Lee, Chin Chuan (2001),"Rethinking Political Economy: Implications for Media and Democracy in Greater China", *Javnost-the Public,* 8(4), pp. 81-102.

Lee, Chin Chuan (2004),"The Conception of Chinese Journalists: Ideological Convergence and Contestation", Paper Presented at *the Annual Meeting of the International Communication Association, May 27-31,2004,* New Orleans Sheraton, New Orleans, (at: http://www.allacademic.com/meta/p112717_index.html).

Lee, Chin Chuan and He, Zhou and Yu, Huang (2006),"Chinese Party Publicity Inc.' Conglomerated: The case of the Shenzhen Press Group", *Media, Culture & Society,* 28 (4), pp. 581-602.

Lee, Chin Chuan ed. (2009), *Chinese Media, Global Contexts,* UK: Routledge.

Lee, Hsiao Wen (2010),"The Popular Press and its Public in Contemporary China", *Javnost-The Public,* 17(3), pp. 71-86.

Lei, Weizhen and Lu, Heng (2009),"The Publicness of the Media in the Transition From an Authoritarian Regime: Exploring the Transformation of the Chinese Press From a Perspective of Public Opinion Supervision Discourse After 1978", Paper Presented at *the Annual Meeting of the International Communication Association, May 21-25,2009, Marriott, Chicago*, (at: http://www.allacademic.com/meta/p299763_index.html).

Lewis, Orion A. (2008), "The Evolution of the News Media in China: Evidence from Three Chinese Provinces", Paper Presented at *Midwest Political Science Association, May 22-24, 2008, Chicago*, (at: http://citation.allacademic.com//meta/p_mla_apa_research_citation/2/6/7/2/6/pages267).

Li, Cuia and Lee, Francis L. F. (2010), "Becoming Extra-Ordinary: Negotiation of Media Power in the Case of Super Girls' Voice in China", *Popular Communication: The International Journal of Media and Culture*, 8 (4), pp. 256-272.

Li, Xiao Ping (2002), "'Focus' (JiaoDian FangTan) and the Changes in the Chinese Television Industry", *Journal of Contemporary China*, 11(30), pp. 17-34.

Li, Xin Ren and Yang, Yinjuan (2007), "Power Relations in Chinese News Production: An Exploration of Rent-Seeking Model", Paper Presented at *the Annual Meeting of the International Communication Association, May 24-28,2007, San Francisco*, (at: http://www.allacademic.com/meta/p169270_index.html).

Lin, Fen (2006), "Dancing Beautifully, But with Hands Cuffed? A Historical Review of Journalism Formation During Media Commercialization in China", *Perspectives*, 7(2), pp. 79-98.

Lin, Fen (2006), "How Far Can Chinese Journalists Walk a Tightrope? Diversified Media Behavior and Media Control in China", Paper Presented at *the Annual Meeting of the American Sociological Association, May 23-26, 2006, Montreal, Quebec, Canada*, (at: http://www.allacademic.com/meta/p104837_index.html).

Lin, Fen (2008), "Turning Gray: Changes of News in China", Paper Presented at *the Annual Meeting of the American Sociological Association, May 20-25,2008, Boston*, (at: http://www.allacademic.com/meta/p241304_index.html).

Lin, Fen (2009), "Turning Gray: Three News Zones and Fragmented Power Structure in China", Paper Presented at the Annual Meeting of the International Communication Association, May 21-26, 2009, Marriott, Chicago, (at: http://www.allacademic.com/

meta/p299558_index.html).

Liu, Yu (2007), "Paradigm Repackaging: Professional Mouthpiece", Paper Presented at *the Annual Meeting of the International Communication Association, May 24-28,2007, San Francisco*, (at: http://www.allacademic.com/meta/p169849_index. html).

Lorentzen, Peter L. (2008), "The Value of Incomplete Censorship to Authoritarian States", Paper Presented at *the Annual Meeting of the Midwest Political Science Association 67th Annual National Conference, May 20-27, 2008, Chicago*, (at: http://www.allacademic.com/meta/p361561_index.html).

Lorentzen, Peter L. (2009), "Deliberately Incomplete Press Censorship", *Working Paper*, Berkeley: University of California, (at: http://users.polisci.wisc.edu/pec/LorentzenMedia.pdf).

Lu, Shi (2003), "The Policy Deviation in China's New Media: A Comparative Content Analysis", Paper Presented at *the Annual Meeting of the International Communication Association, May 20-22,2003, San Diego*, (at: http://www. allacademic.com/meta/p112155_index.html).

Norman, Fairclough (1989), *Language and Power*, London: Longman Publications Inc.

Norman, Fairclough (1993), *Discourse and Social Change* ,USA: Polity Press.

Norman, Fairclough (1995), *Media Discourse*, London: Edward Arnold.

Pan, Zhong Dang (2009), "Media Change through Bounded Innovations: Journalism in China's Media Reforms", Paper Presented at *the Annual Meeting of the International Communication Association, May 20-24, 2009, Sheraton New York, New York City*, (at: http://www.allacademic.com/meta/p13747_index.html).

Pan, Zhong Dang and Chan, Joseph Man (2003), "Assessing Media Exemplars and Shifting Journalistic Paradigms: A Survey Study of China's Journalists", Paper Presented at *the Annual Meeting of the International Communication Association, May 20-22,2003, San Diego, CA*, (at: http://www.allacademic.com/meta/p112198_index.html).

Sather, Elin (2008), *The Conditional Autonomy of the Critical Press in China*, a Dissertation submitted for the PhD degree in Department of Sociology and Human Geography in University of Oslo.

Sather, Elin (2008),"A New Political Role? Discursive Strategies of Critical Journalism in China", *Journal of Current Chinese Affairs*, No 4, pp. 5-29.

Schneider, Fabian (2011), *A paper Tiger with Sharp Teeth: How Southern Weekend Discloses Social Tensions in China*, A Dissertation submitted for the Master Degree in International Communication Studies in National Chengchi University, Taiwan.

Shen, Fei and Lu, Ye and Guo, ZhongShi and Zhou, BaoHua (2008), "News Media Use, Perception, and Efficacy: A Multilevel Analysis of Media Participation in China", Paper Presented at *the Annual Meeting of the International Communication Association, May 20-24, 2008, Montreal, Quebec, Canada*, (at: http://www. allacademic.com/meta/p230570_index.html).

Shen, Fei and Zhang, Zhian (2009), "Making In-Depth News: The Tensions Between Investigative Journalism and Social Control in China", Paper Presented at *the Annual Meeting of the International Communication Association, May 22-24,2009, Marriott, Chicago*, (at: http://www.allacademic.com/meta/p297846_index).

Smith, Christopher. J. (2002), "From 'Leading the Masses' to 'Serving the Consumers'? Newspaper Reporting in Contemporary Urban China", *Environment and Planning A*, Vol.34, pp.1635-1660.

Stockmann, Daniela (2006), "The Chinese News Media and Public Opinion: Adaptation of a Propaganda Machine or Instrument for Political Change? ", Paper Presented at the Annual Meeting of *the American Political Science Association, May 22-25, 2006, Marriott, Loews Philadelphia*, (at: http://www.allacademic.com/meta/p152544_index.html).

Sun, Wusan (2010), "Alliance and Tactics among Government, Media Organization and Journalists: A Description of Public Opinion Supervision in China", *Westminster Papers in Communication and Culture*, 7 (1), pp. 43-55.

Tong, Jing Rong (2007), "Guerrilla Tactics of Investigative Journalists in China", *Journalism*, October 2007, 8 (5), pp. 530-535.

Tong, Jing Rong (2007), "Decentralisation in the Chinese Government-Media Relation: How Powers Struggle in Journalistic Field in China", Paper Presented at *the Annual Meeting of the International Communication Association, May, 21-23,2007, San Francisco*, (at: http://citation.allacademic.com/meta/p_mla_apa_research_citation/0/2/1/2/6/pages).

Tong, Jing Rong (2009), "Newsroom Self-Censorship in China: A Case Study of

How Discourse Gets Changed", Paper Presented at *the Annual Meeting of the International Communication Association, May 22-25, 2009, Marriott, Chicago*, (at: http://www.allacademic.com/meta/p299629_index.html).

Tong, Jing Rong and Sparks, Colin (2009), "Investigative Journalism in China Today", *Journalism Studies*, 10 (3), pp. 337-352.

Tong, Jing Rong (2010), "The Crisis of the Centralized Media Control Theory: How Local Power Controls Media in China", *Media, Culture & Society*, 32 (6), pp.925-942.

Tong, Jing Rong (2011), *Investigative Journalism in China: Journalism, Power and Society*, New York: The Continuum International Publishing Group.

Vincent, Mosco (2009), *the Political Economy of Communication, Second Edition*, London: SAGE Publications Ltd.

Wang, Hong Ying and Chen, Xue Yi (2008), "Globalization and the Changing State-Media Relations in China", Paper Presented at *the Annual Meeting of the APSA 2008 Annual Meeting, May 20-24, 2008, Boston, Massachusetts*, (at: http://citation. allacademic.com/meta/p_mla_apa_research_citation/).

Xin, Xin (2006), "A Developing Market in News: Xinhua News Agency and Chinese Newspapers", *Media, Culture & Society*, 28(1), pp. 45-66.

Yang, YinJuan (2006), "Distance From Power and Media Slanting in China: A Bargaining Approach", *Perspectives: Working Papers in English and Communication*, 17(1), Spring 2006, pp.1-27.

Yang, Yinjuan and Lee, ChinChuan (2007), "Rent-Seeking and Capture in Chinese Media", Paper Presented at *the Annual Meeting of the International Communication Association, May 21-25, 2007, San Francisco*, (at: http://www.allacademic.com/ meta/p171378_index.html).

Yang, Yin Juan (2008), *Marketized Media in China: Bargaining with the State and Rent-seekers: The Case of the Guangzhou Press*, A Dissertation for the Degree of Doctor of Philosophy in the Department of English and Communication in City University of Hong Kong.

Zhang, Xiao Ling (2009), "Control, Resistance and Negotiation: How the Chinese Media Carve out Greater Space for Autonomy", *Discussion Paper*, China Policy Institute in University of Nottingham. pp. 3-24.

Zhao, Yuezhi (1998), *Media, Market and Democracy in China: Between the Party Line and the Bottom Line*, University of Illinois Press.

Zhao, Yuezhi (2000), "Watchdogs on Party Leashes? Contexts and Implications of Investigative Journalism in Post-Deng China", *Journalism Studies*, 1(2), pp. 577-597.

Zhao, Yuezhi (2001), "Media and Elusive Democracy in China", *Media and Democracy in Asia*, 8 (2) , pp. 21-44.

Zhao, Yuezhi (2008), *Communication in China: Political Economy, Power, and Conflict*, Rowman & Littlefield Publishers, Inc.

Zhu, JiangNan and Zhang, Guang (2009), "Uncover it or Hide it? Media Exposure of Corruption across Provinces in China", Paper Presented at *the Annual Meeting of the Midwest Political Science Association 67th Annual National Conference, May 21-26, 2009, Hilton, Chicago*, (at: http://www.allacademic.com/meta/p361926_index.html).

新聞，雑誌記事

『南方週末』
『南方都市報』
『人民日報』
『新京報』
『中国青年報』
『華西都市報』
『大河報』
『三秦都市報』
『財経』雑誌
インターネット
国家広播電影電視総局ホームページ（http://www.sarft.gov.cn/）
新華社通信ホームページ（http://www.xinhuanet.com/）
人民日報ホームページ（http://www.people.com.cn/GB/index.html）
中華人民共和国新聞出版総署ホームページ（http://www.gapp.gov.cn/）
中華人民共和国中央人民政府ホームページ（http://www.gov.cn/）
中華伝媒学術網ホームページ（http://academic.mediachina.net/）

中華伝媒網ホームページ（http://info.mediachina.net/info/index.php）

中国知網ホームページ（http://www.cnki.net/）

中国網（国務院新聞弁公室主催）ホームページ（http://www.china.com.cn/）

南方週末ホームページ（http://www.infzm.com/）

南方都市報ホームページ（http://nandu.oeeee.com/）

南方報業伝媒集団ホームページ（http://www.nfmedia.com/）

香港慧科新聞データベースホームページ（http://cn.wisesearch.wisers.net.cn）

【初出一覧】

　本書は，2013 年 7 月に筑波大学から学位を授与された「中国メディアの『世論監督』機能をめぐる権力関係」を加筆・修正したものである。各章とも基本的には博士論文の内容に基づくが，本書の刊行にあたり全編にわたり大幅に加筆・修正した。各論文の初出と関連する学会報告は以下の通りである。

序　章　問題の所在及び研究対象
　博士論文
第 1 章　本書の分析枠組と分析手法
　博士論文
第 2 章　批判報道に関する中国共産党の認識
　論文「メディアの『世論監督』機能に関する中国共産党の認識」『筑波法政』
　　　　筑波大学人文社会科学研究科、第 54 号、2013 年、33-49 頁。
　学会報告「メディアの批判報道に関する中国共産党の認識──党とメディ
　　　　アの力関係という視点から」アジア政経学会全国大会、2014 年 5 月。
第 3 章　中国メディアによる批判報道の展開の経緯
　学会報告「中国のマスメディア改革と新聞社の動向についての考察──南
　　　　方報業メディア集団の事例を中心に」アジア政経学会東日本大会、
　　　　2009 年 5 月。
　論文「中国メディアの批判報道」『中国市民社会・利益団体：比較の中の中国』
　　　　辻中豊・李景鵬・小嶋華津子編著、東京：木鐸社、2014 年、306-317 頁。
第 4 章　中国共産党の不正に対する批判報道──『南方週末』を事例に
　学会報告「中国の新聞の「世論監督」機能とマスコミの自由──『南方週末』
　　　　を事例に」アジア政経学会全国大会、2010 年 10 月。
　論文「中国メディアによる「批判報道」──『南方週末』の事例」『アジア
　　　　研究』アジア政経学会誌、第 61 巻第 1 号、2015 年、62-77 頁。
第 5 章　突発的事件に対する批判報道──『南方都市報』の炭鉱事故報道を
　事例に
　論文「中国における「突発的事件」をめぐる「批判報道」の展開──『南
　　　　方都市報』の炭鉱事故報道を事例に」『中国研究月報』中国研究所月

265

刊誌、第 71 巻第 7 号、2017 年、1-15 頁。

終　章　結論と中国メディア研究の視座への提言

博士論文

あとがき

　筆者が2005年に来日してから，本書が刊行するまでに12年間の歳月を経った。その間には，筑波大学で8年間の留学生活を送り，その後に2年間の研究員仕事を経て，さらに中国広東省にある中山大学で2年間の勤務生活を送った。12年間というのは，人の干支が一回りしたことである。

　大学院の修士課程に在籍した頃から，現代中国のメディア研究を志してきた。当時を振り返ってみると，記者の経験を持たない自分がこの研究課題を選んだのは極めて大きな挑戦であると言える。怖いもの知らずで，ただ研究に情熱があった若い自分は，この課題に敢えて取り組んだ。まず，中国の政治や社会構造とメディアの関りという問題意識からスタートし，さらに研究内容を具現化しているうちに，中国メディア界で批判報道の展開を最も大胆に行うメディアとして注目される『南方週末』と『南方都市報』紙に学問的関心を抱き始めた。1990年代後半から中国の様々な社会問題や党と政府幹部の腐敗，賄賂などの不正を取り上げ，積極的に批判を行ってきた『南方週末』紙は，若い学生からお年寄りにまで愛読される新聞となった。当時高校生であった筆者も，親が街頭の新聞販売スタンドで購入した『南方週末』紙を最初から最後まで読み尽くしことは記憶に新しい。2000年代に入り，中国の新聞が社会に及ぼす影響力はさらに増した。2003年の「孫志剛事件」は『南方都市報』にスクープされた後，全国のマスメディアが相次いで報道した結果，全国的な話題になり，中国社会を震撼させた。続いて2007年のアモイ市PX工場建設反対の事件，2008年の「三鹿」毒粉ミルク事件，2010年の浙江省温州市高速列車衝突事件などをめぐり，中国メディアは積極的に取り上げ，事件の中の不正を暴いた。

　しかし，近年このような状況は一変した。インターネットの普及がその原因で，新聞のような伝統メディアの影響力は衰えつつある。『南方週末』，『南方都市報』が所属する大手の新聞グループ・『南方日報』グループでさえも，インターネット時代が到来している中で，未曾有の危機を瀕している。なぜなら，伝統メディアは読者を失いつつあるからである。2016年

までに中国のネットユーザ数は7.1億人に達していると言われている。現在，中国のインターネットは国内の世論を動かすほどの影響力を持っている。こうした状況の中，伝統メディアはニューメディアとの「融合」を報道改革の突発口として，インターネットやモバイル・インターネットに積極的に進出している。さらに伝統メディアとニューメディアの融合は，ウェブサイト開設，微博（中国版ツイッター），微信（中国版ライン）といったニューメディアの既存部門の改革に留まらず，情報発信の理念，報道手段，運営メカニズム，ニュース体制といった新たに付加された部門の改革に及んでいるという「インターネット＋」の時代を迎えている。

　現在の状況は，筆者が博士論文を書き上げた当時の中国メディアの状況と大きく変わっている。しかしながら，インターネットやニューメディアは中国で爆発的な発展を迎えている一方，一体その影響がどこまで及んでいるのか，また伝統メディアからの影響を受けているのかに疑問が残っている。インターネットやソーシャルメディアなどのニューメディアの時代に直面しているこそ，伝統メディアの役割や影響を再検討しなければならないと改めて感じる。それが本書の刊行の最大の目的である。

　現代中国のメディア研究を志して以来，本書の上梓にたどりつくまでの長い年月の間に，実に様々な方からご教示とご支援を賜った。ここに感謝の意を記すことをお許し頂きたい。

　まず，直接ご指導頂いた恩師である辻中豊先生には，心より深く感謝とお礼を申し上げたい。来日の当初に，社会科学の知識と要素が乏しかった筆者をあたたかく受け入れてくださり，研究の機会を辻中先生から頂いた。また筑波大学地域研究研究科及び国際日本研究専攻在学中より，指導教官として一貫して丁寧なご指導をいただき，遅々として進まない博士論文の作成を辛抱強く指導してくださった。さらに学会で厳しい批判を受け意気消沈の時期，先生には激励のお言葉をいただき，研究者としての成長を温かく見守ってくださった。研究者として，そして何よりも教育者としてのあるべき姿を示してくださった。

　また博士論文の副査をお引き受け頂いた小嶋華津子先生（慶應義塾大学）にも，筑波大学に留学した当初から，長年にわたり大変お世話になった。

あとがき

先生は中国研究の専門家として，中国という巨大な研究対象を見つめる問題意識や方法論などを教えてくださった。論文の作成から論文の細部にいたるまで大変細かく，かつ丁寧にご指導をいただいた。論文の作成中に，先生が慶應義塾大学へと移られてからも，非常に熱心にご指導してくださったことに，本当に心から感謝とお礼を先生に申し上げたい。

　同じく副査を引き受けてくださったレスリータック川崎先生と崔宰栄先生にも感謝申し上げる。レスリータック川崎先生には，新聞記事の内容分析手法を丁寧に教えていただき，また予備審査後の論文修正にあたり，時間を惜しまず，大変細かくご指導を頂いた。崔宰栄先生には，統計分析手法を大変丁寧に教えて頂いた。その手法は，博士論文の中で活用させていただいた。

　筆者が多くの中国研究者の先生方にもご指導やご教示頂き，あらためて御礼申し上げたい。

　趙宏偉先生（法政大学）には，これまで長年にわたってご指導頂いている。筑波大学大学院の修士課程から先生の毎年の中国研究の集中講義に参加してきた。御多忙の中，私の投稿論文に対する大変熱心なご指導を頂き，心から感謝を申し上げたい。研究以外においても，筆者の日本での就職進路及び中山大学での就職についても先生から人生の大先輩としての貴重な助言を頂いた。折に触れてあたたかい励ましのお言葉を頂き，現在も様々な機会にご教示頂いている。

　中国メディア研究の専門家としての高井潔司先生（桜美林大学），渡辺浩平先生（北海道大学），西茹先生（北海道大学），山田賢一先生（NHK文化放送研究所）には多くのことをご教示頂いている。2014年に北海道大学で開催された「日本報道，中国報道の半世紀：日中記者交流協定50年」シンポジウムで貴重な勉強の機会を頂いた。現在も日本マスコミュニケーション学会での研究発表や投稿などの様々な研究活動の場では，ご指摘やご助言頂いている。

　そのほかに，アジア政経学会での口頭発表の際に，菱田雅晴先生（法政大学），天児慧先生（早稲田大学），王雪萍先生（東洋大学）などの方々から受けた厳しい且つ大変有益なご指摘は，筆者の研究への最大の刺激となった。

269

また『アジア研究』と『中国研究月報』への投稿の際に，編集を担当してくださった加茂具樹先生（慶応義塾大学），丸川知雄先生（東京大学）及び他の匿名の査読の先生方にも論文の議論の展開や用語の定義，日本語についても非常に有益なご指摘を頂いた。ここでは各先生に感謝の意を表したい。

　現在，筆者が講師として勤務している中山大学コミュニケーションと設計学院でも，多くの先生方にお世話になっている。

　筑波大学の先輩である張寧先生（中山大学）には，大学院時代から長年にわたって大変お世話になった。大学院の時代で張先生からご紹介頂いたネットワークにより，『南方日報』グループの関係者に現地調査を実施することができた。現地調査で入手できた貴重な資料は博士論文の中で使わせていただいた。また博士学位を取得した後，中山大学の教壇に立つことが叶ったのが，張寧先生にご尽力頂いたことにほかならない。張先生と王先生ご夫妻に公私にわたってお世話になっていることに，あらためて心からお礼を申し上げたい。

　勤務先の院長である張志安先生（中山大学）には，長年の苦労をかけて日本の博士学位を取得したこと自体を高く評価してくださり，本書の刊行の助成へのご理解を頂き，衷心より感謝申し上げる。張志安先生のご理解がなければ，本書の刊行は順調に行えたはずはない。

　紙幅の関係ですべての方々のお名前を挙げて謝辞を述べることはできないが，『南方日報』グループでの現地調査や広州，北京で研究滞在時，中山大学で勤務時にお世話になった方々や同僚の方々にも御礼申し上げる。

　本書は，中山大学コミュニケーションと設計学院から本学院の若手研究者への研究費助成金（研究成果公開促進費），中山大学 2017 年度大学基礎研究費（中山大学 2017 年度高校基本科研業務費，17wkpy08），広東省哲学社会科学“十三五”企画 2017 年度研究費助成金（広東省哲学社会科学“十三五”規則 2017 年度資助項目，GD17CXW01）の助成を得て刊行された。これらの諸機関に対しても，ここに記して感謝の意を表したい。

　そして最後に，初の単著としての本書の刊行を誰よりも喜んでくれる父・王富文と母・張松菲に捧げたい。文化大革命で勉強の機会を奪われた両親が，私の日本留学に最大限の支援と支えをくれた。それがあったからこそ，

これまで何とか研究生活を続けることができたと思っている。この場を借りて，心より深く感謝の意を表したい。また研究者としての道を共に歩んできた，研究の楽しみや苦しみを理解しあい，分かち合い，支えあってきた夫・古田高史に，本書をそっと捧げる。

　2017 年夏

王　冰

索　引

〔ア行〕

アルチュル，J・ハーバート　　23

異地監督　　3, 14, 15, 61, 150, 157

一党支配体制　　165

一般記事　　112, 115, 137, 138, 139, 142, 143

インターネットによる世論監督　　62, 165

インターネット世論　　166

「遠華密輸事件」　　53

親新聞　　8, 9, 75, 101

温家宝　　138

温州鉄道脱線事故　　107, 133, 134

〔カ行〕

改革開放　　1, 2, 3, 12, 15, 22, 23, 24, 29, 30, 35, 39, 54, 63, 67, 68, 69, 70, 71, 81, 86, 101, 107, 108, 133, 134, 155, 161, 162, 165

改革派　　43, 46

階級闘争道具論　　22

『解放日報』　　40

革命根拠地時代　　40

『華西都市報』　　55, 75, 76, 77, 79

官商癒着　　78

広東省党委　　68, 157

広東省　　69, 78, 86, 130, 135, 156

幹部人事制度　　45

官僚主義　　2, 10, 23, 42, 70, 72, 73, 79, 101, 107, 118

記事の大きさ　　139, 140, 145, 146, 147, 148

記事のカテゴリー　　110, 115, 137, 142, 145, 146, 147, 149, 153

記事の掲載面　　139, 145, 148

記事の重要性　　139, 140, 142, 145, 147

記事のソース　　114, 122

記事の体裁　　139, 140, 145, 147

記事の内容　　138, 142, 143

記事の割合　　142, 143, 146

記者の現場取材　　86

貴州甕安暴動事件　　133, 166

共産党（→中国共産党，党）　　1, 157, 165

禁区　　71, 72, 73, 130

禁令（報道の）　　3, 14, 15, 96, 97, 98, 99, 100, 103, 107

クロス集計　　92, 93, 94, 95, 96, 97, 120, 121, 122, 123, 126, 128, 130, 145, 146, 147, 149, 151, 153, 154

群体性事件　　166

経済改革　　1, 6, 7, 12, 161

経済体制改革　　52

権限下放　　45

言説秩序　　32, 33

272

索　引

建設的な輿論監督機能　125

「言説」と「権力」論　31, 33, 164

権力関係（党とメディアの間）　4, 15,
　　17, 27, 28, 29, 30, 31, 33, 103, 161,
　　162, 163, 164

権力機関　5

権力構図　15, 103

権力メカニズム　4, 15, 17, 161, 163,
　　164

権力濫用　10, 52, 53, 63, 108, 114, 118,
　　133

江芸平　116

公私合営　22

江沢民　47, 50, 53, 57

公平・正義　141, 152, 153

胡喬木　43

胡錦濤　152

国有化運動　22

黒龍江省森林火災　2, 23, 70, 72, 73,
　　107

子新聞　8

胡績偉　43, 46

国家・市場・社会とメディアの相互関係
　　的アプローチ　21, 26, 27, 164

国家の統制　24, 25

コミュニケーションの政治経済学　24

胡耀邦　3, 39, 44, 46, 70

胡耀邦談話　42

呉冷西　46

〔サ行〕

サーズ事件　2, 11, 58, 60, 64, 107, 135,
　　150

「三農問題」　85

「三鹿」毒粉ミルク事件　85, 133, 166

シーバート　21, 23

「事業型単位，企業型経営」　22, 39

市場化　22, 27

市場改革　24

市場競争　69

市場経済　52, 75, 107

四川大地震　97, 98, 99, 100, 133, 134

質量万里行　55

指導道具論　22

市民紙　101

紙面改革　3, 22, 79, 84

社会協商対話制度の建設　41, 42

社会弱者　2, 83

社会主義法体系建設　45

社会主義民主政治制度　45

社会における協商対話制度　45

社会貧富の格差　11

習近平　165

習近平政権　165

自由主義理論　21, 24, 25, 164

「柔軟な統制─抵抗─融合」　27, 30,
　　161, 163, 164

週末紙　2, 7

収容・送還政策　11, 135, 150

収容・送還制度　60

朱鎔基　57

主流化　79, 102

「焦点訪談」　56, 57, 58, 60, 63, 80

情報を伝達する機能　22, 23, 27

小民生　84, 102

職権濫用　70

273

新華社　54, 55, 59, 61, 73, 99, 107, 122, 128, 140, 165

『新京報』　78, 107, 108

新聞紙　8, 22, 74, 75, 79, 107, 109

新聞市場　13

新聞法　43, 44, 45, 70

新聞世論工作　42

人民性　43, 46, 47

『人民政協報』　46

『人民日報』　23, 39, 43, 53, 55, 59, 68, 70, 72, 73, 74, 78, 107, 122, 128, 157, 165

人民の代弁者　41, 63

人民の「喉と舌」　2, 3, 29, 39, 41, 42, 57

人民本位　141, 152

新浪微博　60, 63, 134, 165

政治宣伝機能　27

政治宣伝報道　83

政治体制改革　43

政治的正当性　58, 128, 129, 130, 154, 155, 156, 162

政治的付属装置　55

政治的リスク　126, 127, 129, 130, 151, 152, 155, 156, 162

『世界経済導報』　50

席文挙　76

銭剛　116

全人代　60

宣伝記事　111, 112, 115, 124, 135, 137, 138, 139, 142, 143, 145, 146, 147, 148, 149, 150, 153, 156, 164

宣伝機能　67, 68, 74, 76, 81, 82, 84, 101, 103, 162

宣伝道具　1, 6, 8, 16, 23, 28, 29, 30

宣伝報道　67, 148, 149, 156, 161

宣伝本位　82

宣伝メディア　163, 164

先導役　14

先富論　52

組織道具論　22

ソビエト共産主義理論　21, 22, 23, 164

孫志剛事件　2, 11, 58, 59, 60, 61, 62, 64, 78, 107, 135, 150

〔タ行〕

第 11 期第 3 回中央委員会総会　41

対ソ一辺倒　22

代弁道具　39

大民生　84, 85, 86, 102

タイムリー性　139, 140

「正しい世論の方向性を堅持する」方針　40, 47, 49, 50, 51, 64, 134

脱イデオロギー化　2, 162

脱政治化　2, 162

炭鉱事故報道　16

中央宣伝部　50

中央テレビ局　54, 55, 56, 59, 80, 165

中国共産党（→共産党，党）　1, 22, 39, 115, 150, 161

中国共産党政権　1, 39

中国質量万里行　60

『中国青年報』　59, 68, 70, 72, 73, 74

中国メディア研究　4, 5, 15, 17, 21, 24, 25, 161, 164

張金柱　80

索　引

調査記事　　140, 141, 147, 149, 150, 151,
　　　155

調査報道　　77, 78, 99, 102

趙紫陽　　40, 41, 44, 46

張小麗　　108

張徳江　　138

調和のとれた社会価値　　141, 152, 153,
　　　154, 155, 156

陳希同　　52, 54

通稿　　73

程益中　　12, 60

鄭応龍　　112

抵抗　　4, 16, 30, 103, 107, 108, 109, 129,
　　　131, 134, 135, 136, 142, 148, 156,
　　　157, 163, 164

抵抗層　　30

天安門事件　　4, 6, 16, 39, 40, 46, 49, 50,
　　　51, 63, 64, 68, 70, 74, 111

党委員会（党委）　　15

党機関紙　　7, 8, 35, 44, 68, 70, 75, 79,
　　　101, 102

同質化　　80

党指導部　　3, 4, 42, 47, 49, 53, 55, 63, 71

鄧小平　　52, 74, 75

統制　　4, 16, 24, 25, 27, 30, 98, 161, 165

党政幹部　　10, 53, 56, 57, 62, 111, 117,
　　　118, 119, 120, 121, 122, 123, 124,
　　　126, 128, 129, 130, 131, 143, 144,
　　　148, 152, 154

党政分離　　45

党総書記　　3, 39, 40, 41, 70

党第 13 回全国代表大会（大会）　　3

党中央機関紙　　23, 40

党中央宣伝部　　43

党中央弁公庁　　42

党とメディアの間の融合的な関係　　30

党とメディアの関係　　28, 29

党の許容範囲　　11

党の綱領　　3, 30, 161

党の新聞工作　　41, 47

党の宣伝機関　　16

党の宣伝機能　　16, 101

党の宣伝道具　　44, 64, 82, 161, 162

党の宣伝報道　　68, 142

党の宣伝メディア　　1, 2, 7, 30, 155,
　　　162, 163, 164

党の第 13 回全国代表大会（党の第 13 回
　　　大会）　　39, 40, 41, 43, 45, 46, 49,
　　　52, 63, 70

党の代弁道具　　39, 40, 41

党の宣伝道具　　64

党の代弁道具論　　40

党の統制　　39, 155

党の統治手段　　52, 55

党の認識　　15, 16, 17, 58, 103

党の「喉と舌」　　1, 2, 3, 29, 39, 40, 41,
　　　42

党の報道工作　　1

党の報道方針　　4, 11, 16, 27, 29, 30, 80,
　　　107, 108, 109, 129, 134, 155, 157,
　　　165

党のマスコミ観　　16, 64

党のメディア認識層　　30

「党のメディア認識層―メディアの報道
　　　層―抵抗層」3 層構造　　161,
　　　163, 164

党派性原則　43, 46, 47, 48, 49, 61, 64

党や政府を監視する役割　22

党を監視する機能　23

都市報　8, 35, 74, 75, 76, 77, 78, 79, 80, 81, 99, 101, 102

「特区」　68

突発的事件　16, 81, 97, 98, 102, 131, 133, 134, 135, 136, 142, 155, 156, 157

突発的事件報道　27, 134, 135, 148, 149, 154

〔ナ行〕

南巡講話　52, 74, 75

『南方週末』　2, 3, 7, 8, 9, 10, 11, 12, 13, 14, 15, 16, 27, 34, 61, 62, 67, 75, 77, 78, 80, 83, 84, 85, 86, 87, 99, 100, 108, 109, 110, 111, 112, 114, 115, 116, 118, 120, 122, 123, 124, 125, 126, 127, 128, 129, 130, 131, 134, 157, 165

『南方都市報』　7, 8, 9, 11, 12, 13, 14, 15, 16, 27, 34, 40, 59, 60, 61, 67, 75, 78, 79, 82, 83, 86, 100, 101, 131, 133, 135, 136, 137, 142, 143, 144, 148, 149, 151, 152, 154, 155, 156, 157

『南方日報』　2, 7, 8, 34, 68, 69, 75, 86, 87, 88, 98, 99, 157

『南方日報』グループ　9, 34, 67, 86, 87, 89, 90, 98, 100, 130

二元体制　1

ニュースバリュー　139

猫論　52

〔ハ行〕

馬雲龍　80

暴露報道　5, 23, 48, 77

発行部数　9, 12, 13

反精神汚染キャンペーン　43, 44

反腐敗キャンペーン　53, 54, 60

反ブルジョワ運動　45

批判記事　110, 111, 112, 115, 116, 117, 118, 121, 122, 123, 124, 125, 127, 128, 135, 137, 138, 139, 142, 143, 145, 146, 147, 148, 149, 151, 153, 154, 156, 164

批判主体　5

批判手段　14, 119, 120, 130

批判対象　5, 121, 122, 124, 128

批判内容　5

批判報道　2, 3, 4, 5, 6, 7, 10, 11, 12, 14, 15, 16, 17, 23, 27, 28, 29, 30, 35, 39, 40, 42, 43, 45, 46, 47, 48, 49, 50, 51, 52, 53, 54, 55, 56, 57, 58, 59, 60, 61, 62, 63, 64, 67, 68, 69, 70, 71, 73, 74, 76, 77, 80, 81, 82, 83, 84, 86, 88, 89, 90, 91, 92, 93, 94, 95, 96, 97, 98, 101, 102, 103, 108, 109, 110, 115, 116, 118, 124, 125, 126, 128, 129, 130, 131, 133, 134, 135, 136, 142, 144, 148, 149, 150, 151, 154, 155, 156, 157, 161, 162, 163, 164, 165

評論記事　140, 141, 147, 149

貧困問題　11

貧富格差　52

索　引

フェアクロー，ノーマン　31, 32, 33, 164

不正（共産党や社会などの）　2, 3, 5, 7, 10, 11, 12, 16, 30, 107, 124, 125, 137, 138, 143, 148, 152, 157

腐敗汚職　53, 108, 118

腐敗行為　10

腐敗問題　23

プラス宣伝　71

「プラス宣伝を主とする方針」　4, 6, 40, 47, 48, 49, 64, 134

プラス報道　6

ブルジョワ自由化　50

ブルジョワ自由化思想　46

プロフェッショナル報道意識　73, 86, 96

文化大革命　1, 2, 43, 68

『文匯報』　44

『北京青年報』　59, 61

ヘッドライン記事　109, 110

報道意識　16, 135, 162

報道改革　69, 79

報道価値　70, 101, 109, 139

報道活動　16, 28, 34, 86, 93, 98, 101, 102, 162

報道禁区　71, 81

報道工作　44, 47

報道スタイル　10

報道戦術　3, 15, 16, 30, 98, 124, 129, 131, 134, 155, 156, 157, 162, 163

報道の客観性　86

報道の自由　43, 45

報道の自由改革　43

報道の自立性　30

報道方針　69

報道理念　2, 75, 82, 84, 109

補完紙　2, 7

保守派　43, 46

渤海2号・石油採掘船沈没事故　2, 12, 107

〔マ行〕

マイナスニュース　71

マイナス報道　5, 6

マスコミ観　39

マスコミ制度　22

マスコミの自由に関する四理論（四理論）　21, 23, 24

民意を代弁する機能　22

民衆の代弁者　151

民衆本位　83, 84, 101

民主化運動　70

民生ニュース　35, 81, 82, 83, 84, 85, 101, 102

「民生」版　83

メディア業界　1

メディア言説　31, 33, 164

メディア現場　26

メディア政策　26

メディアの経営改革　39

メディアの商業化　22, 24, 26

メディアの実践　25

メディアの所有権　6, 21

メディアの人事権　39

メディアの人民性　46

メディアの報道層　30

毛沢東時代　22

モスコ　24

〔ヤ行〕

夕刊紙　2

郵発合一　1

喩華峰　12, 60

『羊城晩報』　2, 8, 58, 59, 75

容認範囲　16, 29

「輿論監督」版　35, 68, 69, 70, 79, 101, 102

輿論監督報道（Media's Supervision by Public Opinion Function）→批判報道　3, 4, 27

〔ラ行〕

李瑞環　47, 48, 49, 50, 51, 111, 151

李鵬　57

両会　86

『瞭望新聞週刊』　61

留守児童　85

〈著者略歴〉

王　冰（おう　ひょう）

2005年来日。筑波大学大学院地域研究研究科修士課程，筑波大学大学院人文社会科学研究科博士課程修了，博士（学術）。

筑波大学人文社会科学系リサーチアシスタント，非常勤研究員等を経て，現在は中山大学コミュニケーションと設計学院講師，中山大学国家治理研究院研究院研究員。

主要著作：『中国市民社会・利益団体：比較の中の中国』（共著，木鐸社，2014年），『大震災・原発危機下の国際関係』（共著，東洋経済新報社，2015年），「メディアの『世論監督』機能に関する中国共産党の認識」（『筑波法政』，2013年），「中国メディアによる「批判報道」──『南方週末』の事例」（『アジア研究』，2015年），「中国における「突発的事件」をめぐる「批判報道」の展開──『南方都市報』の炭鉱事故報道を事例に」（『中国研究月報』，2017年），ほか。

中国共産党とメディアの権力関係
──改革開放期におけるメディアの批判報道の展開

2018年1月31日　初版第1刷発行

著　者	王　　　冰
発行者	大　江　道　雅
発行所	株式会社 明石書店

〒101-0021 東京都千代田区外神田6-9-5
電話　03 (5818) 1171
FAX　03 (5818) 1174
振替　00100-7-24505
http://www.akashi.co.jp

組版／装丁　明石書店デザイン室
印刷／製本　モリモト印刷株式会社

（定価はカバーに表示してあります。）　　　　　ISBN978-4-7503-4627-4

JCOPY〈(社)出版者著作権管理機構　委託出版物〉
本書の無断複写は著作権法上での例外を除き禁じられています。複写される場合は，そのつど事前に，(社)出版者著作権管理機構（電話03-3513-6969，FAX 03-3513-6979、e-mail: info@jcopy.or.jp）の許諾を得てください。

北京を知るための52章
エリア・スタディーズ 160
櫻井澄夫、人見豊、森田憲司編著
●2000円

北京スケッチ
素顔の中国人
渡辺陽介
●1700円

中国年鑑 2017
中国研究所編
特集：党大会と巨竜の行方
●18000円

中国年鑑 2016
中国研究所編
特集：戦後70年と経済「新常態」
●18000円

現代中国を知るための44章【第5版】
エリア・スタディーズ 8
藤野彰、曽根康雄編著
●2000円

時代の憂鬱 魂の幸福
文化批評というまなざし
張競
●2600円

中国農村地域における高齢者福祉サービス
小規模多機能ケアの構築に向けて
郭芳
●4500円

変
莫言著
長堀祐造訳
●1400円

中国の歴史と社会
中国中学校新設歴史教科書
世界の教科書シリーズ 26
課程教材研究所・綜合文科課程教材研究開発中心編著
●4800円

中国の歴史
中国高等学校歴史教科書
世界の教科書シリーズ 11
小島晋治、大沼正博、川上哲正、白川知多訳
●6800円

入門 中国の歴史
中国中学校歴史教科書
世界の教科書シリーズ 5
小島晋治、並木頼寿訳
大里浩秋、川上哲正、小松原伴子、杉山文彦訳
●3900円

中国「新語・流行語」小辞典
読んでわかる超大国の人と社会
郭雅卉、内海達志
●1600円

日本のテレビドキュメンタリーの歴史社会学
明石ライブラリー 160
崔銀姫
●4000円

番犬の流儀
東京新聞記者・市川隆太の仕事
東京新聞市川隆太遺稿集編纂委員会編　市川隆太著
●2000円

戦争報道論
平和をめざすメディアリテラシー
永井浩
●4000円

近現代日本政治と読売新聞
ジャーナリズムの使命を問い直す
高橋義雄
●2500円

〈価格は本体価格です〉